Sinti und Roma im „Dritten Reich" und die Geschichte der Sinti in Braunschweig

von

Raimond Reiter

Tectum Verlag
Marburg 2002

Die Deutsche Bibliothek - CIP-Einheitsaufnahme

Reiter, Raimond:
Sinti und Roma im „Dritten Reich" und die Geschichte der Sinti in Braunschweig
/ von Raimond Reiter
- Marburg : Tectum Verlag, 2002
ISBN 978-3-8288-8420-5

© Tectum Verlag

Tectum Verlag
Marburg 2002

Raimond Reiter

Sinti und Roma im „Dritten Reich" und die Geschichte der Sinti in Braunschweig

Für die Unterstützung gilt ein besonderer Dank des Autors den Staatsarchiven Hannover und Wolfenbüttel, der Niedersächsischen Landeszentrale für politische Bildung, dem Landesverband Deutscher Sinti e.V. in Hannover, dem Landeskirchlichen Archiv Wolfenbüttel, dem Stadtarchiv Braunschweig und dem Bundesarchiv Berlin.

© Alle Rechte vorbehalten. Das Werk einschließlich aller seiner Teile ist urheberrechtlich geschützt.

Einbandfoto: Das Foto zeigt eine Sintezza, die am 4. Juli 1943 in Auschwitz verstorben ist. Bundesarchiv Berlin; R 165/ 10 (Aufnahme ca. 1940).

Einbandgestaltung: Raimond Reiter

INHALT

1. Einleitung 9
2. Zur soziale Lage der Sinti und Roma in Deutschland 19
2.1 Historischer Rückblick 19
2.2 Die Wahrnehmung von „Zigeunern" im Alltag 41
2.3 Exkurs: Dr. Robert Ritter und die Sprache der Sinti
    und Roma 47
2.4 Die Zwangssterilisationen von Sinti und Roma 61

3. Die Behandlung der Sinti und Roma in
   Konzentrationslagern 69

4. Zur Geschichte der Sinti im Land Braunschweig 79
4.1 Historischer Rückblick 79
4.2 Sondergerichtsverfahren gegen Braunschweiger Sinti 97

5. Das Beispiel des „Sammellagers" in Braunschweig-
   Veltenhof 103

6. Persönliche Schicksale von Sinti aus Braunschweig 121
6.1 Sinti als Zeitzeugen zur sozialen Verfolgung während der
    NS-Herrschaft 121
6.2 Biografische Dokumente aus Akten der
    „Wiedergutmachungsverfahren" 139

7. Die Lage der Braunschweiger Sinti nach dem Zweiten
   Weltkrieg 165

8. Die strafrechtliche Verfolgung von NS-Verbrechen an
   Sinti und Roma 187

9. Redaktionelle Hinweise 193

10. Literatur und andere Quellen **195**
10.2 Archive usw., Abkürzungsverzeichnis 195
10.3 Literatur und andere Quellen 196

11. Register **203**

1. Einleitung

In Europa treten Sinti und Roma im 15. Jahrhundert auf, wie mehrere Dokumente zeigen. Und im 18. Jahrhundert heißt es im Anhang einer Gesetzessammlung zur Erklärung veralteter oder unbekannter deutscher Wörter u.a.:

„Zigeuner ... Es ist aber wol gewisser, dass diesem stets umherziehenden Volke, welches sich zu allererst mitten im Teutschlande sehen lassen, von dem teutschen Worte ziehen, welches auch ehedem Ziegen geschrieben und ausgesprochen ward, der Nahme entstanden und gegeben worden."[1]

Zunächst war auch eine andere Bezeichnung gebräuchlich, wie eines der ältesten historischen Belege über Sinti und Roma in Deutschland zeigt. Im Urkundenbuch der Stadt Hildesheim ist eine Stadtrechnung überliefert, in der beschrieben wird, dass „Tataren" – eine alte norddeutsche Bezeichnung für Sinti und Roma – 1407 in Hildesheim mit Wein bewirtet wurden[2] (Djuric; Becken; Bengsch 1996, 195). Eine freundliche Geste in der Behandlung von Sinti und Roma, die nicht oft anzutreffen war, wenn man die späteren Jahrhunderte betrachtet.

Einen Eindruck von dem sich wandelnden Bild der „Zigeuner"[3] geben Lexikaeinträge. Im Laufe der Jahrhunderte veränderte sich die Sicht auf sie. Vorurteile und „rassistische" Typologien wechselten mit einer Beschreibung der vermeintlichen oder tatsächlichen Fremdartigkeit. Die Hautfarbe sei dunkel, die Essgewohnheiten primitiv, die Gebräuche angeblich barbarisch. Was unbekannt war, wurde durch Vermutungen und Vorurteile eingeordnet. Und lange Zeit wurde die Lebensform der „Zigeuner" als Ausdruck unterster sozialer Bevölkerungsgruppen angesehen.

---

1 Chur-Braunschweig-Lüneburgischer Landes-Verordnungen und Gesetze Supplementa und vollständige Register. Zum Gebrauch des Fürstenthums Lüneburg, und angehöriger Graf- und Herrschaften. Zellischer Theil. Lüneburg 1745. Anhang.

2 Der Eintrag in der Weinamtsrechnung lautet: „In vigi[li]a Mathei den tat[er]en up der scrivierie, dome ore breve horen wolde, ½ st[oveken]." StA Hildesheim; Best. 50 Nr. 2678.

3 Die Bezeichnung „Zigeuner" wird hier als ein historischer Begriff verwendet und deshalb in „ " geschrieben. Zur Verwendung der Begriffe „Sinti" und „Roma" vgl. Kapitel 9.

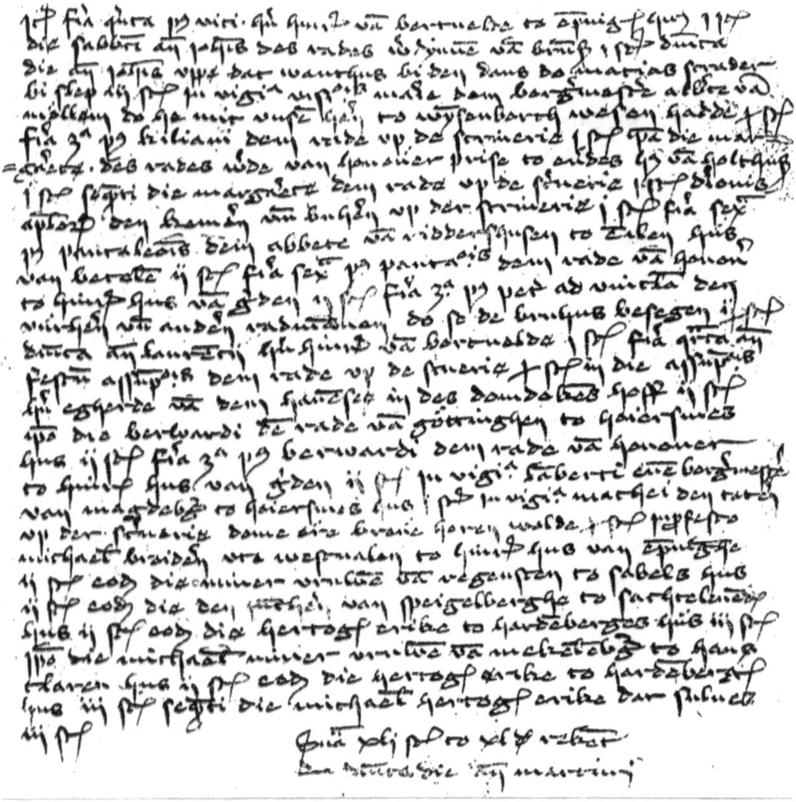

Abbildung 1. Das früheste schriftliche Zeugnis über den Aufenthalt von „Zigeunern" im Deutschen Reich findet sich unter den Kämmereirechnungen der Stadt Hildesheim. Der letzte Teil der Eintragungen lautet übersetzt: Am Abend vor dem Tag des Evangelisten Matthäus den Tartaren in der Ratsschreiberei ausgeschenkt, als man ihre Geleitbriefe lesen hören wollte, ½ Stübchen. (Quelle: StA Hildesheim; Best. 50 Nr. 2678. Übersetzung nach Michael Schütz, StA Hildesheim)

Im 19. und 20. Jahrhundert sprachen die Lexika zunehmend von einer „rassischen" und fremdartigen Eigenart. Darunter gab es wissenschaftlich anmutende Einordnungen und Beschreibungen, die aber ihrem Inhalt nach recht unterschiedlich waren, so dass unklar bleibt, ob die Aussagen aus Gerüchten stammten oder auf tatsächlich unterschiedlichen Erscheinungen der Gruppen von Sinti und Roma beruhen, die man beobachtet hatte (Awosusi 1989, 15ff). Und Meyers großes „Conversationslexicon" bezeichnete 1852 die „Zigeuner" als ein „räthselhaftes, merkwürdiges Volk", dass sich seit etwa vier Jahrhunderten in ganz Europa verbreitet findet.

Betont wurde, dass es sich um einen Menschenstamm handele, über den wenig bekannt ist. Er sei arm und elend, fast ohne religiöse Bräuche und ausgeprägte Überzeugungen und durch das Herumziehen ohne Schutz und Vaterland (Meyers 1852, 776). Die verschiedenen Bezeichnungen in den unterschiedlichen Ländern entsprangen der vermuteten Herkunft und den Vorurteilen, die man den Sinti und Roma entgegenbrachte: Gypsies/Aegypter, Harami (Diebe), Heiden, Giranos (Listige). Ihre Zahl in Europa wurde in der Mitte des 19. Jahrhunderts auf 200.000 bis 280.000 geschätzt.

Als typisch für das Auftreten und die Kultur der Sinti und Roma galt neben dem Herumziehen ihre Liebe zur Musik und zum Tanz und ihre vor allem handwerkliche und landwirtschaftliche Arbeit. Hinzu kommt bei den älteren Frauen die Wahrsagerei als eine wichtige Erwerbsquelle (Meyers 1852, 779). Die Kultur der Sinti und Roma wurde als ausgesprochen roh beschrieben:

„Eine allgemeine, fast thierische Liebe zu ihren Kindern macht, daß sie dieselben fast nie bestrafen, so daß diese von Jugend auf des Müssiggangs, des Stehlens und der Betrügereien gewohnt werden. Das Sittenverderbniß ist unter diesem Volke so groß, daß sie eine wahre Freude an Grausamkeiten finden; daher ältere schlechte Regierungen sich ihrer als Nachrichter bedienen. Dabei sind sie höchst feige u. stehlen nur da, wo sie es mit Sicherheit können. Sie brechen nie zu Nacht in die Häuser." (Meyers 1852, 780)

Die Vorsteher und Landsmannschaften der Sinti und Roma beschreibt der Brockhaus aus dem Jahre 1895. Auch findet sich der Hinweis auf die Tradition früher gebräuchlicher Zeichen, auf bevorzugte Farben und verehrte Bäume. Verbreitet war vor allem der Igel mit dem Blatt des heiligen Baumes im Maul. Die besondere handwerkliche Fähigkeit der „Zigeuner" wird hier in der Herstellung von Gebrauchsgütern des täglichen Lebens gesehen. Dazu zählte man kleine Schmiedearbeiten, Siebe, Mausefallen, Messer, Ketten usw., ebenso Geschirr und Rauchutensilien[4]. Auch der Handel wird erwähnt:

„Am liebsten treibt der Z.[igeuner] Geschäfte, bei denen er seine Kunst zu betrügen zeigen kann. Eine gute Gelegenheit dazu bietet ihm der Pferdehandel ..." (Brockhaus 1895, 972)

Der Umfang der Einträge in Lexika veränderte sich im Laufe der Zeit: Während sich Meyers „Conversations-Lexicon" von 1852 auf 23 Seiten mit den „Zigeunern" und ihrer Sprache beschäftigte, umfasste der Brockhaus von 1895 vier Seiten zu diesem Thema und „Meyers Enzyklopädisches Lexikon" von 1979 nur noch drei Seiten dazu. Betont wird, dass sich die Eigenständigkeit der „Zigeuner" weitgehend erhalten habe, und dass sie in Großfamilien leben würden, die ihre soziale Sicherheit prägten. Formen der Unterdrückung seien lange bekannt und hätten im Nationalsozialismus einen Höhepunkt erreicht: Die Zahl der Opfer in Konzentrationslagern wird hier auf 400.000 geschätzt (Meyer 1979, 714).

In den Lexika des „Dritten Reiches" verdichteten sich Vorurteile gegen alles sozial abweichende und andersartige mit dem Ziel einer aggressiven Bekämpfung auch des „Zigeunerunwesens". Die „Zigeuner" galten in den Augen der Nationalsozialisten durch ihre „rassischen" Eigenschaften besonders als asozial, primitiv, parasitär usw., und insgesamt als eine Bedrohung für Staat und Gesellschaft (Awosusi 1998, 30ff, 82ff, 90f).

1933 lebten in Deutschland etwa 26.000 Sinti und Roma, die meisten hatten die deutsche Staatsbürgerschaft. Die nationalsozialistischen Führer erklärten die „Zigeuner" zu einer „außereuropäischen Fremdrasse" und verfolgten sie mit ähnlichen Maßnahmen wie die jüdischen Mitbürger. 1935 wurde festgelegt, dass „Zigeunern" die Eheschließung mit einem Partner „der arischen Mehrheitsbevölkerung" nicht erlaubt ist. 1937 wurden „Zigeuner" als „asozial" eingestuft, so dass sie jederzeit in Vorbeugehaft genommen und in ein Konzentrationslager eingewiesen werden konnten.

---

4 Bräuche und Gewohnheiten der Sinti und Roma finden sich bei Erich Renner beschrieben. So auch die Berufe, die sie ausüben, solche die als „unrein" gelten (z.B. der Klempnerberuf), ihre Essgewohnheiten, ihre Vorstellungen über Recht, Schule, Heilmethoden, Tabus, Wahrsagerei, ihr kompliziertes Namenssystem usw. (Renner 1997).

Der Völkermord an den europäischen Sinti und Roma wurde konkret vom Reichsführer SS und dem Reichsjustizminister 1942 vorbereitet. Juden, „Zigeuner", Russen und Ukrainer sollten der „Vernichtung durch Arbeit" ausgeliefert werden. Am 16. Dezember 1942 verordnete Himmler die Verschleppung der Sinti und Roma in das Vernichtungslager Auschwitz.

Die Ausgrenzung setzte sich nach 1945 fort, Sinti und Roma wurden weiterhin wegen ihrer Herkunft und Lebensform benachteiligt. Die Polizeibehörden und Landeskriminalämter erfassten sie in so genannten „Landfahrerkarteien". Und Leistungen nach dem „Bundesentschädigungsgesetz" (BEG) wurden den Sinti und Roma in den fünfziger Jahren nicht selten mit der falschen Begründung versagt, ihre Verfolgung sei nicht rassisch, sondern kriminologisch begründet gewesen.

Seit einigen Jahrzehnten wird darüber nachgedacht, wie auch für die Sinti und Roma eine angemessene „Vergangenheitsbewältigung" möglich ist (Lichtenstein; Romberg 1995). Dazu gehört eine Gedenkkundgebung, die im Oktober 1979 in der Gedenkstätte Bergen-Belsen durchgeführt wurde. Etwa 500 Sinti und Roma aus Europa nahmen zusammen mit weiteren 1.500 Besuchern teil. Unter ihnen befanden sich viele, die Angehörige in Konzentrationslagern verloren hatten. Während der Veranstaltung am 27. Oktober 1979 wurde eine Gedenktafel der Öffentlichkeit übergeben. Die Inschrift lautet:

„In Trauer und tiefer Ehrfurcht gedenken wir Sinti (Zigeuner) der Opfer unseres Volkes. Durch ihren gewaltsamen Tod sind sie den Lebenden Mahnung zum Widerstand gegen das Unrecht am Menschen durch den Menschen. Verband deutscher Sinti" (Sinti und Roma 1980, Vorblatt).

Auf der Veranstaltung wurden auch die verbrecherischen Methoden des Nationalsozialismus gegen Sinti und Roma geschildert: Die erzwungene Anpassung, die Zwangssterilisationen und schließlich die Maßnahmen zur Vernichtung. Obwohl die Zahl der Opfer nicht genau zu klären ist, wurde deutlich, dass die Voraussetzungen für eine Entschädigung unstrittig sind. Trotzdem musste beklagt werden, dass Sinti und Roma bei der Wiedergutmachung benachteiligt und herabsetzend behandelt werden. Dennoch war ein Erfolg der Veranstaltung, dass auch ihre aktuellen Interessen durch die internationale Presse wahrgenommen wurden und darüber berichtet werden konnte (Sinti und Roma 1980, 35f, 61, 65f, 119ff).

Insgesamt ist deutlich zu erkennen: Obwohl Sinti und Roma neben den jüdischen Mitbürgern zu einer bedeutenden Opfergruppe des nationalsozialistischen Völkermordes wurden, ist ihr Schicksal nach 1945 lange Zeit nicht oder nur wenig beachtet worden:

„In manchen Gegenden der BRD wurden Sinti und Roma durch behördliche Diskriminierungen ins soziale Abseits gedrängt. Im Gedächtnis der Völker geriet der Holocaust an den Sinti und Roma in Vergessenheit, auch im Gedächtnis jener, die gemeinsam mit ihnen gelitten hatten." (Gedenkbuch 1993/1, 13)

Ein weiteres Beispiel für das Gedenken an die Opfer unter den Sinti und Roma ist eine Ansprache vor dem Deutschen Bundesrat. Am 17. Dezember 1999 wurde dort der Verschleppung und Ermordung von Sinti und Roma während der nationalsozialistischen Gewaltherrschaft gedacht. Auf einer Plenarsitzung wurde vom Präsidenten des Bundesrates eine Ansprache gehalten, bei der eine Delegation des Zentralrates deutscher Sinti und Roma unter der Leitung seines Vorsitzenden, Romani Rose, zu Gast gewesen ist. In dieser Ansprache heißt es (Auszug):

... Die Verfolgung der Roma und Sinti begann schon vor dem „Auschwitz-Erlass". Die Einleitung der rassistisch motivierten Politik der nationalsozialistischen Diktatur verschlimmerte die Lage schon seit 1933. Als sogenannte „Artfremde" wurden Sinti und Roma neben den Juden systematisch gesellschaftlich ausgegrenzt. Es begann mit der Forderung des „Rasse- und Siedlungsamtes" der SS, die – wie der offizielle Sprachgebrauch es damals nannte – „Zigeuner und Zigeunermischlinge" zu sterilisieren, führte mit der Verkündung der „Nürnberger Rassegesetze" und den Ausführungserlassen des Reichsinnenministers 1935 und 1936 zu Heiratsverboten von Sinti mit Nicht-Sinti und schließlich bis zu den Berufsverboten für die Selbständigen und Beamten unter den Sinti und Roma in den Jahren 1937 und 1938.

Im Juni 1938 nahmen die Deportationen in die Konzentrationslager Ravensbrück, Dachau, Buchenwald und später auch Mauthausen zu. 1939 folgten die Verordnungen zur Kennzeichnung der Sinti und Roma und die Ausgabe von Rasseausweisen. Im Oktober wurden in den 21 so bezeichneten „Zigeunerleitstellen" die KZ-ähnlichen Sammellager zur Vorbereitung der Abtransporte in die Vernichtungslager eingerichtet. Mit Beginn des Zweiten Weltkrieges eskalierte die Verfolgung zum Völkermord. Im April 1940 setzten die Deportationen ganzer Familien ein. Bei der Ermordung von 5.000 Sinti und Roma aus dem Ghetto Lodz setzte man sogenannte Vergasungswagen ein. Der Zynismus kannte kein Maß.

Als Folge von Himmlers „Auschwitz-Erlass" vom 12.12.1942 erfolgten ab März 1943 die Deportationen von zunächst 22.000 Sinti und Roma, von Kleinkindern bis zu Greisen, aus 11 Ländern Europas in den als Zigeunerlager bezeichneten Abschnitt des KZ Auschwitz-Birkenau. Viele starben an Hunger, Krankheit oder Erschöpfung; die meisten wurden in den Konzentrationslagern vergast, durch Arbeit zu Tode gequält, zwangssterilisiert oder von Medizinern bei Menschenversuchen missbraucht und getötet. Die Zahl der bis Kriegsende ermordeten Roma und Sinti wird auf eine halbe Million geschätzt.

Keine Darstellung der Ereignisse vermag die Demütigung, das Leid und Elend und den grausamen Tod dieser Opfer eines wahnsinnigen Terrorregimes auch nur annähernd zu beschreiben.

Die Erinnerung an die unmenschliche Verfolgung darf nicht verblassen. Der diesjährige Träger des Friedenspreises des Deutschen Buchhandels, Fritz Stern, hat uns dazu gesagt: „Wir stehen am Ende des grausamsten Jahrhunderts in der Geschichte Europas – eine solche Vergangenheit vergeht nicht. Sie ist gegenwärtig in allen unseren Ländern, aus begreiflichen Gründen besonders stark in Deutschland. Mit Recht gibt es Mahnungen gegen Vergessen, diese Stimmen aber beschwören keine Schuld für die heutige Generation. Gefordert wird Verantwortung, verstärkt durch das Wissen um Fehler und Verbrechen in der Vergangenheit. Wir können aus der Vergangenheit lernen, auch dass der Gang der Geschichte offen ist, dass er von Menschen gestaltet wird."

Die Erfahrungen der Sinti und Roma nach dem Zweiten Weltkrieg belegen diese Aussage. Viel zu lange ist der Völkermord an Sinti und Roma nach dem Ende des Dritten Reiches verleugnet worden. Die DDR lehnte die wirkliche Aufarbeitung mit dem Anspruch ab, als antifaschistischer Staat nicht in einer Kontinuität zur deutschen Vergangenheit zu stehen. In Westdeutschland verstellten überkommene Vorurteile den Blick auf die Dimensionen der Verbrechen. Selbstkritisch müssen wir eingestehen, dass unsere deutschen Mitbürger der Sinti und Roma noch lange Zeit Diskriminierungen ausgesetzt waren, beispielsweise bei der Wohnungs- und Arbeitsplatzsuche oder bei behördlichen Anordnungen und Gerichtsurteilen bis hin zum Bundesgerichtshof.

Die Ursachen lagen und liegen in einer völligen Unkenntnis über diese Mitbürger. Ihr Bild wird in der Öffentlichkeit auch weiterhin häufig von Klischees bestimmt. Sie müssen überwunden werden und wir alle müssen dazu beitragen. Unkenntnis ist die Ursache für Vorurteile, Ängste, Hass und Ablehnung. Sie bildeten den Nährboden, aus dem der nationalsozialistische Rassenwahn wachsen konnte. Die Verbrechen an den unschuldigen Opfern gemahnen uns, gegen die Grundübel der Intoleranz anzugehen. Nur wenn wir bereit sind, andere Anschauungen, Einstellungen und Gewohnheiten gelten zu lassen, können wir Intoleranz und Fanatismus erfolgreich bekämpfen. Das Beispiel der Diskriminierung und Verfolgung der Sinti und Roma zeigt uns, dass Toleranz sich nicht in der Akzeptanz andersartiger politischer, kultureller oder weltanschaulicher Überzeugungen erschöpft. Toleranz beginnt mit der Achtung, dem Verständnis und der Akzeptanz individueller Lebensformen und Traditionen Einzelner und Gruppen, die sich von den unseren unterscheiden.

Die Erfahrungen aus der Verfolgung und Ermordung im Nationalsozialismus fordern von uns allen, die Verschiedenartigkeit und Mannigfaltigkeit von Überzeugungen, Anschauungen und Traditionen miteinander lebender und kommunizierender Menschen wahrzunehmen, anzuerkennen und die gemeinsamen Wertorientierungen zu suchen und zu vertiefen. Das Toleranzangebot setzt die Achtung vor der Würde des Menschen, der Persönlichkeit und der abweichenden Auffassung des Einzelnen voraus. Dies lehrt uns in besonderer Weise das grausame Schicksal der Sinti und Roma im Dritten Reich.

Die Verfolgung und Ermordung der Sinti und Roma galt Menschen, die in Deutschland und den anderen europäischen Staaten lebten und integriert waren. Deshalb hat Bundespräsident Herzog recht, wenn er anlässlich der Eröffnung des Dokumentations- und Kulturzentrums Deutscher Sinti und Roma feststellt: „Der nationalsozialistische Staat sprach ihnen mit den 'Rassegesetzen' ein jahrhundertealtes Heimatrecht ab, raubte ihnen Wohnungen und Eigentum und deportierte sie von ihren Arbeitsplätzen als Angestellte, Arbeiter, Selbständige oder Beamte weg mit ihren Familien nach Auschwitz und in die anderen Vernichtungsstätten."

Die Sinti und Roma leben schon seit über 700 Jahren als Teil des deutschen Volkes in Deutschland. Das Dokumentations- und Kulturzentrum Deutscher Sinti und Roma berichtet uns heute von den vielfältigen Beiträgen der deutschen Sinti und Roma zur nationalen Kultur in Deutschland. ... [5]

---

5   Ansprache des Präsidenten des Bundesrates, Ministerpräsident Prof. Dr. Kurt

Die Rede zeigt, wie wichtig die Erforschung der jüngeren Geschichte der Sinti und Roma in Deutschland ist. Hierzu versteht sich die vorliegende Untersuchung als ein Beitrag mit regionalen Beispielen. Hierbei werden in den folgenden Kapiteln viele bisher noch nicht verfügbare Dokumenten dargestellt. Damit hat diese Veröffentlichung einen deutlich dokumentarischen Anteil (vgl. Kapitel redaktionelle Hinweise).

Einer der Schwerpunkte liegt in Braunschweig im Nationalsozialismus (Kapitel 4 bis 6). Es wird unter Einbeziehung der Regionen Hannover und Hildesheim exemplarisch gezeigt, welche Auswirkungen die Gewaltherrschaft des „Dritten Reiches" auf den Alltag und das Leben der Sinti und Roma hatte. Um die Veränderungen aber auch die Kontinuitäten deutlich zu machen, ist es sinnvoll, sich ein Bild von ihrer Lage schon vor 1933 und nach 1945 zu machen. Es zeigt sich, dass einige Formen der sozialen Verfolgung schon seit Jahrhunderten verbreitet waren und von den Nationalsozialisten zu einem staatlich organisierten Massenverbrechen auch an Sinti und Roma radikalisiert wurden.

In Kapitel 2 wird der dazugehörige „Vorgeschichte" nachgegangen. Einbezogen wird überwiegend historisches Material aus verschiedenen Städten in Niedersachsen (Hannover, Lüneburg, Hildesheim, Braunschweig usw.). Es zeigt sich, dass in verschiedenen Regionen die Situation der Sinti mit der an anderen Orten vergleichbar ist. Dies betrifft auch die Zeit ab 1945, die in Kapitel 7 ebenso unter Einbeziehung der Stadt Hildesheim anschaulich gemacht wird.

Die Vorkriegsgeschichte der Braunschweiger Sinti wird mit dem verfügbaren historischen Material in Abschnitt 4.1 konzentriert dargestellt. In Kapitel 5 wird das Beispiel des „Sammellagers" Braunschweig-Veltenhof genauer untersucht, von dem aus Hunderte von „Zigeunern" nach Auschwitz deportiert wurden. Viele von ihnen wurden dort Opfer des Massenmordes.

Kapitel 6 bietet besonders eindringlich wirkendes Material in Form von Interviews mit Zeitzeugen und anhand von Dokumenten aus so genannten „Wiedergutmachungsverfahren". Die Auswahl konzentriert sich überwiegend auf die Region Braunschweig. Über 50 Interviews stehen in der Landeszentrale für politische Bildung in Hannover für die Forschung zur Verfügung. Davon betreffen

---

Biedenkopf, beim Gedenkakt des Bundesrates für die NS-Opfer unter den Sinti und Roma am 17. Dezember 1999 in Bonn. Auszug (Quelle: Presseinformation Nr. 172/1999 des Bundesrates. Bonn 1999).

etwa ein halbes Dutzend den Bereich Braunschweig. Diese sind, soweit aussagekräftig, eingearbeitet.

Vor allem in Abschnitt 6.2 sind Aktenbestände der Staatsarchive Hannover und Wolfenbüttel zu „Wiedergutmachungsverfahren" ausgewertet und zum tragischen Schicksal einzelner Opfer und ihrer Angehörigen ausführlich dargestellt.

Hinzu kommt der Bereich der Gesetze und der Justiz, der auf drei Ebenen einbezogen ist: Zunächst durch die Nennung der historisch wichtigen Gesetze und Erlasse zur Behandlung der „Zigeuner". Zweitens werden stellvertretend einige Fälle Braunschweiger Sinti in Sondergerichtsverfahren im „Dritten Reich" untersucht (Abschnitt 4.2). Darüber hinaus zeigt Kapitel 8, wie und wie weitgehend sich deutsche Gerichte mit den NS-Verbrechen an Sinti und Roma beschäftigt haben. Auch dieser Abschnitt trägt dazu bei, die historischen Ereignisse der fallstudienartigen Erfassung der Geschichte der Sinti in Braunschweig im Nationalsozialismus angemessen einzuordnen.

Nicht zuletzt finden sich ein eigenes Kapitel zu wichtigen redaktionellen Hinweise, die vor allem den Sprachgebrauch zu „Sinti", „Sinti und Roma" und „Zigeuner" betreffen.

2. Zur sozialen Lage der Sinti und Roma in Deutschland

2.1 Historischer Rückblick

Auch in der neueren Literatur wird darauf hingewiesen, dass es nach wie vor an fundierten Untersuchungen zur Geschichte der Sinti und Roma fehlt. Die schwierige Forschungs- und Quellenlage zum Schicksal der Sinti und Roma im Nationalsozialismus hat z.b. Ulrich König 1989 betont. Bisher sei zu wenig geforscht worden und vergleichsweise wenige Quellen stünden zur Verfügung. Bei der Auswertung und Deutung der vorhandenen Dokumente müsse man quellenkritisch vorgehen[6]. Obwohl die Literaturlage Anfang dieses Jahrhunderts besser geworden ist, kann folgendes Problem nach wie vor hervorgehoben werden:

„Die Sinti und Roma haben keine schriftlich niedergelegte Geschichte. Eine große Anzahl von Sinti und Roma konnte und kann weder lesen noch schreiben. Dies führte, u.a. verstärkt durch die nomadische Lebensweise, dazu, daß Erfahrungen von Sinti und Roma im 'Dritten Reich' der Öffentlichkeit zumeist verborgen blieben bzw. verborgen bleiben." (König 1989, 10)

Auch nach 1945 sind viele Sinti und Roma durch ihre schlechten Erfahrungen im Nationalsozialismus geprägt und nicht oder nur zögernd bereit, sich befragen zu lassen. Nicht selten spielte Angst vor einer neuen Verfolgung eine Rolle, Sprachschwierigkeiten kamen hinzu, ein tief verwurzeltes Misstrauen gegen deutsche Behörden und auch Abwehrhaltungen als eine Art Selbstschutz um die Eigenständigkeit zu wahren. Um die Verfolgung der Sinti und Roma im „Dritten Reich" sinnvoll einzuordnen, ist auch ihre Behandlung in der Zeit davor zu berücksichtigen. Denn manche Terrormaßnahmen der Nationalsozialisten haben Vorläufer in den letzten Jahrhunderten in ganz Europa (Kenrick; Puxon 1981). Ein kurzer Rück- und Überblick soll dies deutlich machen.

---

[6] Zur Frage der Quellenkritik in der NS-Forschung: Reiter 2000, 65ff. Reiter 2001a. Reiter 2001b.

Bereits zu Beginn der Neuzeit versuchte man, Sinti und Roma durch „Zigeunerstöcke" an den Grenzen der Länder abzuschrecken. Man verdächtigte sie pauschal der Spionage und drohte ihnen mit der Todesstrafe, sobald sie das Land betreten. Wurden Gruppen von Sinti und Roma angetroffen, versuchte man sie aufzulösen und zu vertreiben. Die Männer erklärte man für „vogelfrei" und nicht wenige wurden ohne Prozess aufgehängt, wenn man sie festnehmen konnte. Frauen wurden mit Ruten geschlagen oder gebrandmarkt, und die Kinder versuchte man durch eine christliche Zwangserziehung anzupassen[7]. Auch besondere Gesetze wurden erlassen, um die „Zigeuner" zu verfolgen. Beispiele dafür finden sich in der Sammlung „Chur-Braunschweig-Lüneburgische Landes-Verordnungen und Gesetze" von 1740. Sie enthält ein eigenes Kapitel „Von Fremden, Bettlern, Landstreichern, Bettel-Juden und Zigeunern" [8]. Aufgeführt wird u.a. die „Erneuerte und geschärffte Verordnung gegen die Zigeuner" vom 30. November 1709. Darin verlangte Kurfürst Georg Ludewig, dass „Zigeuner" nicht geduldet und beherbergt werden sollen.

Es sei vorgekommen, dass sich „Zigeuner" unerlaubt eingeschlichen hätten, Leute bedrohten und erpressten, Diebstähle begingen und, wie es hieß, „Bubereyen ausgerichtet" hätten. Deshalb sollten die Straßen von ihnen frei gehalten sein, und wenn man sie aufgreifen würde, sollten sie inhaftiert werden. Die Kinder unter zehn Jahren seien den „Zigeunern" abzunehmen und bei geeigneten Leuten unterzubringen, um sie im Geist des Christentums zu erziehen. Die Kosten dafür sollten vom Kurfürsten erstattet werden. Für „alte Kerle, so zu keiner Arbeit mehr tüchtig, und Weiber über fünf- und zwanzig Jahren" galt, dass sie aus dem Lande gejagt werden sollten. Dabei sollte ihnen angedroht werden, dass man sie aufhängt, wenn sie zurückkehren würden. Um den drastischen Maßnahmen und Drohungen Nachdruck zu verleihen, wurden so genannte „Zigeuner-Pfähle" an den Grenzen aufgestellt[9]. Für die praktische Durchführung waren Einzelheiten folgendermaßen festgelegt:

---

[7] Bundesarchiv Berlin; ZSG 142/22.
[8] Chur-Braunschweig-Lüneburgische Landes-Verordnungen 1740, N.XLIII., 146ff.
[9] Chur-Braunschweig-Lüneburgische Landes-Verordnungen 1740, N.XLIV., 148-152.

Ausschreiben der Churfürstl. Regierung wegen Setzung der Zigeuner-Pfähle, vom 20. Januar 1710.

Unsere A. Euch ist bekant, was massen Sr. Churfürstl. Durchl. Unsers gnädigsten Churfürstens und Herrn, die vormahlen gegen die Zigeuner ausgelassene Verordnungen ohnlängst geschärfet, und denselben den Eintritt in Dero Lande bey Leib- und Lebens-Straffe verboten, mithin auch verfüget, daß, damit sich keiner mit der Unwissenheit entschuldigen könne, an denen Grenzen Pfähle aufgerichtet, und nicht herein zu kommen verwarnet werden solten. Ihr werdet dannenhero solchemnach zu Errichtung solcher Pfähle die nöhtige Veranstaltung machen, derer Kosten halber euch aus Churfürstl. Cammer die Nohtdurfft zugechrieben werden wird, und an solche Tafeln hängen lassen, an welchem ein Zigeuner so an den Galgen hänget, und ein ander so an die Karre geschlossen zu mahlen, und darüber mit grossen leserlichen Littern zu schreiben: Zigeuner sollen diese Lande bey Leib und Lebens Straffe meyden. Ihr werdet nun dabey Acht haben, daß die Pfähle an solche Oerter gesetzet werden, daß man wegen der Grenzen weder denen Benachbarten zu nahe trete, noch disseits etwas vergebe, sondern etwan dahin, wo vormahln die Pest-Pfähle gestanden, oder sonst etwan nur an eine öffentliche Heer-Straße, obes gleich nicht an den Grenzen ist, und Uns, wie solches geschehen, pflichtgemäß berichten. Und Wir a.

Hannover den 20. Januarii 1710. Churfürstl. Braunschw. Lüneburg. Geheimte Räthe. [10]

Offenbar war der Erfolg des Erlasses nicht groß, denn 1714 folgte ein Edikt des Kurfürsten Georg Ludwig „wegen der fremden Bettler, Landstreicher, Bettel-Juden und Zigeuner". Es wurde beklagt, dass sich ein „solch liederlich Gesinde" erneut verbreitet habe. Verfügt wurde, dass die Kinder in Armenhäusern untergebracht und die arbeitsfähigen aufgegriffenen Personen zur Pflichtarbeit eingesetzt werden sollten, wenn es die jeweilige Obrigkeit wollte. Landstreicher, Bettler, Bettel-Juden und „Zigeuner" waren zu melden und auch festzusetzen. Auch für den Fall, dass ihre Zahl groß war, hatte man eine Regelung ersonnen:

---

[10] Chur-Braunschweig-Lüneburgische Landes-Verordnungen und Gesetze. 1740, N.XLV., 153f.

Die Amtsbediensteten, Vogte, Wirte usw. sollten durch anschlagen einer Glocke Verstärkung herbeiholen, um die Personen zu inhaftieren[11].

Weitere Regelungen finden sich in der „Verordnung, welchergestalt mit Verfolgung der Zigeuner- und Diebes-Rotten, welche an den Grenzen sich aufhalten, zu verfahren" vom 3. Mai 1738 [12]. „Georg dem Anderen, von Gottes Gnaden König von Groß-Britannien" beklagte, dass die Ausrottung der „Zigeuner- und Diebes-Banden" schwierig sei, weil diese bei der Verfolgung von einem Territorium zum anderen wechseln und so der Justiz entgingen. Deshalb setzte man auf ein gemeinsames Vorgehen mit den benachbarten Regierungen Hildesheim und Oldenburg, sowie auch mit dem Herzog zu Braunschweig-Lüneburg. Dazu sollten die „Zigeuner- und Diebes-Banden" bei ihrem Eintritt in ein Land genau beobachtet und mit geeigneten Mitteln gegen sie vorgegangen werden. Durch eine Zusammenstellung von ausreichend vielen Dragonern, Angehörigen der Infanterie oder des „Landes-Ausschusses" sollte dann durchgegriffen werden. Die Vorbereitungen waren möglichst unbeobachtet zu treffen, um

„ ... die vorgefundenen Zigeuner und andere Diebes-Rotten anzugreifen, sich derer auf alle Weyse zu bemächtigen, die so sich zu wehre setzen, oder nur drohen, niederzuschiessen, im übrigen alle desordres, wodurch denen Eingesessenen solchen Orts zu begründeten Klagen Anlas gegeben werden kan, aufs sorgfältigste zu verhüten ... ." [13]

Die Verordnungen lassen aber nicht erkennen, wie erfolgreich die Aktionen tatsächlich gewesen sind. Oft dürfte es nicht einfach gewesen sein, die „Zigeuner"

---

11 Chur-Braunschweig-Lüneburgische Landes-Verordnungen und Gesetze. 1740, N.XLIX., 159-164.
12 Chur-Braunschweig-Lüneburgische Landes-Verordnungen und Gesetze. 1740, N.LVIII., 182ff.
13 Chur-Braunschweig-Lüneburgische Landes-Verordnungen und Gesetze. 1740, N.LVIII., 185. Ähnliche Regelungen finden sich auch für andere Regionen und Orte, so z.B. in Hildesheim. Mit Datum vom 27. Januar 1738 bestimmte der Bürgermeister von Hildesheim, dass „Zigeuner"-Gruppen zerstreut werden sollen und ihr Zuzug zu verhindern sei, weil sie unerwünscht waren: „Nachdem sich geäusert, dass so in hiesigen Hoch-Stifft, als denen angrenzenden Chur- und Hoch-Fürstl. Braunschweigischen Landen, sich so genannte Zigeuner Trupp- und Rotten-Weiß sehen lassen, auch bereits hie und da kundbar ist, dass von ihnen allerhand Bubenstücke, Diebstahl, Einbruch und anderer Unfug ausgeübet worden, ..." Stadtarchiv Hildesheim; Bestand 100-173 Nr. 11m. Stadtarchiv Braunschweig; C III 11 (Polizeiwesen): Nr. 5 und HV 12 (Armenwesen): Nr. 209, Nr. 234.

entsprechend zu behandeln. Über die Jahrhunderte wurden die Reisen der Sinti und Roma von Amts wegen festgehalten, auch die Akten der Landräte enthalten dazu viele Beispiele. Vor allem wenn es sich um so genannte „Zigeunerbanden" handelte, wurden ihre Wege beobachtet[14]. Dabei bereitete die genaue Feststellung der Personalien der Sinti und Roma Schwierigkeiten. Bereits Anfang des 18. Jahrhunderts wurden in Deutschland regelmäßig so genannte „Zigeunerlisten" und Fahndungsregister angelegt. Die dort aufgenommenen Sinti und Roma wurden vor allem aktenkundig, wenn sie als Landstreicher oder Straftäter angesehen wurden. Die Behörden hatten immer wieder Probleme damit, die Identität und die Verwandtschaftsbeziehungen von erfassten Personen sicher festzustellen[15]. Diese brauchten sie aber, wenn z.B. eine Genehmigung für die Wanderungen durch bestimmte Gebiete ausgestellt wurde:

„Hannover, den 6. Juli 1886.

Durch das Königliche Landraths-Amt Linden wird hier eine Zigeuner- Familie bestehend aus Mann, Frau und 5 Kindern, ... [die] auf dem Durchzug in Wennigsen dem dortigen Gendarmen übergeben ist, zugeführt. Dieselbe befindet sich auf der Reise und beabsichtigt nach Braunschweig zu ziehen." [16]

Die Namen der Familienangehörigen wurden genau notiert, um zu prüfen, ob die Reisegenehmigung tatsächlich eingehalten wurde. Nicht selten stand aber die Ermittlung der Namen im Zusammenhang der Verfolgung. So beklagte der Minister des Innern im Mai 1868, dass „ganze Zigeunerbanden Behufs Betriebes ihres Gewerbes" die deutsche Bevölkerung belästigen und angeblich ein sicherheitspolitisches Risiko für die Bevölkerung darstellen würden. Auch die Berichterstattung in der Presse förderte eher eine kritische Sicht auf die teilweise nicht gern gesehenen Zeitgenossen. In einem Artikel des *Hannoverschen Tageblattes* vom 11. August 1899 hieß es zum Beispiel:

Eine große Menschenansammlung entstand am Mittwoch-Abend gegen 10 Uhr auf der Georgstraße beim Café Kröpcke. Ein Zigeuner mit weiblicher Begleitung hatte dort schon einige Zeit die Aufmerksamkeit der Passanten in Anspruch genommen und war im Begriff, einen Straßenbahnwagen zu besteigen.

---

[14] Z.B.: Nds. Hauptstaatsarchiv Hannover; Hann 174 Gifhorn II Nr. 8.
[15] Bundesarchiv Berlin; ZSG 142/22.
[16] Nds. Hauptstaatsarchiv Hannover; Hann 174 Neustadt Nr. 553.

Es verweigerte ihm aber der Straßenbahnbeamte, von einem Schutzmann unterstützt, die Mitfahrt; wohl der zweifelhaften Reinlichkeit wegen. Dies wollte sich aber der Zigeuner nicht gefallen lassen, sondern beanspruchte, für sein Geld genau so gut befördert zu werden, wie jeder andere Fahrgast. Der Zigeuner, der sehr gut der deutschen Sprache mächtig war und dessen Lärmen von dem Zetern seiner Gefährtin so wirkungsvoll unterstützt wurde, daß sich bald eine etwa 500 Menschen zählende Ansammlung gebildet hatte, wollte mitfahren, „und wenn es hundert Mark koste" und holte, um zu beweisen, daß diese Worte kein leerer Schall seien, mehrere blaue Scheine aus der Brusttasche. Es half ihm aber alles nichts, er mußte vom Wagen heruntersteigen und seinen Weg unter Begleitung einer starken Menschenmenge zu Fuß fortsetzen, wenn er nicht vom Schutzmann festgenommen werden wollte. Dem Beamten gegenüber legitimierte er sich als Pferdehändler Karl Petermann. Derselbe soll hier bekannt sein und zu den wohlhabendsten Leuten seines Stammes gehören.[17]

Einige Jahre später berichtete der *Hannoversche Kurier* am 11. August 1904:

„Das Zigeunerwesen wird immer mehr zur Landplage; aus zahlreichen Ortschaften laufen Klagen über die nichts weniger wie gern gesehenen Landstreicher ein. Es wäre an der Zeit, die Ausstellung des Wandergewerbescheins der Zigeuner zu erschweren, damit sie besonders die Landbewohner nicht so sehr belästigen."[18]

Einen wichtigen Einschnitt bedeutete die „Anweisung zur Bekämpfung des Zigeunerwesens" des Ministers des Innern vom 17. Februar 1906, die reichsweit die Umgehensweise mit Sinti und Roma regelte. Diese Anweisung zielte darauf, Sinti und Roma möglichst umfassend zu kontrollieren. Verboten war ihnen u.a. der unerlaubte Aufenthalt auf einem Grundstück, das unbefugte Fischen und eine mangelhafte Beaufsichtigung ihrer Kinder. Unter dem Punkt B.6 der Anweisung war besonders geregelt, dass inländische Zigeuner möglichst sesshaft gemacht werden sollten, um nicht, wie es hieß, „im Umherziehen der Bevölkerung zur Last" zu fallen. Ebenso war angewiesen, dass bei Straftaten von umherziehenden Zigeunern „mit besonderem Nachdruck" einzuschreiten sei. Die Polizei-

---

[17] Nds. Hauptstaatsarchiv Hannover; Hann 87 Hannover Nr. 11/2.
[18] Nds. Hauptstaatsarchiv Hannover; Hann 87 Hannover Nr. 11/2.

behörden sollten dazu beitragen, straftätige Zigeuner „unnachsichtlich zur Bestrafung zu bringen". Bei den Kindern der Zigeuner wurde unterstellt, dass sie durch die Verhältnisse, unter denen sie aufwachsen, von einer sittlichen und körperlichen Verwahrlosung betroffen seien[19]. Die für nicht wenige Menschen ungewohnt wirkende Lebensweise der „Zigeuner" wurde gelegentlich auch in Patientenakten festgehalten. So im Falle des „Zigeuners" F., der 1907 im Alter von 46 Jahren in der Provinzial- Heil- und Pflegeanstalt Langenhagen (bei Hannover) wegen einer Psychose behandelt wurde. In der Akte heißt es u.a.:

„F. gehört zu einer Zigeunertruppe, die durch Pferdehandel und Veranstaltung ihren Unterhalt erwirbt. Beständig unterwegs. Kein bestimmter Ort anzugeben, an dem sie sich längere Zeit aufhalten oder in den letzten Jahren aufgehalten hatten." [20]

Im *Hannoverschen Kurier* wurde 1907 gemeldet, dass die „Zigeunerplage" erheblich nachgelassen hätte. Dies wurde auf Maßnahmen nach dem Erlass zur „Bekämpfung des Zigeunerwesens" zurückgeführt. In der Praxis war der Erfolg nur vordergründig. Denn waren die Sinti und Roma wie gewünscht in einer Wohnung sesshaft, so war das von den Anwohnern oft nicht gern gesehen und manche bemühten sich, diese Personen möglichst schnell zu vertreiben. So beschäftigte sich 1911 der „Bürgerbezirksverein" von Hannover-Linden mit Bewohnern eines Hauses des Ortes. Man befürchtete insbesondere, dass die Anwohner Schäden erleiden könnten.

Bezeichnend sind die Titel der Berichte über Sinti und Roma in den Zeitungen, die regelmäßig ähnlich lauteten: „Zigeunerplage" (1911-1912), „Zigeuner-Gesindel im Kreise Celle" (1912), „Gegen die Zigeunerplage" (1912). Auch in einer Zeitung Hannovers hieß es am 3. August 1912 (*Hannoverscher Anzeiger*):

„Zigeunerplage. Die Zahl der Zigeuner in der Stadt Hannover nimmt von Tag zu Tag mehr zu. Man sieht sie auf den Straßen in großen Trupps. Anscheinend ist ihnen der Aufenthalt auf dem platten Lande jetzt infolge der schärferen Ueberwachung durch die Landespolizei zu ungemütlich geworden. Da ihnen von den Behörden Wandergewerbescheine für den Pferdehandel, das Hausieren und alle möglichen anderen Berufstätigkeiten ausgestellt werden, so kann ihnen der Auf-

---

[19] Nds. Hauptstaatsarchiv Hannover; Hann 122a Nr. 2645.
[20] Stadtarchiv Hannover; Nervenklinik Langenhagen Nr. 789.

enthalt in der Stadt nicht ohne weiteres verboten werden. In einzelnen Stadtteilen, z.B. im Burgstraßenviertel, in Herrenhausen, Döhren, haben sie sich bereits häuslich niedergelassen." [21]

Beschwerden gab es auch dann, wenn die „Zigeuner" außerhalb des Stadtgebietes lagerten. So musste sich 1911 das Polizeipräsidium Hannover mit einem Wohnwagenstellplatz in einer bei Hannover gelegenen Feldmark beschäftigen. Das Lager wurde schließlich wegen verschiedener Klagen der Anwohner aufgelöst und ein Stellplatz zur Unterbringung „durchziehender Zigeuner" in einer Sandgrube eingerichtet. Dort wurden 15 Wagen gezählt und man war bestrebt, sie zum Weiterziehen zu veranlassen.

Sowohl Behördenakten als auch Zeitungsmeldungen zeigen die widersprüchliche Lage: Einerseits verlangte man von den „Zigeunern", dass sie sesshaft werden und sich unterordnen. Andererseits wurden teilweise erhebliche Aktivitäten entfaltet, um sie zu vertreiben, wenn sie im Stadtgebiet wohnten. Ein Beispiel dafür bietet ein Bericht im *Lindener Lokal-Anzeiger* vom 3. Mai 1911:

„Die Zigeunerplage in Linden bildete gestern den Gegenstand einer ausführlichen Debatte im IV. Bürger-Bezirks-Verein. Besonders die in der Deisterstraße ansässigen Geschäftsleute bezeichneten die täglich durch die Zigeuner zu erduldenden Belästigungen als unerträglich. Die Leute kommen in die Läden, nicht um zu kaufen, sondern um zu stehlen. In gewissen Vierteln haben sie sich so fest eingenistet, daß sie ganze Häuser besitzen, z.B. in der Charlottenstraße, und neuerdings haben sie sogar in Hannover ein Haus gekauft.

Sie loszuwerden gelingt weder dem Magistrat noch der Polizei, da sie teilweise hier geboren sind und ein Nachweis, der ihre Ausweisung rechtfertigen würde, in den meisten Fällen nicht zu führen ist. Während den hiesigen Hausbesitzern aus hygienischen Gründen das Halten von Schweinen untersagt ist, bilden die Wohnstätten dieser Familien, wie ein Mitglied ausführte, einen eigentlichen Bakterienherd. ... Man war sich darüber einig, daß man sehr zufrieden sein könne, wenn man mit diesen Leuten keine Bekanntschaft gemacht habe, und daß es notwenig sei, die Oeffentlichkeit auf diese Plage aufmerksam zu machen." [22]

---

[21] Nds. Hauptstaatsarchiv Hannover; Hann 87 Hannover Nr. 11/2.
[22] Nds. Hauptstaatsarchiv Hannover; Hann 87 Hannover Nr. 11/2.

Die Polizei beschäftigte sich mit dem Fall, wie eine Aktennotiz zeigt. Die Polizei kam zu dem Ergebnis, dass die Klagen berechtigt sein mögen, aber ein polizeiliches Einschreiten im öffentlichen Interesse nicht vorliege. Bei derartigen Vorgängen lässt sich wiederholt zeigen, dass Beschwerden eine Prüfung nicht standgehalten haben. So hatte sich der Magistrat der Stadt Hannover im November 1913 an die Polizeibehörde gewandt. Es ging um eine angebliche Belästigung von Schülern die durch ortsansässige „Zigeuner". In einer Aktennotiz zu diesem Vorgang heißt es dann u.a.: „Klagen über Belästigungen der Kinder der Bismarckschule seitens der Zigeuner sind hier nicht laut geworden, doch sind solche im Allgemeinen geführt worden."

Die Sinti und Roma wurden oft vertrieben und hatten Schwierigkeiten, selbst wenn sie ortsansässig werden wollten. Ein dramatisches Beispiel schildert eine Zeitungsmeldung aus dem Jahre 1924. Die *Niederdeutsche Zeitung* berichtete am 3. September 1924 über das Ereignis in Hannover:

„Am Sonnabendvormittag bot sich den Passanten der Luisenstraße ein mitleiderregendes Bild. Stand da ein kleiner, nur notdürftig mit Dachpappe abgedeckter Wagen, etwa 3 Meter lang, 2 Meter breit, 2 1/2 Meter hoch."

Zu den Bewohnern des Wagens findet sich folgender Kommentar: „Diese hausten angeblich schon über ein Jahr in diesem von ihnen selbst von Ort zu Ort gezogenen Wagen, weil sie keine Wohnung bekommen könnten." [23]

Nachdem sich der Magistrat der Stadt Hannover mit dem Fall beschäftigt hatte, wurden auch diese Personen auf den Stellplatz in der Sandgrube an der Schulenburger Landstraße gebracht (Abbildung 2). Dort entwickelte sich im Laufe der Jahre ein ständiger Zulauf, so dass man Ende der zwanziger Jahre von einem „Zigeunerdorf" sprach. Auch hier gab es Schilderungen der Anwohner, die kein Vorurteil ausgelassen haben:

„Ueberfälle und Diebstähle in der Feldmark und in den Laubengärten sind an der Tagesordnung. Den Höhepunkt bilden seit 2 Tagen die Zigeunerschlachten. Das Ueberfallkommando und ein Schupo zu Rad mußten wiederholt in Tätigkeit treten, um die mit Beilen und Dolchen bewaffneten Zigeuner auseinanderzubringen und großes Blutvergießen zu vermeiden." [24]

---

[23] Nds. Hauptstaatsarchiv Hannover; Hann 87 Hannover Nr. 11/2.
[24] Nds. Hauptstaatsarchiv Hannover; Hann 87 Hannover Nr. 11/2.

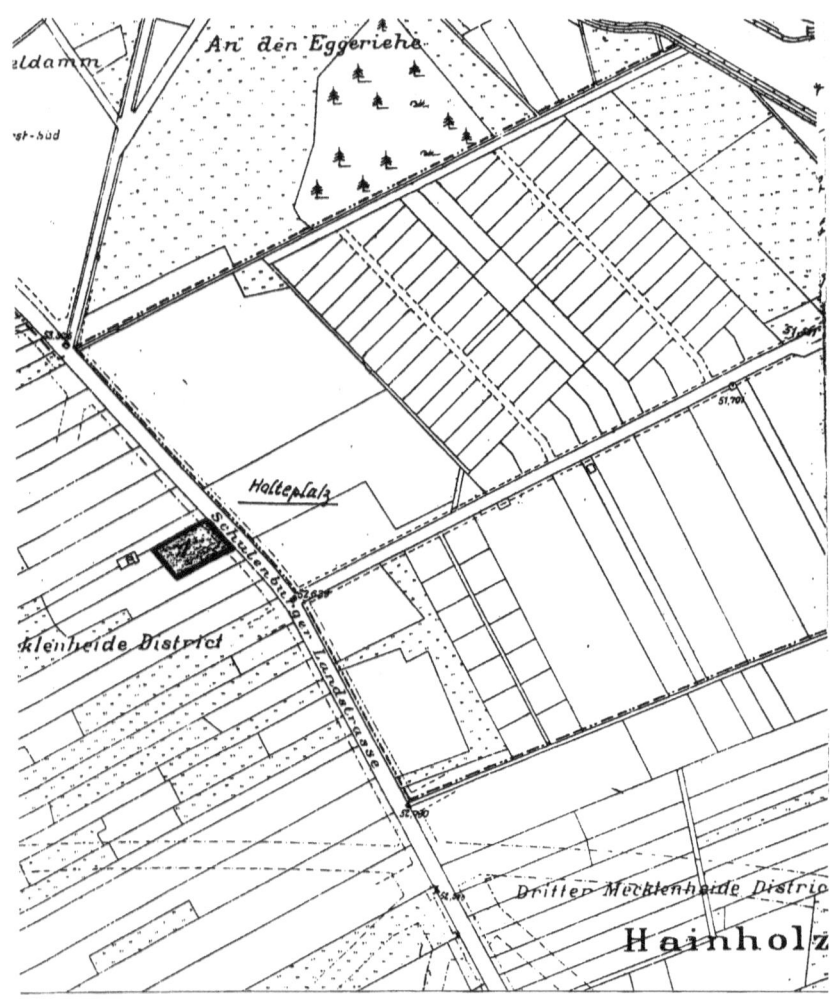

Abbildung 2. Karte mit einem Wohnwagenstellplatz für „Zigeuner" in Hannover-Hainholz an der Schulenburger Landstraße (Nds. HSTA Hannover; Hann 87 Hannover 11/2)

Darstellungen der „Zigeuner" in der Presse waren nicht selten von dem Eindruck des Exotischen geprägt. In der Zeit der Jahrhundertwende zum 20. Jahrhundert lässt sich für die Provinz Hannover u.a. festhalten: Die wandernden Sinti und Roma wurden der Bevölkerung geradezu angekündigt. Mit abenteuerlich wirkenden Geschichten wurden ihr Verhalten und ihre Gewohnheiten beschrieben. Mal wurde über einen zusammengeschlagenen Gemeindevorsteher berichtet, der den „Zigeunern" eine Hochzeit in seinem Gebiet verweigert haben soll, mal wurden die Kinder zu einer zwangsweisen Erziehung den Familien abgenommen. In einem anderen Bericht wurde den Hannoveranern ein reicher „Zigeuner" wie ein bunter Papagei geschildert. Die Sporen seiner Reitstiefel hätten einen Wert von 1.600 Mark, noch wertvoller seien seine Edelsteinringe, seine goldene Uhrkette usw. Der als Pferdezüchter bekannte Sinto wurde im Zusammenhang der Einrichtung einer „Zigeunerkolonie" bei Stendal dargestellt. Man erwartete dort 60 Wohnwagen (Hehemann 1987, 157f).

Derartige Schilderungen waren typisch und finden sich auch zu anderen Zeiten und anderen Regionen in Deutschland. Vor allem die durchziehenden Gruppen von „Zigeunern" wurden immer wieder mit auffälligen Begebenheiten erwähnt. Dazu gehörte z.B. 1927 eine Auseinandersetzung in Hannover, die im *Hannoverschen Tageblatt* dargestellt wurde (9.6.1927). In einem Streit ging es angeblich um einen Löffel, wobei blutige Verletzungen zugefügt worden sein sollen. Auch über dramatischere Auseinandersetzungen wusste die Presse in Hannover zu berichten, bei denen Messer und Beile eingesetzt worden sind. Ein Eingreifen der Polizei zur Schlichtung und Strafverfolgung wurde als wenig erfolgreich angesehen, da die Sinti und Roma sich untereinander nicht vor den Behörden beschuldigten. So kam eher die Feuerwehr zum Einsatz, um die Streitenden auseinander zu bringen. Derartige Schilderungen in der Presse wurden immer wieder mit der Forderung nach Maßnahmen gegen die „Zigeunerplage" verbunden[25].

In den zwanziger Jahren des 20. Jahrhunderts verstärkten sich in Deutschland die Bemühungen, einheitliche Gesetze und Maßnahmen zu schaffen, um mit der „Zigeunerplage" wirkungsvoll umzugehen. Dazu gehörte Mitte der zwanziger Jahre das so genannte „Zigeuner- und Arbeitsscheuengesetz". Versucht wurde,

---

25 Hehemann 1987, 163f, 174f, 179. Nds. HSTA Hannover; Hann 87 Hannover Nr. 11/2.

möglichst alle Sinti und Roma erkennungsdienstlich zu erfassen, d.h. mit Personaldaten, Fingerabdrücken und auch mit Fotos zu dokumentieren[26].

Verschiedene Akten der Behörden in Archiven zeigen, dass die Aktionen gegen Sinti und Roma aus verschiedenen Bevölkerungsgruppen geführt wurden. So beschäftigte sich die Eingabe eines Reichstagsmitgliedes vom 13. September 1921 an den Reichsinnenminister in Berlin mit der „zunehmenden Zigeunerplage" in der Provinz Hannover. Gemeint war insbesondere eine Gruppe von 30 bis 40 „Zigeunern" in der Harzgegend, die angeblich Lebensmittel und Tierfutter gestohlen hatte. Der Abgeordnete forderte eine harte Vorgehensweise, um die Bevölkerung und die innere Sicherheit zu schützen[27]. Ein anderes Beispiel ist die Beschwerde eines Sägewerkbesitzers vom 26. Juni 1925 an den Landrat in Clausthal-Zellerfeld. In dem Brief heißt es:

„Ich habe schon in einer früheren Eingabe wegen Erlaubnis zum Tragen einer Waffe darauf hingewiesen, dass die Zigeunerplage in der hiesigen Gegend eine ausserordentlich drückende geworden ist. In jeder Woche an mehreren Tagen, um nicht zu sagen an jedem Tage, ziehen Banden davon das Tal herauf und herunter und schlagen hier in der Nähe ihr Nachtlager auf, um angeblich 'handelnd', tatsächlich aber um bettelnd und stehlend sich hier herum zu treiben.

Ich stelle hiermit den Antrag, das Landratsamt möge doch alle Mittel und Wege ergreifen, um dieser Plage Herr zu werden. Dieses Gesindel ist an und für sich unproduktiv bis zum Äussersten und bettelt, frisst und stiehlt unserm produktiven Stande, d.h. dem Arbeiterstande, die Lebensmittel vor der Nase weg, – ein Zustand, der auf Dauer nicht geduldet werden darf. Das Gesindel muss fort, wie die Drohnen in den Bienenkörben, die im Herbst getötet werden.

Das ist soziale Politik, die allen Kreisen, insbesondere den unteren Kreisen, zu Gute kommt, und ist gewiss besser angewendet, als die Unternehmer bzw. Arbeitgeber, die den arbeitenden Leuten mit der Arbeit auch noch Nahrung zuführen, abzuschnüren. Hochachtungsvoll [Name]" [28]

Der Text lässt eine radikale Einstellung des Verfassers erkennen. Auch zeigt der Schriftwechsel, dass er sich bewaffnet hatte.

---

[26] Nds. Hauptstaatsarchiv Hannover; Hann 87 Hannover Nr. 11/2.
[27] Nds. Hauptstaatsarchiv Hannover; Hann 174 Zellerfeld Nr. 881.
[28] Nds. Hauptstaatsarchiv Hannover; Hann 174 Zellerfeld Nr. 881.

Bekämpfung der Zigeunerplage.
RdErl. d. RuPrMdJ. v. 6. 6. 1936
— III C II 20 Nr. 10/36.

(1) Die unstet im Lande umherziehenden, hauptsächlich von Diebstahl, Betrug und Bettel lebenden Zigeuner bilden, insbesondere für das platte Land, noch immer eine Plage. Es hält schwer, das dem deutschen Volkstum fremde Zigeunervolk an ein geordnetes und gesittetes, auf ehrlichem Erwerb beruhendes Leben zu gewöhnen. Gleichwohl dürfen die Bemühungen der Behörden, insbesondere der Pol.-Behörden, der Zigeunerplage Herr zu werden, nicht erlahmen.

(2) Ich ersuche daher, mit allen gesetzlichen, insbesondere polizeilichen Mitteln dem Übelstande entgegenzuwirken.

A. Ausländische Zigeuner sind am Übertritt auf deutsches Gebiet zu hindern, in Deutschland angetroffene ausländische Zigeuner sind auszuweisen.

B. Bei inländischen Zigeunern und nach Zigeunerart umherziehenden Landfahrern muß das Bestreben der Behörden darauf gerichtet sein, sie an einem bestimmten Ort seßhaft zu machen. Die polizeiliche Überwachung wird dadurch erleichtert und das Bagabundieren erschwert.

(3) Hierbei bitte ich, auf folgendes zu achten:

a) Zurückhaltung in der Ausstellung von Wandergewerbescheinen (vgl. RdErl. b. 17. 2. 1906 Ziff. 9, MBliB. S. 53, b. 4. 2. 1911, MBliB. S. 98, und b. 12. 10. 1921, MBliB. S. 337).

b) Feststellung, ob die Zigeunerkinder der Schulpflicht genügen und überweisung verwahrloster Zigeunerkinder in Fürsorgeerziehung.

c) Überwachung der öffentlichen Märkte, insbesondere der Pferdemärkte.

d) Zerstreuung von Zigeunerbanden, die eine Bedrohung der öffentlichen Sicherheit und Ordnung bilden. Wegnahme etwa in ihrem Besitz befindlicher Waffen.

e) Feststellung der Identität sistierter Zigeuner. Durchführung des Fingerabdruckverfahrens bei Zigeunern (vgl. RdErl. b. 3. 11. 1927, MBliB. S. 1045).

Es empfiehlt sich, von Zeit zu Zeit bezirksweise, oder für ganze Landesteile Razzien auf Zigeuner zu veranstalten, sowie an den allgemeinen Fahndungstagen auch die Zigeuner in die polizeiliche Überwachung mit einzuschließen. Eine möglichst genaue Feststellung der Identität der sistierten Personen ist nicht nur aus kriminalpolizeilichen, sondern auch aus staatspolitischen Gründen erwünscht.

f) Rücksichtsloses Einschreiten gegen alle von umherziehenden Zigeunern begangenen Straftaten, wobei im besonderen auf die Vorschriften des § 361 in Verbindung mit § 42 d GStGB. hingewiesen wird. Schon bei der Einlieferung der Strafsälligen ist in allen dazu geeigneten Fällen neben der Bestrafung die Unterbringung in einem Arbeitshause bei den Justizbehörden zu beantragen.

Abbildung 3. Runderlass des Reichs- und Preußischen Ministers des Innern vom 6. Juni 1936 zur „Bekämpfung der Zigeunerplage" (Quelle: STA Wolfenbüttel; 12 A Neu 13 Nr. 15641)

Ab 1933 setzten Repressionen ein, die von den Nationalsozialisten mit rassischen Gründen („vererbte Primitivität") und der „Asozialität" der „Zigeunerstämme" begründet wurden. Wie die jüdischen Bürger wurden Sinti und Roma in Deutschland in den dreißiger Jahren aus dem Erwerbsleben herausgedrängt. Sie wurden aus Berufsorganisationen ausgeschlossen, sofern sie Beamte waren, in den Ruhestand versetzt und mussten eine Sondersteuer zahlen (Rose 1995, 17, 20f).

Vor allem in der „Rassenhygienischen Forschungsstelle" beim Reichsgesundheitsamt in Berlin betrachtete man die Sinti und Roma als einen besonderen „Forschungsgegenstand". Es wurde aber nicht nur geforscht: Bereits 1936 wurden Sinti und Roma aus Bayern in das Lager Dachau eingeliefert, und mit Beginn des Zweiten Weltkrieges verschärften sich die Zwangsmaßnahmen bis hin zum Holocaust. Auch der so genannte „Auschwitz-Erlaß" Himmlers von 1942 zeigt, dass für die Sinti und Roma das gleiche Schicksal wie für die Juden vorgesehen war[29].

Wie wurden Sinti und Roma vor und nach 1933 in ihrem sozialen Umfeld gesehen, waren sie gesellschaftlich anerkannt oder wie wurden sie diskriminiert? Hierzu sind unterschiedliche Erfahrungen überliefert. Es entsteht der Eindruck, dass das Verhältnis zu Nicht-Sinti-Familien zumindest in einigen Regionen in Deutschland konfliktfrei oder auch freundschaftlich gewesen ist. Auch ist erkennbar, dass ab 1933 die Erlasse zur Schlechterstellung der Sinti und Roma nicht einheitlich durchgeführt wurden, also regionale Unterschiede feststellbar sind. In der unteren Herrschaftsebene gab es einen deutlichen Handlungsspielraum, der in der Regel gegen die Opfer gewendet wurde. Dies zeigt sich vor allem dort, wo Nationalsozialisten in regionalen Machtfunktionen besonders aggressiv vorgegangen sind (Hein; Krokowski 1995, 52. Dlugoborski 1998, 30f. Justiz und NS-Verbrechen, 4: 160f).

Auch die rechtliche Diskriminierung der Sinti und Roma wurde ab 1933 systematisch vorbereitet und organisiert. Dazu gehörte z.B. ein Erlass des Reichs- und Preußischen Ministers des Innern vom 3. Januar 1936 an die Landesregierungen und in Preußen an die Standesämter und die Gesundheitsämter. Hier war unter den Vorgaben des so genannten „Blutschutzgesetztes" das Recht zu heira-

---

[29] Zum Schicksal der Juden im Nationalsozialismus in Niedersachsen: Reiter 1999b.

ten geregelt. Nicht heiraten sollten „Deutschblütige" mit „artfremden Rassen": „Zu den artfremden Rassen gehören alle anderen Rassen, das sind in Europa außer den Juden regelmäßig nur die Zigeuner." (Nachdruck in: Rose 1995, 25)

Zu den wichtigen Erlassen, die das Schicksal der Sinti und Roma im „Dritten Reich" in Deutschland betrafen, gehörten zwei weitere Anordnungen des Reichs- und Preußischen Ministers des Innern (vom 5.6. und 6.6.1936). Beide Erlasse tragen den Titel „Bekämpfung der Zigeunerplage". Zu diesem Thema hieß es am 6. Juni 1936 u.a.:

„Die unstet im Lande umherziehenden, hauptsächlich von Diebstahl, Betrug und Bettel lebenden Zigeuner bilden, insbesondere für das platte Land, noch immer eine Plage. Es fällt schwer, das dem deutschen Volkstum fremde Zigeunervolk an ein geordnetes und gesittetes, auf ehrlichem Erwerb beruhendes Leben zu gewöhnen." (Abbildung 4. Nachdruck in: Hase-Mihalik; Kreuzkamp 1990, 43-45)

Im Text offenbart sich die noch verhaltene Aggressivität gegen Sinti und Roma sowie ihre Einordnung als eine Menschengruppe, die der deutschen Bevölkerung angeblich wesensfremd sei. Gleichwohl ist schon die Absicht zu erkennen, mit allen Mitteln vorzugehen. Dies wurde durch einen Erlass vom 14. Dezember 1937 zur so genannten „vorbeugenden Verbrechensbekämpfung" weitergehend angeordnet. Nun wurde festgelegt, dass Bettler, „Zigeuner", Landstreicher usw. in Vorbeugehaft genommen und in ein Konzentrationslager eingeliefert werden können. Entsprechende Aktionen fanden auch schon statt, als Heinrich Himmler mit dem Runderlass „Zur Bekämpfung der Zigeunerplage" vom 8. Dezember 1938 weitere Gewaltmaßnahmen vorbereitete. Es sollten zunächst alle Sinti und Roma erfasst und „rassenbiologisch" untersucht werden. Diese Maßnahme wurde durch den so genannten Festsetzungserlass vom 17. Oktober 1939 erleichtert, nach dem die Sinti und Roma ihren Wohnort in Deutschland nicht mehr verlassen durften.

„Rassenbiologische" Untersuchungen beim Reichsgesundheitsamt in Berlin sollten den willkürlichen Gewaltmaßnahmen gegen Sinti und Roma den Anschein geben, wissenschaftlich begründet zu sein. In ganz Deutschland wurden Lagerplätze aufgesucht. In Zeitzeugenberichten lässt sich erkennen, dass auch im Land Braunschweig „rassenbiologische" Untersuchungen durch die „Rassenhygienische und Bevölkerungsbiologische Forschungsstelle" des Reichsgesundheitsamtes stattgefunden haben. Zu derartigen Untersuchungen gehörten u.a. Schädelmessungen, bei denen über 40 Details ermittelt wurden (Rose 1995, 45, 67).

Bekämpfung der Zigeunerplage.
RdErld.RFSSuChdDtPol. im RMdl. v. 8.12.1938

A. Allgemeine Bestimmungen.

I. Inländische Zigeuner.

1. (1) Die bisher bei der Bekämpfung der Zigeunerplage gesammelten Erfahrungen und die durch die rassenbiologischen Forschungen gewonnenen Erkenntnisse lassen es angezeigt erscheinen, die Regelung der Zigeunerfrage aus dem Wesen dieser Rasse heraus in Angriff zu nehmen. Erfahrungsgemäß haben die Mischlinge den größten Anteil an der Kriminalität der Zigeuner. Andererseits hat es sich gezeigt, dass die Versuche, die Zigeuner sesshaft zu machen, gerade bei den rassereinen Zigeunern infolge ihres starken Wandertriebes misslungen sind. Es erweist sich deshalb als notwendig, bei der endgültigen Lösung der Zigeunerfrage die rassereinen Zigeuner und die Mischlinge gesondert zu behandeln.

(2) Zur Erreichung dieses Zieles ist es zunächst erforderlich, die Rassenzugehörigkeit der einzelnen im Deutschen Reich lebenden Zigeuner und der nach Zigeunerart umherziehenden Personen festzustellen.

(3) Ich ordne deshalb an, dass alle sesshaften und nicht sesshaften Zigeuner sowie alle nach Zigeunerart umherziehenden Personen beim Reichskrim.-Pol.-Amt – Reichszentrale zur Bekämpfung des Zigeunerunwesens – zu erfassen sind.

(4) Die Pol.-Behörden haben demgemäß alle Personen, die nach ihrem Aussehen, ihren Sitten und Gebräuchen als Zigeuner oder Zigeunermischlinge angesehen werden, sowie alle nach Zigeunerart umherziehenden Personen über die zuständige Krim.-Pol.-Stelle und Krim.-Pol.-Leitstelle an das Reichskrim.-Pol.-Amt – Reichszentrale zur Bekämpfung des Zigeunerunwesens – zu melden. ...

3. (1) Die endgültige Feststellung, ob es sich um einen Zigeuner, Zigeunermischling oder eine sonstige nach Zigeunerart umherziehende Person handelt, trifft das Reichskrim.-Pol.-Amt auf Grund eines Sachverständigengutachtens.

(2) Ich ordne deshalb ... an, daß alle Zigeuner, Zigeunermischlinge und nach Zigeunerart umherziehenden Personen verpflichtet sind, sich der zur Erstattung des Sachverständigengutachtens erforderlichen rassenbiologischen Untersuchung zu unterziehen und die notwendigen Angaben über ihre Abstammung beizubringen. Die Durchführung dieser Verordnung ist mit Mitteln polizeilichen Zwangs sicherzustellen. ...

Erlass von Heinrich Himmler zur „Bekämpfung der Zigeunerfrage" vom 8. Dezember 1938 (Auszug). Der Erlass zeigt die Radikalisierung der Maßnahmen gegen Sinti und Roma in Deutschland schon vor dem Zweiten Weltkrieg, und auch die Rolle der „Rassen"untersuchungen durch die „Rassenhygienische und Bevölkerungsbiologische Forschungsstelle" unter Dr. Robert Ritter beim Reichsgesundheitsamt, bei der die im Erlass erwähnten Gutachten erstellt wurden (Nds. HSTA Hannover; Hann 174 Zellerfeld Nr. 880).

Abkürzungen in der Kopfzeile: RdErl: Runderlass. RFSSuChdDtPol.: Reichsführer SS und Chef der Deutschen Polizei. RMdI: Reichsminister des Innern.

Die Untersuchungen und ihre Auswertung wurden vor allem von Dr. Robert Ritter und seiner Mitarbeiterin Eva Justin konzipiert. Deutlich erkennbar ist die pseudowissenschaftliche Hilfestellung, die Ritter, Justin und andere Forscher den „rassen"politischen Zwangsmaßnahmen der Nationalsozialisten gegeben haben. Wie andere Funktionseliten im NS-Staat haben sie ihre Karriere mit den Zielen der totalitären Herrschaft verbunden (Krokowski 1994a. Riechert 1995, 11ff). Dr. Ritter und Eva Justin waren in diesem Sinne Schreibtischtäter (Reiter 1998a, 139ff), die die Diskriminierung, die Zwangssterilisationen und ebenso die Planungen der Vernichtung von Sinti und Roma vorbereitet haben (Hase-Mihalik; Kreuzkamp 1990, 71-73. Sinti und Roma unter dem Nazi-Regime 1996, 31-35).

Zeitgleich zu den Bestimmungen zur „Bekämpfung der Zigeunerplage" wurde den Sinti und Roma das Wahlrecht abgesprochen. Sie galten nicht mehr als „Reichsbürger" und wurden wie jüdische Mitbürger behandelt[30].

Zu den ersten zentral organisierten Deportationen gehörte 1940 die reichsweite Sammlung von 2.500 Sinti auch aus dem Bereich der Kriminalpolizeileitstelle Hannover. Der für diese Aktion maßgebliche „Schnellbrief" des Reichsführer-SS stammt vom 27. April 1940 und hatte den Betreff „Umsiedlung von Zigeunern". (Nachdruck in: Hase-Mihalik; Kreuzkamp 1990, 89-92). Von der Verlegung nach Polen betroffen waren aus dem Bereich Hamburg und Bremen 1.000 Sinti, ebenso viele aus den Bereichen Köln, Düsseldorf und Hannover, sowie 500 aus den Gebieten Stuttgart und Frankfurt am Main. 300 weitere „Zigeuner" kamen aus anderen Regionen. Den Deportierten wurde die Sterilisation oder Einweisung in ein Konzentrationslager angedroht, wenn sie nach Deutschland zurückkehren würden (Hesse; Schreiber 1999, 91f. Kenrick; Puxon 1981, 67ff).

Weitere Zahlen ergibt die „Übersicht über die in Deutschland lebenden Zigeuner und Zigeunermischlinge" von 1940. Hier wurden, nach den Gliederungen der NSDAP-Gaue unterschieden, folgende Gruppen von „Zigeunern" genannt, wobei die Gesamtliste etwa 30.000 Personen umfasst (Riechert 1995, 93):

NSDAP-Gau Ost-Hannover und Gau Süd-Hannover-Braunschweig: 820 + 130 „umgesiedelt ins Gouvernement" (d.h. nach Polen deportiert).

---

[30] So wurden z.B. 1938 elf „Zigeuner" in Göttingen nicht zur Wahl zugelassen (Rose 1995, 39f). Zu den Wahlen 1938 in Göttingen: Reiter 1999, 148f.

NSDAP-Gau Weser-Ems: 550 + 30 „umgesiedelt ins Gouvernement".

Zur Interpretation der Übersicht ist zu sagen: Aus den genannten drei NSDAP-Gauen ergibt sich etwa das Gebiet des heutigen Niedersachsens (Reiter 1993, 252f). Aber es gibt noch eine Angabe über Schleswig-Holstein, Hamburg und Teile des nördlichen Hannovers (gemeint ist: der Provinz Hannover): 750 + 750 Personen „umgesiedelt ins Gouvernement". Ein Teil dieser Gruppe ist noch hinzuzurechnen, wenn man die Opferzahl aus Niedersachsen erfassen will.

Zwei Jahre später bedeutete der so genannte „Auschwitz-Erlass" Himmlers vom 16. Dezember 1942 die Planung der Deportation der Sinti und Roma, die im „Zigeunerlager" im KZ Auschwitz konkrete Formen annahm. Dorthin wurden im März 1943 reichsweit Tausende Sinti und Roma gebracht und Opfer des Holocaustes.

Die Unterbringung im Lagersystem des „Dritten Reiches" zeigt, dass auch die Lager für Sinti und Roma gemeinsame Erscheinungen hatten und ebenso regionale Unterschiede. Zunächst dienten die Lager dazu, die sozial auffälligen Gruppen der Sinti und Roma zusammenzufassen, d.h. umherziehende Personen oder die von Wohnwagenstellplätzen und Barackensiedlungen. Die Lager umfassten vor allem die Sinti und Roma der jeweiligen Region und wurden überwiegend am Rande oder außerhalb von Städten eingerichtet. Die zwangsweise Zusammenlegung bedeutete eine mehr oder weniger umfassende Einschränkung der Bewegungsfreiheit, Bewachung und Internierung. Nicht selten wurden die Lagerinsassen zum Arbeitseinsatz gebracht.

Auf einer Karte in einer Veröffentlichung des Zentrums für Sinti- und Romaforschung in den neunziger Jahren finden sich 27 nationalsozialistische „Zigeunerlager" im Gebiet des Deutschen Reiches von 1938 (Sinti und Roma unter dem Nazi-Regime 1996, 41-45). Das „Sammellager" in Braunschweig-Veltenhof ist dort allerdings nicht verzeichnet. Dies hängt vermutlich damit zusammen, dass der Wohnwagenstellplatz in Braunschweig-Veltenhof kein „Zigeunerlager" im engeren Sinne war. Eine derartige Bewertung legen die Dokumente in Staatsarchiven und auch Zeitzeugenberichte nahe (vgl. Kapitel 5). Dennoch war der Aufenthalt auch in Braunschweig-Veltenhof erzwungen und gehörte zum bevölkerungspolitischen Terror der Nationalsozialisten zur Vorbereitung von Vernichtungsmaßnahmen. Insofern kann man unterstellen, dass der Aufenthalt auf den Sammelplätzen mehr oder weniger ähnlich zu sehen ist, wie die Internierung in den Konzentrationslagern:

„Da es keinerlei verbindliche Anordnungen für die Errichtung und Unterhaltung von Zigeunerlagern durch nationalsozialistische Zentralinstanzen gab, war der Charakter der verschiedenen Lager durchaus unterschiedlich. Allerdings sind die Zigeunerlager von den ebenfalls lange Zeit noch in einigen Städten vorhandenen Wohnwagenstellplätzen zu unterscheiden. Anders als die Wohnwagenstellplätze standen die Lager unter Bewachung, der Aufenthalt in ihnen war mit Einschränkungen der Bewegungsfreiheit verbunden und nach Möglichkeit wurde dort versucht, selbständige Erwerbsarbeit der Sinti und Roma durch Zwangsarbeit oder zumindest zwangsweise Vermittlung in abhängige Lohnarbeit zu ersetzen." (Sinti und Roma unter dem Nazi-Regime 1996, 74)

Standorte derartiger „Zigeunerlager" gab es u.a. in Berlin, Düsseldorf, Frankfurt am Main, Kiel, Köln, Magdeburg. Bei Hansjörg Riechert finden wir einige Merkmale zusammengestellt, die typischer Weise bei „Zigeunerlagern" aufgetreten sind: Die Trägerschaft lag bei den kommunalen Behörden und die Lager wurden überwiegend außerhalb des Stadtgebietes eingerichtet. Die Art der Lager sollte abschrecken, um den Zuzug neuer Sinti und Roma zu verhindern. Weiterhin sollten die Lagerinsassen räumlich konzentriert sein und leicht überwacht werden können. Typisch war auch die zwangsweise Unterbringung in oft überfüllten Lagern und eine Umzäunung. Durch eine systematische Unterversorgung mit sanitären Einrichtungen verschlechterten sich die hygienischen und gesundheitlichen Verhältnisse zunehmend im Laufe der Jahre. Rigide Lagerordnungen wurden durch eine Lageraufsicht kontrolliert und durch eine ständige Polizeiaufsicht ergänzt. Das Verlassen des Lagers war nur zum Einkaufen, zum Schulbesuch und zur Arbeitsstelle erlaubt. Vor allem mit Beginn des Zweiten Weltkrieges wurden die Lebensverhältnisse härter, die Lager bekamen zunehmend den Charakter von Ghettos (Riechert 1995, 8f).

Zu der sozialen Entwurzelung und der erzwungenen Unterbringung in Lagern kam ein systematisch betriebener Raub an dem Eigentum der Sinti und Roma. Ein Beispiel ist eine Verfügung des Regierungspräsidenten Osnabrück vom 28. September 1943. Genannt wurden zehn Sinti, deren gesamtes Vermögen zugunsten des Deutschen Reiches eingezogen wurde. Die Begründung war das Gesetz zur Einziehung des so genannten „volks- und staatsfeindlichen Vermögens" vom 14. Juli 1933 und ein Erlass Adolf Hitlers von 1941 zur Verwendung des Vermögens von „Reichsfeinden" (Nachdruck in: Rose 1995, 135).

Die wenigen verbleibenden Rechte wurden durch die Richter vor allem in Strafrechtsverfahren praktisch außer Kraft gesetzt, wenn sich Sinti und Roma vor Gericht zu verantworten hatten[31]. Für viele Richter waren „Zigeuner" oft schon wegen ihrer Herkunft nicht glaubhaft und selbst bei einer nicht sicheren Beweislage zu verurteilen. Dies zeigt eine Reihe von Gerichtsurteilen. Auch ohne Beweise wurden Verurteilungen ausgesprochen, es reichte die Überzeugung des Gerichts. Ein typisches Beispiel war ein Arbeiter aus Osnabrück, der vom Amtsgericht Osnabrück verurteilt und 1942 in das Strafgefängnis Wolfenbüttel eingeliefert wurde. Wegen Einbruch und Diebstahl war er zu sieben Monaten und zwei Wochen Gefängnis, sowie wegen Bettelei und Landstreichens zu sechs weiteren Wochen Haft verurteilt worden. Bei dem Diebstahl ging es um ein paar Herrensocken. Allerdings konnte vor Gericht nicht wirklich geklärt werden, ob der beschuldigte Sinto diese tatsächlich mit Diebstahlabsichten oder nur zum Putzen an sich genommen hatte. Weiterhin hatte er in einem Gartenhäuschen einen „Tesching" gestohlen. Der Angeklagte machte geltend, dass die Fensterscheibe des Gebäudes kaputt und das Fenster deswegen ohne Mühe zu öffnen gewesen sei. Eine Behauptung, die dem Gericht nicht glaubhaft erschien:

„Auch hier glaubt das Gericht seiner Einlassung nicht. Es ist davon überzeugt, dass der Angeklagte durch zertrümmern eines Fensters in das Gartenhaus gelangt ist."[32]

Konkrete Beweise oder Zeugen konnte das Gericht für seine Entscheidung nicht geltend machen. Für den Verurteilten nahm der Vorgang deshalb eine dramatische Entwicklung, da er aus dem Strafgefängnis Wolfenbüttel in das KZ Buchenwald verlegt wurde.

---

[31] Zur Verschärfung des Strafrechts im Zweiten Weltkrieg: Reiter 1998a, 209-216.
[32] Staatsarchiv Wolfenbüttel; 43A Neu 4 Zg. 47/1984 Jg. 1943 Nr. 8.

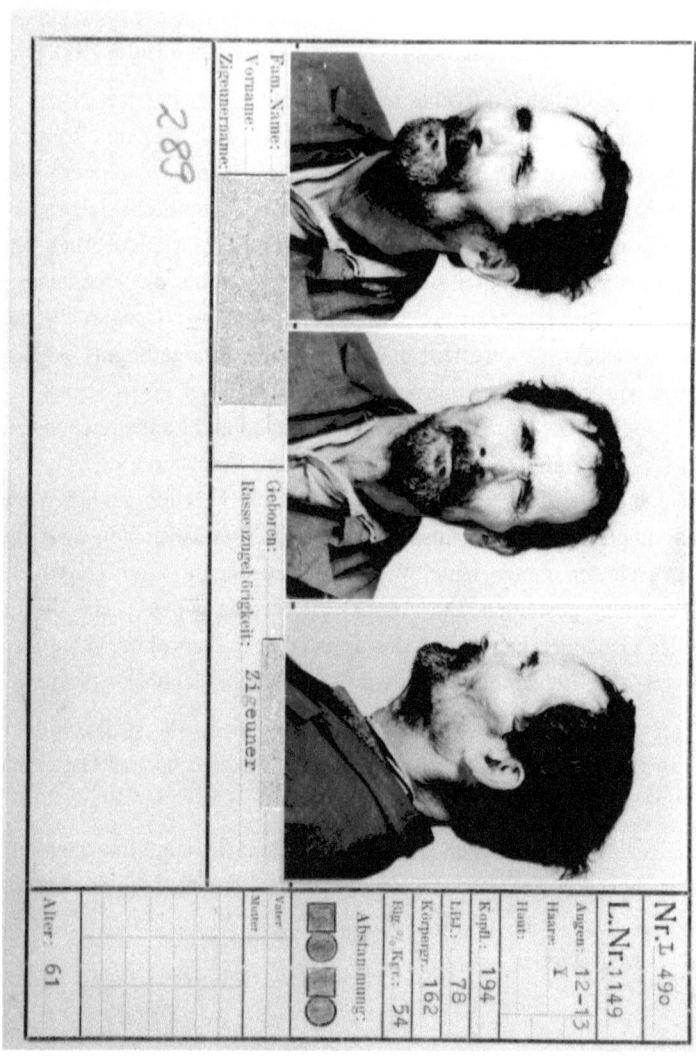

Abbildung 4. In Beständen des Bundesarchivs überlieferte Erfassungsbögen der „Forschungsstelle" unter Dr. Robert Ritter in Berlin enthalten eine Reihe von Fotos von Sinti und Roma. Die Abbildung zeigt ein Opfer aus Braunschweig, das 1943 in Auschwitz verstorben ist (Quelle: Bundesarchiv Berlin)

2.2 Die Wahrnehmung von „Zigeunern" im Alltag

Die Wahrnehmung der Sinti und Roma im Alltag war und ist durch Vorurteile und ein oft negatives Image geprägt. Dies lässt sich für ganz Deutschland z.b. durch Zeitungsberichte belegen, wie anhand von Beispielen im letzten Abschnitt dargestellt. Die Reihe lässt sich bis in die Gegenwart fortsetzen[33]. Zu den Facetten der Alltagswahrnehmung über Sinti und Roma gehört ihre „rassen"politische Selektion im Nationalsozialismus und die Sicht auf ihre Belange und Lebensverhältnisse im Nachkriegsdeutschland. Dazu bieten die folgenden Kapitel viele Beispiele bis hin zur soziologischen Erfassung alltäglicher Milieus durch Lukretia Jochimsen und durch die eindringlichen Schilderungen von Pastor Althaus aus Braunschweig.

In diesem Abschnitt sollen stellvertretend zwei Beispiele dokumentiert werden. Es ist einmal ein polizeiliches Protokoll zu einer Anzeige gegen zwei Sintezza wegen Diebstahls im Jahre 1914, und außerdem ein Interviewausschnitt, in dem sich die Schilderung des Verkaufs von Pferden an einen Sinto durch einen psychiatrischen Patienten 1951 in Hildesheim findet. Obwohl es sich um zwei unterschiedliche Quellenarten handelt, zeigen sich interessante Gemeinsamkeiten: In beiden Fällen treten „Zigeuner" im Zusammenhang einer angeblichen oder tatsächlichen Verletzung sozialer Normen bzw. einem Rechtsverstoß auf, wodurch die Ereignisse auffällig und dadurch überliefert wurden. Und: Sinti und Roma werden von einigen Menschen als Teil der Bevölkerung empfunden und gewusst, der irgendwie fremdartig oder abweichend erscheint und mit besonderen Maßstäben zu sehen oder zu behandeln sei. Eine Tendenz, die sich mehr oder weniger ausgeprägt in vielen anderen Dokumenten wiederfindet.

Die folgende Anzeige wegen Diebstahls zeigt ebenso, wie sehr der Aberglaube das Denken und Handeln im Alltag auch im Kontakt mit „Zigeunern" bestimmen konnte. Allerdings gibt die dazugehörige Akte keinen Aufschluss darüber, ob der Diebstahl tatsächlich in der geschilderten Weise stattgefunden hat. Wohl aber wird deutlich, dass man sich von Amts wegen Sorgen über den Aberglauben gemacht hat und dass es als sicher galt, dass die „Zigeuner" die Tat begangen hatten. Hier der Bericht des Wachtmeisters K. aus Munster an den Landrat in Soltau:

---

33 Z.B.: Hannoversche Allgemeine Zeitung, 12.7.2001, Stadtanzeiger Süd: 2.

Abschrift. Munster i/H., den 23. April 1914. An den Herrn Landrat zu Soltau i/H.

Anzeige gegen zwei Künstlerfrauen, wegen Diebstahls und Schwindelei.

Die Ehefrau des Hofbesitzers [Name usw.] 37 Jahre alt, wohnhaft in Emmingen, zeigte telefonisch an, dass ihr ein schwarzes Kleid, 1 Pelz und eine goldene Uhr gestohlen seien. De Unterzeichnete begab sich sofort an Ort und Stelle vorauf die Frau [Name] nachstehendes erklärte:

Gestern Nachmittag zwischen 3 und 4 Uhr kam eine alte Frau, bat um etwas zu trinken. Wir kamen ins Gespräch, während diesen Verlauf sie um 1 Huhn bat. Ich erklärte mich bereit und holte 4 Hühner und gab sie der Frau zum Geschenk, diese erwiderte: Ich will nichts geschenkt haben, Geld bot sie mir nicht an. Hierauf erzählte die Frau von meinem Mann, der doch in der Irrenanstalt wäre, was allerdings nicht wahr ist. Er würde nicht mehr zurückkommen, sie hätte eine Totenhand gesehen, als sie ins Zimmer trat und sie wollte es mir auch zeigen, wenn ich ihr ein Ei und ein Tuch brächte. Ich tat es, musste auf das ins Tuch gewickelte Ei treten und mir war es wirklich so, als wenn ich eine Hand sah. Gleich darauf kam die Tochter der Frau [die Besucherin] ebenfalls ins Zimmer und erklärte, ihre Mutter könne noch mehr und zwar mit dem Totenkopf, hierzu habe ihre Mutter keine Macht. Beide fragten sie nun, ob sie Geld sowie Ringe im Hause hätte, vorauf ich erwähnte, ich hätte nur 140 Mark und mehrere alte Geldstücke, dieses Geld, überhaupt Geld dürfe sie nicht im Hause behalten, da ihr Mann es angefasst hätte und es klebe der alte Fluch daran; sie müssten das Geld mitnehmen und durch Gebete reinigen, in 6 Tagen brächten sie das Geld wieder.

Ich gab ihnen das Geld, 140 Mark und außerdem noch 4 alte Taler. Sie drängten mit beredten Worten in mich, ich sollte alles hervor suchen, trotzdem ich ihnen mehrere Male wiederholte, ich hätte nichts mehr, sagte die Frau, ich sollte ein Ei in das Taschentuch wickeln, 3 Strohhalme dabei legen und dieses ins Bett meines Mannes legen. Sie wickelte das Ganze mit einem Rosenkranz und legte es ins Bett. Nun sollte ich noch 200 Mark in Gold beilegen. Dieses alles wollten sie nächste Nacht abholen und dann würde mein Mann gesund wieder zurückkommen.

Während dieser Zeit kam ein Gespann vor unser Haus gefahren mit zwei jungen Männern die sich aber nicht lange aufhielten. Außerdem bemerkte ich noch einen jungen Mann und ein junges Mädchen hinter unserem Hause. Nach meiner Ansicht gehörten sie alle zusammen. Jetzt verabschiedeten sich die beiden Frauen und nun kam mir der Gedanke, woher die Frauen wohl über meinen Mann etwas wussten. Da erzählten meine Kinder, sie hätten die Frauen am Busch vor Emmenhof angetroffen und wären von den Frauen ausgefragt worden.

Heute Morgen, als ich meine Sachen und Kleid in den Schrank, der auf dem Flur steht, tragen wollte, bemerkte ich, dass mein schwarzer Rock fehlte und mein Pelzkragen im Werte von zirka 70 Mark, außerdem fehlte meine goldene Uhr. Die Sachen müssen während des Hierseins der Frauen verschwunden sein.

Die beiden Frauen gehören zu einer angeblichen Künstlergesellschaft und diese Gesellschaft hat in Harber bei Soltau übernachtet. Die Gendarmerie in Soltau wurden sofort von mir telephonisch in Kenntnis gesetzt um eine Durchsuchung vorzunehmen und die Personalien der Täter festzustellen und vorläufig festzunehmen. Auch veranlasste ich, dass die Frau [Name] nach Soltau fuhr um dort aus der Gesellschaft die Täter zu suchen.

Gez: [Name] Gend. Wachtmeister.[34]

Der geschilderte Aberglauben ist aus heutiger Sicht erstaunlich. Allerdings lassen sich ähnliche Beispiele bis in die jüngste Vergangenheit verfolgen, wie ein Zeitungsbericht aus dem Jahre 1992 zeigt:

„Mit umgedrehten Besen vor ihren Läden wollen Geschäftsleute aus Jork im Alten Land 'stehlende Zigeuner' von ihren Häusern fernhalten. Auch in Stadthagen bei Hannover sind diese 'Zigeunerbesen' gesichtet worden. Die Maßnahme geht auf einen alten Brauch zurück, bei dem Reisigbesen zwecks 'Reinhaltung' der Häuser in die Lehmfundamente eingemauert wurden. Der Beauftragte für Weltanschauungsfragen der Evangelisch-Lutherischen Landeskirche Hannovers, Wilhelm Knackstedt, hat das Aufstellen der Besen als 'üblen Griff in die alte Trickkiste des Aberglaubens' bezeichnet. Hier würden menschliche 'Urängste' geweckt, um 'mit völlig irrationalen Mitteln' angebliche Diebstähle zu verhindern." (TAZ, 24.11.1992: 16)

Im zweiten Beispiel, dem folgenden Interview, sind die Ereignisse eher anekdotenhaft überliefert. Die Handlungen der beteiligten Akteure werden von den Beobachtern akzeptiert. Ein wesentlicher Grund dürfte darin zu sehen sein, dass

---

[34] Nds. Hauptstaatsarchiv Hannover; Hann 174 Gifhorn II Nr. 8.

Vertreter von zwei gesellschaftlichen Randgruppen beteiligt sind, ein Sinto und ein Patient der Anstaltspsychiatrie. Das an sich unerwünschte Ergebnis ihrer Kommunikation erscheint durch eine gewisse Situationskomik verklärt und man kann wohl zu Recht vermuten, dass es hier keine Sanktionen gegeben hat. Das Interview bezieht sich auf die Arbeit eines Pflegers des Landeskrankenhauses Hildesheim Anfang der 50-er Jahre des letzten Jahrhunderts:

„Eine Geschichte wollte ich noch erzählen, das war wie ich 1951 angefangen hatte, da wurde noch die Wäsche mit dem Pferdewagen nach Hildesheim in die Sülte gefahren. Das war ein gedeckter Wagen, da waren zwei Hannoveraner [Pferderasse] davor, und der eine Patient war der Kutscher dazu. In der Stadt fuhr aber Herr O. als Pfleger, der lenkte die Pferde. Naja, das ging auch gut und schön. Eines Tages hatten sie noch mehrere Sachen zu erledigen und mussten auch zur Post. An der Post am Bahnhof, der Wagen wurde abgestellt und Herr O. ging ins Postgebäude, der Patient blieb bei den Pferden auf dem Wagen, er döste so vor sich hin. Es dauerte wohl einige Zeit bis der Herr O. wiederkam, kommt raus, sind die Pferde weg! Der Wagen steht da, die Pferde sind weg. 'Mensch, Herrmann, wo sind die Pferde?' 'Ach', sagt der, 'dahinten laufen sie, die hab ich verkauft, der hat mir fünf Mark gegeben'.' Was hast du gemacht?!' Da hatte er die Pferde an Zigeuner verkauft für fünf Mark. Nun hatten die Pfleger damals noch Uniformen an und Dienstmütze auf und der Herr O. gleich hinterher, hinter den Zigeunern, und hatte sein Tun, dass er seine Pferde wieder bekam. Auf jeden Fall war das ein Erlebnis, über das viel und lange gelacht wurde."[35]

---

[35] Interviewausschnitt, dem Autor dankenswerter Weise zur Verfügung gestellt von Frau Evers-Grewe, 2002. Name abgekürzt.

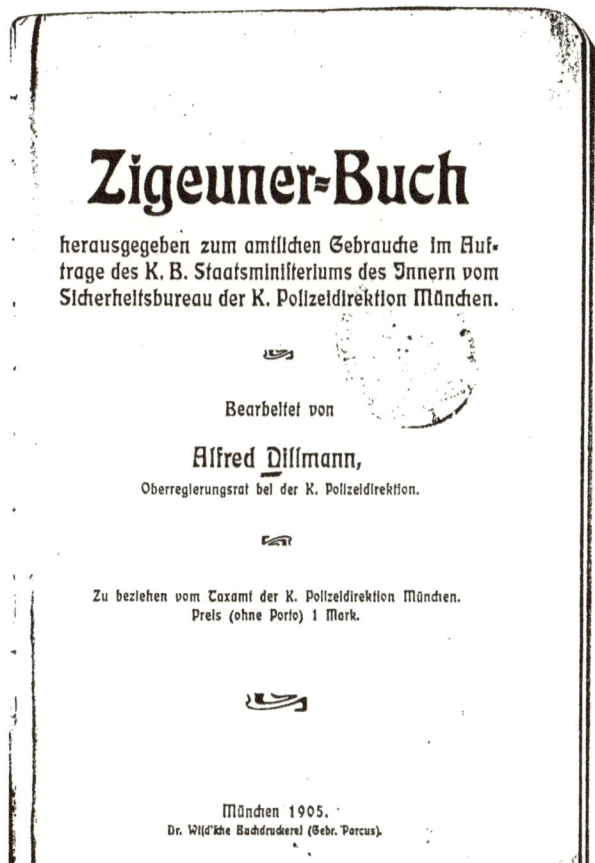

Abbildung 5. „Zigeuner-Buch. Herausgegeben zum amtlichen Gebrauche im Auftrage des K.B. Staatsministeriums des Innern vom Sicherheitsbureau der K. Polizeidirektion München". Vorderes Innenblatt. Ein typischer Eintrag lautet: „Traber Ludwig, Seiltänzer, ... Abstammung, Heimat- u. Staatsangehörigkeit unbek., ... zieht nach Zigeunerart umher, ist weg. Körperverletzung bestraft u. hat 9 angebl. ehel. Kinder ..." (Quelle: Dillmann 1905, Innenblatt, 268)

2.3 Exkurs: Dr. Robert Ritter und die Sprache der Sinti und Roma

In der Geschichte der Sinti und Roma fällt auf, wie schwer es den Behörden oft gefallen ist, Einzelpersonen namentlich genau zu identifizieren. Dokumente wie Geburtsurkunden, Heiratsurkunden usw. weisen oft nur drei Kreuze als Unterschrift auf. Hier bleibt unklar, ob, den Unterschreibenden der Inhalt der Texte genau bekannt war und ob sie überhaupt selber unterzeichnet haben.

Darüber hinaus finden sich nicht selten unterschiedliche Schreibweisen der Vor- und Nachnamen, in einigen Fällen auch völlig abweichende Namen. Unterschiede finden sich in verschiedenen Dokumenten auch bei Geburts- und Sterbedaten. Hinzu kommt, dass Sinti und Roma ihren Kindern manchmal genau den gleichen Vornamen gegeben haben wie ihre Großeltern hatten oder andere unmittelbare Verwandte. Ohne das Geburtsdatum ist dann eine Namensgleichheit nicht zu erkennen, vor allem, wenn der Geburtsort – soweit bekannt – der gleiche ist. Schließlich werden in einigen Dokumenten auch „Zigeunernamen" genannt, die aber in der Regel nur unter den Sinti und Roma benutzt wurden (z.B.: „Lili", „Fassi", „Weichsla" etc.).

Verzeichnisse von „Zigeunern" wurden viele angefertigt, in Bayern fasste man sie Anfang des 20. Jahrhunderts zu einem Buch zusammen. Dieser Ausdruck der Versuche der Behörden, Sinti und Roma genau persönlich zu erfassen, ist das so genannte „Zigeuner-Buch". Es wurde 1905 im Auftrag des Königlich Bayerischen Staatsministeriums des Innern herausgegeben. Auf 344 Seiten finden sich 3.350 Einträge und ein Anhang mit einigen Fotos. Die oft diskriminierenden Angaben zu den alphabetisch sortierten Namen zeigen die Schwierigkeiten, amtlich mit der Lebensweise der Sinti und Roma umzugehen (Dillmann 1905).

Für die genannten Probleme gab es mehrere Gründe. Einmal konnten Sinti und Roma oft nicht lesen und schreiben, so dass sie selber die Inhalte bzw. Namensunterschiede in den Dokumenten der Behörden nicht erkennen konnten. Allerdings dürfte das Interesse einer genauen Klärung nicht besonders groß gewesen sein. Denn Sinti und Roma haben über Jahrhunderte regelmäßig die Erfahrung gemacht, dass ihre Erfassung zu ihrem Nachteil durchgeführt wurde, um sie auszuweisen, sie zu verhaften, sie zu diskriminieren und dann im „Dritten Reich" der Vernichtung zuzuführen. Insofern dürfte es eine Reihe von Fällen geben, in denen Sinti und Roma Fehler in ihrer behördlichen Erfassung hingenommen oder sogar gezielt gefördert haben.

Es wurden im Laufe der Jahrhunderte unterschiedliche Methoden eingesetzt, um die Sinti und Roma dennoch möglichst genau zu beobachten und zu erfassen. Schließlich boten die Fingerabdrücke ein objektives wirksames Mittel, eine Person eindeutig einem Namen zuzuordnen. Andere Bemühungen richteten sich auf die Sprache der Sinti und Roma, um auf diesem Wege ihre Verwandtschaftsverhältnisse zu untersuchen. Auch die Beschäftigung mit ihrer Sprache kann unterschiedlichen Motiven entspringen: Einem beruflichen Interesse, einer privaten Neugier, dem Motiv, die Interessen der Sinti und Roma zu vertreten oder sie andererseits zu verfolgen.

Beispielhaft werden hier zwei Fälle näher betrachtet: Einerseits die Bemühungen von Pastor Georg Althaus in den fünfziger Jahren in Braunschweig, die Sprache der Sinti zu verstehen, um christliche Texte zu übersetzten und in seiner „Missionsarbeit" mit ihnen einzusetzen. Andererseits die Nachforschungen von Dr. Robert Ritter im „Dritten Reich" im Rahmen „rassisch" motivierter Forschungen über Sinti und Roma durch die „Rassenhygienische und Bevölkerungsbiologische Forschungsstelle" im Reichsgesundheitsamt in Berlin. Bei dieser „Forschungsstelle" wurden die Schwierigkeiten beklagt, die Alltagskultur der Sinti und Roma genauer zu untersuchen. Man unterstellte ihnen, dass sie bewusst ihre Namen änderten, um ihre Identität zu verschleiern. Auch würden sie möglichst verhindern, dass sie erfasst und durch Behörden beobachtet werden. Es wurden zwei Aspekte hervorgehoben, die die so genannte „Zigeunerforschung" behindern würden:

„1.) Ihre nomadisierende Lebensweise und damit verbunden ihre Ablehnung alles Fremden sowie ihre Neigung, sich jedem Zugriff zu entziehen,

2.) die Unklarheit darüber, ob wir es überhaupt und auch im einzelnen Fall mit eigentlichen Zigeunern oder mit Mischlingen zu tun haben." [36]

Um möglichst viele Informationen von Sinti und Roma zu erhalten, wurden von der „Forschungsstelle" auch rabiate Methoden angewendet, die die Missachtung ihrer Mitarbeiter gegenüber den vorgeladenen Personen zeigen. Die Befragun-

---

[36] Bundesarchiv Berlin; ZSG 142/22. Manuskript „Das deutsche Zigeunerproblem der Gegenwart" (ohne Datum).

gen wurden vor Ort bei Polizeistellen durchgeführt oder in den jeweiligen Lagern. Zu derartigen Erkundungen war Robert Ritter 1940 in Begleitung von Mitarbeitern in Norddeutschland unterwegs (Krokowski 1994a, 75). Auch Sinti aus Braunschweig sind erfasst worden: Ihre Finger- und Handabdrücke wurden festgehalten und nach den obskuren Vorstellungen der „Rassen"forschung ausgewertet.

Dort, wo man nicht die gewünschten Angaben erhielt, war die Polizei behilflich. Dabei wurden den Sinti und Roma Haare und Bärte abgeschnitten, sie wurden bedroht und inhaftiert, um sie gefügig zu machen. Es wurden gezielt und bewusst ihre Tabus verletzt, so durch das entwürdigende Haare schneiden, die Beleidigung von Familienoberhäuptern oder das Schlagen alter Leute (Krokowski 1994a, 75). Die verachtenden Untersuchungsmethoden der „Forschungsstelle" unter Ritter fügten sich in die nationalsozialistische Weltanschauung von der Ungleichheit der Menschen. Um Gelder von der „Deutschen Forschungsgemeinschaft" (DFG) zu erhalten, machte Ritter 1940 seine Erfolge bei der Erfassung der etwa 30.000 in Deutschland und Österreich lebenden „Zigeuner" geltend. Auch empfahl er seine Arbeit direkt als Beitrag für die Herrschaft des NS-Staates, so in einem Schreiben vom 25. Juni 1940 an die DFG:

„Mehr als 2.000 Zigeuner konnten noch vor ihrer Evakuierung anthropologisch gründlich untersucht werden. Zur Vorbereitung der laufend durchgeführten staatlichen Massnahmen wird unentwegt in engster Fühlung mit dem Reichskriminalpolizeiamt weitergearbeitet." [37]

Die nationalsozialistischen Führer griffen zur Beratung auf die „Forschungsstelle" zurück, insbesondere bei den zunehmend schärferen Anweisungen zur Behandlung der Sinti und Roma. Bis in die letzten Kriegsmonate wurden Gutachten verfasst und dem „Reichssicherheitshauptamt" zur Verfügung gestellt. Hierdurch erhielt die Zwangsbehandlung der Opfer den skurrilen Anschein einer wissenschaftlichen Grundlage. Dr. Ritter und seine Mitarbeiter waren also unmittelbar an der Diskriminierung, Selektion und Vorbereitung der Vernichtung der Sinti und Roma beteiligt. Dennoch wurde er nach 1945 nicht als NS-Verbrecher zur Verantwortung gezogen. Er verstarb 1951, und seine früheren Mitarbeiter konnten im Nachkriegsdeutschland ihre Karriere fortsetzen (Krokowski 1994a, 80ff).

---

[37] Bundesarchiv Berlin; R 73/14005.

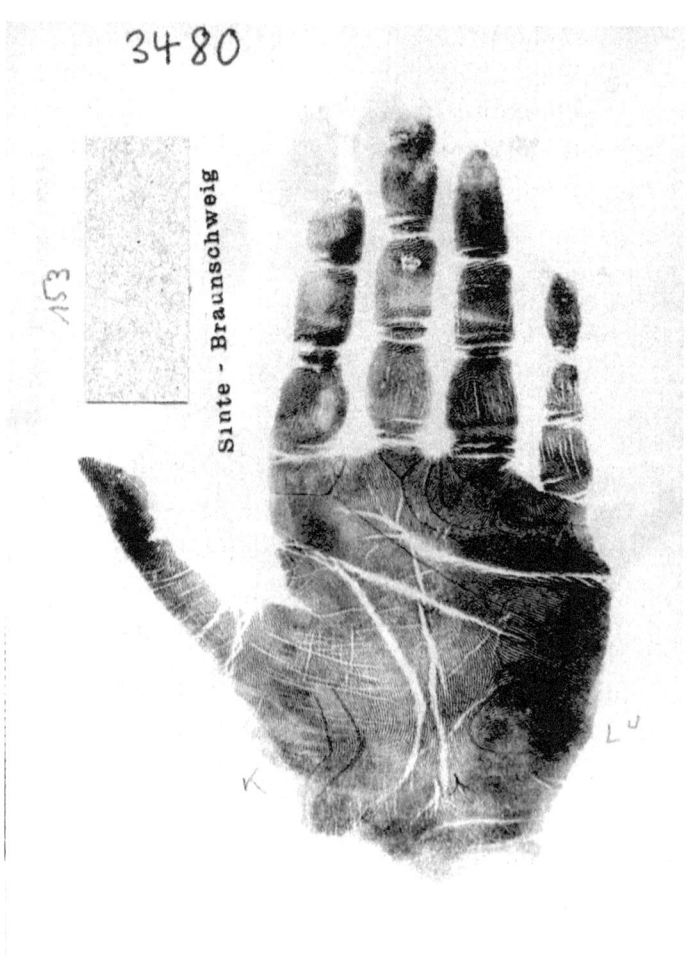

Abbildung 6. Hand- und Fingerabdrücke von Sinti wurden von der „Rassenhygienischen und Bevölkerungsbiologischen Forschungsstelle" des Reichsgesundheitsamtes auch in Braunschweig abgenommen. Hier der Handabdruck einer Sintezza aus Braunschweig (Quelle: Bundesarchiv Berlin. Aufnahme vermutlich 1940)

In den Akten des Bundesarchivs Berlin befindet sich einen Erfahrungsbericht von Dr. Robert Ritter, den er Ende der dreißiger/ Anfang der vierziger Jahre über seine Erforschung der Sprache der Sinti und Roma geschrieben hat. Dabei wird auch die Verknüpfung von „Wissenschaft" und der Vorbereitung zur Selektion und Vernichtung deutlich, die typisch für die nationalsozialistische Durchdringung des akademischen Lebens in den dreißiger Jahren war. Nicht wenige Forschungsstellen glaubten tatsächlich, wissenschaftlich tätig zu sein und arbeiteten – mehr oder weniger bewusst oder gewollt – den Vernichtungsplänen der Führer der NSDAP zu. Ritter gehörte zu den Wissenschaftlern im „Dritten Reich", die ihre Rolle im System der totalitären Herrschaft bedenkenlos und ohne Skrupel erfüllten. Für ihn war es unproblematisch, dass vermeintlich „saubere wissenschaftliche Unterlagen" über Sinti und Roma zu ihrer „rassenbiologischen Sichtung" und anderen „praktischen Regelungen" dienten. Durch seinen vorbehaltlosen Einsatz für die Ziele des nationalsozialistischen Staates gelang es ihm, trotz Beginn des Zweiten Weltkrieges Forschungsmittel zu erhalten.

Trotz seiner ideologischen Färbung und rassistischen Vorurteile ist der Bericht von Dr. Robert Ritter zur Erforschung der Sprache der „Zigeuner" interessant und soll hier dokumentiert werden (entstanden ca. 1940):

Sobald man sich gründlicher mit der Zigeunerfrage befasst, muss man zu der Erkenntnis kommen, dass eine der grössten Stärke der Zigeuner seit jeher die Tarnung ihres Personenstandes war. Aus diesem Grunde hat es die Polizei immer als eine ihrer vordringlichsten Aufgabe angesehen, durch ihren Erkennungsdienst die Identität der einzelnen Individuen zu klären. Hiervon zeugen auch die Fahndungsregister und Zigeunerlisten, die seit 1720 etwa alle 30 Jahre angelegt wurden. Unwillkürlich hatte die Polizei immer mit denjenigen Zigeunern und zigeunerartig umherziehenden Personen zu tun, die sich durch Landstreicherei oder durch Verbrechen strafbar gemacht hatten. In den letzten Jahrzehnten erlaubte das Fingerabdruckverfahren der Polizei in vielen Fällen nachzuprüfen, ob der Delinquent inzwischen den Namen gewechselt hatte. Trotz aller erkennungsdienstlichen Bemühungen gelang es den Zigeunern aber immer wieder, ihren Personenstand zu verschleiern und die Behörden über ihre verwandtschaftlichen Beziehungen zu täuschen.

Diese allgemeine Feststellung stellte uns bei Beginn unserer rassenkundlichen und bastardbiologischen Untersuchungen vor die Aufgabe, als erster einmal durch umfassende sippenkundliche Forschungen die Voraussetzungen für saubere wissenschaftliche Unterlagen zu schaffen. Und auch jede praktische Regelung und rassenbiologische Sichtung kann sich nur auf einer einwandfreien Klarheit über die verwandtschaftlichen Beziehungen der einzelnen Zigeuner untereinander aufbauen.

Im Verlauf unserer Bestrebungen, die Familien- und Sippenverhältnisse innerhalb der gesamten Zigeunerpopulation dadurch zu klären, dass wir jeden einzelnen Zigeuner ausforschen und wiederholten Kreuzverhören unterzogen, liess sich immer wieder beobachten, mit welchem Geschick und mit welchem Nachdruck die Zigeuner jeden Einblick in ihre Familienverhältnisse zu verhindern verstanden.

Als ihre stärkste Waffe in diesem Kampfe erwies sich dabei ihre Sprache, von der in Deutschland meines Wissens niemand – ausser einigen Gelehrten und Bastarden – eine Ahnung hat. Während unserer Forschungsarbeit draussen in den Zigeunerlagern, auf den Rastplätzen an der Landstrasse, in den Zigeunerwagen und in den armseligen Hütten oder Stuben in den Altstadtquartieren, ergibt sich für uns selten die Gelegenheit, die einzelnen Zigeuner unabhängig voneinander auszufragen. Im Gegenteil! Es gehört zu ihrer Taktik, durch ständige Ablenkungsmanöver, durch Abruf der Beteiligten, durch wirres Durcheinanderreden, jeder konsequenten Befragung aus dem Wege zu gehen. Selbst dann wenn sie Aussagen machen bleibt es für die Verhörenden oft schwer, festzustellen, wer von den Anwesenden für das Gesagte einsteht.

Der grösste Vorteil aber erwächst ihnen aus der Möglichkeit, sich untereinander über das, was sie auszusagen gedenken, zu verständigen. Obgleich sie alle der deutschen Sprache mächtig sind, unterhalten sie sich doch ständig untereinander in der uns unverständlichen „romani tschib". Je häufiger man erlebt, wie hilflos man letzten Endes den Angehörigen der Zigeunerbanden infolge der Unkenntnis ihrer Sprache gegenübersteht, umso mehr müsste sich der Wunsch festigen, diese Sprache zu erlernen.

Wie sich bald herausstellte, ist es gar nicht so einfach, die erwünschte Sprachkenntnis zu erwerben. Verschiedene Philologen haben seit Jahrhunderten sich immer wieder Notizen über die von ihnen von den Zigeunern erfragten Worte gemacht und haben anhand dieser Notizen Wörterverzeichnisse und Grammatiken herausgegeben, aber diese Arbeiten eignen sich nicht zu autodidaktischen Studien. Immerhin erfahren wir aber aus diesen Werken, von denen die bedeutendsten diejenigen von Pott, Liebig und Fink sind, dass ein nicht unbedeutender Teil der Wörter der „romani tschib" aus dem Sanskrit stammen und dementsprechend den heutigen Hindi Dialekten stammverwandt sind.

Um die alltägliche Umgangssprache und den Dialekt der inländischen Zigeuner zu erlernen ist es notwendig, das Gehör für diese Sprache zu üben und sich den Sprachschatz durch eigene Erfahrungen direkt anzueignen. Um dieses Ziel zu erreichen gibt es zwei Wege. Der eine besteht darin, sich mit Zigeunern aufs engste anzufreunden und ständig mit ihnen zu leben ohne ihr Misstrauen zu erwecken. Dieser Weg war für mich nicht mehr gangbar, da die Zigeuner den „dramaskero", der sie überall aufstöbert, entweder persönlich oder vom Hörensagen her nur allzu gut kennen und ihm sehr skeptisch gegenüberstehen, da sie befürchten, dass er sie alle „kastallieren" wird.

Der zweite Weg besteht darin, mit einem echten Zigeuner eine geheime Abmachung zu treffen und diesen zu bewegen, einem die Sprache beizubringen. Geheim muss diese Verabredung deshalb sein, weil es für die Zigeuner eine Art Hochverrat bedeutet, einem „gadscho" die peinlich gehütete Sprache zu übermitteln.

Im Laufe der Zeit waren mir 3 Zigeuner bekannt geworden, von denen ich den Eindruck hatte, dass sie befähigt und bereit wären, mir ohne Vorbehalt die Sprache beizubringen. Als ich Anfang Oktober Berlin verliess um mich während der nächsten 3 Wochen diesen Sprachstudien zu widmen, musste ich insofern ins Blaue hineinfahren, als ich nicht wusste, wen von den dreien ich Antreffen würde. Doch schon der erste Versuch glückte. Ein alter 70-jähriger Zigeuner, der seit Jahren in Hannover lebt, war nach langem guten Zureden und der Versicherung, dass ich schon etwas zigeunerisch sprechen könne, er sich also nur mit mir unterhalten brauchte und somit keinen Verrat begehe, bereit, am nächsten Tage mit mir zu kommen. Es war für ihn nur selbstverständlich, dass er sich mit mir vor den anderen Zigeunern nicht sehen lassen dürfe und dass ich ihn irgendwohin mitnähme, wo er unbekannt sei.

Wir fuhren daher gemeinsam in einen kleinen Ort am Wesergebirge, wo wir uns erst einmal in einem kleinen Gasthaus einlogierten. Die ersten Schwierigkeiten tauchten dadurch auf, dass Wanzo keinerlei Gepäck bei sich hatte, womit gesagt ist, dass ihm nicht nur Seife und Waschlappen, sondern auch Wäsche, Mantel, Rasiermesser, d.h. alles fehlte was man braucht, um nicht nach 2 Tagen im regnerischen Herbst wie ein verwahrloster Räuberhäuptling auszusehen. Es ging demzufolge erst einmal ein alter Wintermantel, ein Anzug, Hemd, Kragen, Strümpfe etc. in seinen Besitz über, woran er eine kindliche Freude hatte. Am peinlichsten war in seiner Nähe sein Geruch zu ertragen und die Unsauberkeit seiner Hände, mit denen er alles unterschiedslos anfasste.

Nachdem man sich etwas aneinander gewöhnt hatte konnten die Sprachstudien beginnen, über die ich noch kurz berichten möchte. Dabei muss ich voraussetzen, dass es natürlich unmöglich ist, innerhalb von 16 Tagen eine so merkwürdige Sprache zu lernen. Aber der Einblick, den man durch die Sprachstudien in die Geistesverfassung gewinnt, sind mindestens ebenso viel wert wie die Kenntnisse, die man sich in dieser kurzen Zeit aneignen kann. Das erste was einem mit Abneigung und Verdruss erfüllt ist die Regellosigkeit und Unbestimmtheit dieses Idioms. Hören wir nur ein paar Sätze so wird es uns klar, dass wir es hier nicht mit einer reinen, sondern mit einer recht verwahrlosten Sprache zu tun haben.

Nach einigen völlig fremd klingenden Wendungen hören wir merkwürdige Germanismen mit fremden Endungen, die an das Kauderwelsch spielender Kinder erinnern. Bald stellt man fest, dass die Sprache wortarm ist, dass der Zigeuner nur noch einen beschränkten Teil des Wortschatzes besitzt den seine Vorfahren aus Indien mitbrachten. Andererseits wird es uns klar, dass seine Ahnen für viele Dinge noch keine Bezeichnung haben konnten, die bei uns jedes Kleinkind zu nennen versteht.

So sagte mein Zigeuner mit als erstes als wir einen Gendarmen auf dem Fahrrad begegneten „gowo he klisdo mit de draesina". Die letzten drei Worte stammen nicht aus dem Sanskrit, wie jeder sieht, der wie ich ohne philologische Sachkenntnisse sich mit diesem Idiom auseinandersetzen muss. Als wir später an einer verborgenen Waldlichtung vorbeikamen, erklärte er „oh gowo he tschucker tann, mit bissle wesh trujal". Ich machte meinen Gewährsmann unmutig darauf aufmerksam, dass er anscheinend ein schlechtes zigeunerisch rede, da er soviel deutsche Worte gebrauchte und fragte, ob es für den Begriff „ein bisschen" nicht ein Zigeunerwort gebe, was er mit Entschiedenheit verneinte. Er beteuerte immer wieder, dass er ein ganz reines Romanes spräche, „wie die ältesten Väter die aus Ägypten gekommen seien."

Es war bezeichnend für seine Urteilslosigkeit, dass er nicht verstehen konnte, dass er in grosser Anzahl deutsche Worte, gewissermassen rome-nisierte, ständig im Munde führte. Verblüffend war es aber, wie wenig der Zigeuner zu abstrahieren vermochte. Dies ging so weit, dass es anfangs fast unmöglich war mit ihm die einzelnen Verben durchzunehmen. Wenn man ihn etwas fragte, was heisst denn ich gehe, Du gehst, dann stellte er die Gegenfrage: „dann gehen wir also beide?" Oder was heisst: ich schlafe, Du schläfst (er lachend) dann schlafen wir ja beide und reden noch? Dergleichen Beispiele liessen sich beliebig viele aufführen. Fragt man nach dem Plural und sagte: was heisst ein Auge – zwei Augen, dann bekam man zur Antwort „3 Augen".

Desgleichen Unverständnis begegnete man, wenn man nach der 1. Person praes. Singularis fragte und ihm etwa anhand eines Wörterverzeichnisses die betreffende Form in seiner Sprache vorsagte, etwa: me kamawa (d.h.: ich liebe), dann war seine Antwort stets [fehlt im Manuskript], d.h. Du liebst. Er war auch nach 2 Wochen nicht dazu zu bewegen uns genau zu übersetzen: ich liebe. Oder wenn man etwas auf zigeunerisch fragte „hast du Hunger", wobei man fragen muss „ist Dir hunger", da es das Verbum „haben" überhaupt nicht gibt, so antwortete er mir „hast Du Hunger", sondern stets „owa" und erklärte regelmässig dazu, das heisst dasselbe in unserer Sprache was es heisst in französisch oni.

Die Bemühungen, die Conjugation eines Verbums mit dem Zigeuner durchzugehen, stellten jedes Mal eine harte Geduldsprobe dar. Man musste sich, um nicht unmutig zu werden, immer wieder vorstellen, dass der Zigeuner niemals in die Schule gegangen war und vom Sprachaufbau auch nicht die allergeringste Ahnung hatte. Ich gebe hier den Wortlaut einer solchen Unterhaltung wieder, die nichts anderes zum Ziel hatte als zu erkunden, was „ich mache" heisst.

Ich:	Also pass mal auf. Was heisst „ich mache".
Antwort:	„Du machst doch gar nichts" ... Wenn Du was machst, dann musst Du rausgehen.
Ich:	Nein Wanzo, darum handelt es sich nicht. Du sollst mir sagen was auf zigeunerisch „ich mache" heisst.
Antwort:	Ach so, dass Du was machst, aber das ist doch nichts, da gehört doch noch was dazu, Du musst doch sagen was Du machst, das ist doch nur halb.
Ich:	Also gut Wanzo, dann will ich Dich auf zigeunerisch fragen, dann musst Du mir sagen ob das richtig ist. Was heisst auf deutsch wenn ich sage: „me karawa".
Antwort:	Dass du etwas machst, aber was denn, das ist nicht echt „romanes", da fehlt doch was.

Ich:	Schön, dann sage mir jetzt was heisst „ich mache Geld".
Antwort:	Du machst Geld? Ja wo denn, Du, wenn Du Geld machst, dann kommst Du ins Gefängnis anno stillopen, so sagen wir es bei meinen Leuten, das ist echt romenes.
Ich:	Nein Wanzo, ich mache ja gar kein Geld, ich will nur wissen was das heisst: „ich mache Geld". Aber ich will es dir mal anders erklä-

ren. Sieh mal, Du musst Dir jetzt denken ich bin ein Sinto so wie Du und wir sitzen hier in der Wirtschaft und da drüben in der Ecke sitzt ein Mann der macht ganz heimlich etwas, was so aussieht wie Geld und nun möchtest Du wissen ob der Geld macht und deshalb fragst Du mich leise auf romanes „macht der da Geld?" Und nun frage mich mal!

Der Zigeuner (mit einem sehr wichtigen Gesicht und vertraulicher Gebärde) leise: Welchen meinst du, an welchem Tisch denn?

Ich:	Also meinetwegen an dem Ecktisch, aber nun sag mir das endlich mal so, wie du redest mit deinen Leuten.
Antwort:	Ach so, jetzt verstehe ich, ich soll Dir auf romenes erzählen, das er da hinten am Ecktisch ein Bösewicht ist, der sicher ins Gefängnis kommt, wenn ein Gendarm ins Zimmer kommt und das falsche Geld bei ihm sieht. Nun will ich dir das alles mal sagen was das auf unsere Sprache heisst.

(Und dann folgen einige Sätze auf zigeunerisch in denen die Verbalform „ich mache" bezw. „er macht" überhaupt nicht vorkommen. Nachdem er diese mit Eindringlichkeit auch noch wiederholt hat erklärt der Zigeuner dann wieder auf deutsch: „Wenn Du das so sagen kannst, dann kannst du wie ein echter Sinto sprechen – aber weißt Du, was ich gesagt habe, kann man auch ganz anders sagen, bei uns kann man alles zwei oder dreimal verschieden sagen.")

Aus den angeführten Sätzen ergibt sich meines Erachtens einiges recht bezeichnendes. Vor allem erst einmal die Unfähigkeit des Zigeuners zur Abstraktion und seine Neigung alles sehr bildlich aufzufassen, weswegen man letzten Endes auch am besten zur Sprachforschung den Umweg um bildliche Darstellungen wählen muss. Des weiteren ersieht man aus der Antwort: ich mache: Das ist doch nichts, das ist doch nur halb, dass dem Zigeuner nicht nur jede Satzgliederung fremd ist, sondern dass er überhaupt nur in den übernommenen Redensarten zu denken und zu reden versteht.

Formen wie „ich mache", „ich starb", „ich belle" gibt es einfach gar nicht, da man sie in der Umgangssprache nie anwendet. Selbst etwa ein Satz „ich bringe Fleisch" genügt nicht. Der Zigeuner wiederholt immer, das gäbe es nicht im romenes. Echt sei nur, wenn man sage was für Fleisch man bringe, wohin man es bringe, wem man es bringe. In der gleichen Richtung liegt etwa folgendes: Im Verlauf einer Sprachübung übersetze ich den selbstausgedachten Satz „me zerdawa i margodschia deli" (Ich ziehe eine Katze ab). Darauf der Zigeuner: Das ist falsch, das ist überhaupt nichts. Ich erstaunt (in der Überzeugung richtig übersetzt zu haben): Ja warum denn nicht. Zigeuner: Katzen werden nie abgezogen, das gibt es nicht auf romenes. Für die Zigeuner war alles Stückwerk, wenn man ihn einzelne Worte abfragte, z.B. was heisst „tief". Zigeuner: „So kann man es nicht sagen, man muss doch sagen was tief ist, sonst weiss man ja gar nicht was gemeint ist."

Dort wo es der romani tschib an Ausdrücken fehlt bedient sie sich der entsprechenden Germanismen. Me fangerawa an – ich fange an (aber mit was denn). Me fliegewana – ich fliege „aber nur wenn du Flügel hast". Wollte man Imperativformen hören, durfte man nicht sagen: „Wanzo ich bin jetzt ein Offizier und sage: Wanzo ´singe´, übersetze das". Antwort: „Dann fange ich an zu singen und sage jawohl Herr Hauptmann". Es war richtiger zu sagen: Jetzt bist Du ein Offizier und jetzt befiehl Du den Soldaten: singe! Dann steht der Zigeuner auf, stellt sich in schauspielerischer Art in Positur und gibt den Befehl.

Es würde zu weit führen, an dieser Stelle alles Auffällige, das einem bei der Erlernung der Sprache begegnet, aufzuzählen. Für viele, insbesondere für die wichtigen Begriffe haben sie mehrere Worte, vor allem auch Geheimworte, derer sie sich bedienen, wenn sie glauben, dass andere Landfahrer ihnen zuhören, so z.B. für jeden Fremden, für Gendarm, Bürgermeister, Förster.

Als Gesamteindruck bleibt der der Verbasterung, der Verwaschenheit, der Unbestimmtheit. Diese Tatsache zeigt sich auch am besten wenn man die verschiedenen Wörterverzeichnisse miteinander vergleicht. Jeder Forscher schrieb ein und dasselbe Wort anders auf. Wie ich wiederholt feststellen konnte, sind die Zigeuner aber auch selbst nicht ganz sicher wie ihre Worte heissen. Etwa „giweso" oder „gisewo" = stolz, beides konnte man hören. Andererseits wird ein und dasselbe Wort für viele Begriffe gebraucht, z.B. „tapperawa = ergreifen, prügeln, schlagen, ertappen, haschen, fangen. Man hat den Eindruck, dass die Gesamtheit dieser Begriffe einen zusammenhängenden Vorgang in dem einen Zigeunerwort zusammenfasst.

Die Art der Verbasterung lässt sich am gleichen Wort tapperawa erklären. „Ich ergriff" heisst „me tapperdum". „Ich vergriff mich" = „vertapperdum man". Eine Unzahl von uns gebräuchlichen Wendungen lassen sich überhaupt nicht übersetzen. Wollte man sagen „er stellt mir nach", so muss man primitiv übersetzen „er macht, dass er mich ertappt."

Je primitiver man einen Satz dachte und ihn dann übersetzte, um so eher traf man das richtige. War es annähernd richtig oder wenigstens verständlich, so erklärte der Zigeuner: „So sprechen die Halbgekochten", womit er die Bastarde meinte. Auf die Bastarde war er wie alle echten Zigeuner wenig [gut] zu sprechen. „Der Bastard hat kein Ehrenwort". Mein Zigeuner meinte schliesslich nach 14 Tagen, wenn ich mit dem Erlernten mich jetzt mit Zigeunern verständigen würde, dann würden sie wohl meinen, dass ich so etwas auch von ihnen abstamme.[38]

Das Dokument zeigt, wie wenig Dr. Ritter er in der Lage war, seine Erfahrungen mit einem Sinto tatsächlich wissenschaftlich zu erfassen und zu verarbeiten. Dort, wo sein Unverständnis besonders hervortritt, bediente er sich „rassischer" Deutungsmuster („Verbasterung"). Ein völliges Missverständnis liegt darin, die Sprache der Sinti und Roma unter dem Blickwinkel einer Hochsprache wie dem Deutschen zu sehen, d.h. mit den Merkmalen von Regeln für Phonetik und Schriftsprache. Ritter übersieht außerdem völlig, dass es Eigenarten in den von ihm untersuchten Sprachelementen gibt, die auch für andere Sprachen selbstverständlich sind: Die Verwendung gleicher Worte für verschiedene Sachverhalte und umgekehrt (Homonyme und Synonyme). Beides ist auch in der deutschen Sprache verbreitet und keine Besonderheit des Romanes.

Der Bericht beruht auf der Vorstellung, durch eine Fallstudie allgemeingültige Erkenntnisse zu erhalten. Hierbei liegt ein weiterer schwerer Auswertungsfehler bei Ritter darin, dass er von seinen ja unter besonderen Ausnahmebedingungen zustande gekommenen Gesprächen verallgemeinernd etwas über das Romanes sagen will. Aber die Erkenntnis der von ihm beschriebenen Beweglichkeit und Unbestimmtheit des Romanes hätte ihm deutlich machen müssen, dass weitere Sprachsituationen mit anderen Personen andere Ergebnisse und somit auch Auswertungen gebracht hätten. Dies liegt vor allem deshalb nahe, da die

---

[38] Bundesarchiv Berlin; ZSG 142 Anh. 28. Manuskript ohne Titel und ohne Datum.

Sprachbedeutung des Romanes offenbar stark kontextgebunden ist und ohne die konkreten sozialen Beziehungen der Sprechenden schnell missverstanden werden kann.

Es gibt einen Aspekt im Text von Ritter, der auch bei Pastor Georg Althaus – wenn auch aus völlig anderen Gründen – nach dem Zweiten Weltkrieg als besondere Schwierigkeit herausgestellt wird. Es ist das Problem, Wörterbücher für die Sprache der Sinti und Roma anzulegen um damit die Übersetzung eines Textes zu ermöglichen. Pastor Althaus beschäftigte sich Mitte der fünfziger Jahre des letzten Jahrhunderts mit diesem Thema. Ihm ging es um die Frage, ob es eine Übersetzung der Bibel für „Zigeuner" geben kann, die ihren Inhalt tatsächlich wiedergibt[39].

Pastor Althaus hatte verschiedene Arbeiten zu seinem Thema und zur Sprache der Sinti und Roma untersucht. Dabei ist ihm aufgefallen, dass sie eine einheitliche Sprache nicht wirklich haben. Vielmehr gäbe es mehr oder weniger voneinander abweichende Dialekte, die jeweils durch ihre Sprachumgebung geprägt sind. Das hängt damit zusammen, dass die Sinti und Roma in der Regel auch die Sprache des Landes aufnehmen und mehr oder weniger gut beherrschen, in dem sie sich aufhalten.

Für seine eigenen Zwecke untersuchte Althaus vorhandene Teilübersetzungen der Bibel für deutsche „Zigeuner". Sein Urteil war geradezu vernichtend: Die Autoren erlaubten sich „unglaubliche Schnitzer", seien „der Arbeit nicht gewachsen", wüssten die theologischen Inhalte nicht wiederzugeben oder hätten eine grundlegende sprachliche Unkenntnis. Erst wenn man den deutschen Text vergleichend hinzuziehen würde, erahnte der Leser, was gemeint sein könnte. Die „Einsamkeit" wird bei einem der Autoren über den Umweg des Ausdruckes „Wüste" mit „kotiger Erde" übersetzt oder der Begriff „heiliger Geist" mit „getauften Toten" missverständlich benannt.

Auch Althaus bezog sich darauf, dass es für viele uns vertraute Ausdrücke keine Entsprechung in der Sprache der Sinti und Roma gäbe. Das Wort „Taufe" bedeute auch „Himmel", womöglich sogar „Welt". Vermischt würden die Ausdrücke „geboren werden" und „getauft werden" usw. Trotz seiner Sprachkritik fand

---

[39] Landeskirchliches Archiv Wolfenbüttel; Pfarramt für den Dienst an Israel und den Zigeunern Nr. 17. Ein Foto von Pastor Althaus findet sich in: Der Spiegel, 19.6.1963: 42 („Verjährte Sünden").

Althaus auch für theologische Zwecke geeignete Übersetzungen. So für den Ausdruck „sich wundern". Den könne man mit „jon wunderdén pen" übersetzen, also „sie wunderten sich". Eine bessere Lösung sei aber „sie machten große Augen". Ein Beispiel, das zeige, dass eine gelungene Übersetzung eher eine „Übertragung" sein müsse, um die Bedeutung im Sprachverständnis der Sinti und Roma zu erfassen. Dennoch war der Aufwand fragwürdig, denn ob auch ein gut gelungenes Ergebnis bei der Zielgruppe überhaupt auf Interesse stoßen könnte, war für Pastor Althaus unklar.

Unübersehbar ist, dass sich die Rolle des Romanes im Alltag nach dem Zweiten Weltkrieg verändert hat. In der Regel beherrschen die Sinti und Roma in Deutschland die deutsche Alltagssprache gut. Aber die verschiedenen Dialekte des Romanes werden nicht mehr so stark gepflegt wie früher, wobei regionale Unterschiede zu berücksichtigen sind. Gelegentlich wird die eigene Sprache auch als eine Art Geheimsprache gebraucht (Jochimsen 1963, 62).

2.4 Die Zwangssterilisationen von Sinti und Roma

Auch Sinti und Roma sind im „Dritten Reich" sterilisiert worden. Dies geht regelmäßig aus Zeitzeugenberichten und Archivakten hervor. Zu den weiteren Opfergruppen zählten vor allem soziale Unterschichten und Patienten der Anstaltspsychiatrie (Reiter 1997c: 117-191. Reiter 1989b: 42-44, 150-154. Reiter 2002, 47ff). Nicht selten wurden Zwangsmaßnahmen ergriffen, um den Eingriff bei den Opfern durchzuführen. Insgesamt stellte sich die Zwangssterilisation für Sinti und Roma als besonders schwerwiegend heraus, da danach keine Familiengründung mehr möglich war. So wurden sterilisierte Sinti und Roma untereinander als nicht vollwertige Menschen angesehen, die deshalb von möglichen Ehepartnern gemieden wurden[40].

Die rechtliche Grundlage für die Zwangssterilisationen war das „Gesetz zur Verhütung erbkranken Nachwuchses" vom 14. Juli 1933, das am 1. Januar 1934 in Kraft getreten ist. Das Gesetz nannte neun Krankheiten, bei denen die Betroffenen unfruchtbar zu machen waren. Das entsprechende Verfahren wurde von Erbgesundheits- und Erbgesundheitsobergerichten durchgeführt, und der Zwangscharakter war in § 12 festgelegt. In der Praxis ging es von Beginn an um die Erfassung und Behandlung sozial unerwünschter Personengruppen[41]. Deutlich wird dies insbesondere durch die oft verwendete Einstufung in die Gruppe „Schwachsinn" bzw. „angeborener Schwachsinn". Etwa 40 bis 50% der Zwangssterilisationen wurden nach dieser Diagnose durchgeführt. In der Fachliteratur versuchte man, die Zwangssterilisationen als sozial gerechtfertigt und wissenschaftlich begründet darzustellen. Für die Feststellung der angeblichen Erblichkeit wurde das Gesetz z.B. so erläutert:

„Was die Erblichkeitsbeweise anlangt, so gibt es drei Möglichkeiten: 1. der Nachweis der Vererbbarkeit der gleichen Anlage in der gleichen Familie, 2. der Nachweis der Vererbbarkeit in anderen Familien, 3. der Nachweis der

---

40 Nds. Landeszentrale; Interview Nr. 26. Sinti und Roma unter dem Nazi-Regime 1996. Schwere mentale Belastungen durch Sterilisationsverfahren waren gleichwohl für alle Opfer gegeben.
41 Eugen Bleuler. Lehrbuch der Psychiatrie, 6. Aufl. Berlin 1937, 130-170. Oswald Bumke. Lehrbuch der Geisteskrankheiten, 4. Aufl. München 1936, 5ff.

Vererbung der betreffenden krankhaften Erbanlage nach den Mendelschen Regeln. Einer der Nachweise genügt." [42]

Verschiedene psychische Erkrankungen wurden von „Rassen"theoretikern kurzerhand als erblich definiert und ihre Verbreitung als „Durchseuchung der Rasse" gekennzeichnet. Wurden „Erbprognosen" aufgestellt, dann gab man zu, dass eigentlich der „Erbgang" nicht immer genau festgestellt werden könne, weil Umwelteinflüsse gelegentlich ganz entscheidend seien.

Mit derartigen Definitionen kam man immer zum gewünschten Ergebnis: War das Krankheitsbild eindeutig, so war die „Erblichkeit" eine gesicherte Erkenntnis. War das Krankheitsbild nicht eindeutig und auch nicht in der „Sippe" des Geisteskranken feststellbar, so war der „Erbgang" verschüttet, gleichwohl vorhanden und somit die Sterilisation gerechtfertigt. Da dies in der Praxis zu Schwierigkeiten führen konnte, wurden fortlaufend Bestimmungen herausgegeben, um die Handhabung zu regeln. Durch eine Fülle von Durchführungsverordnungen wurde das „Gesetz zur Verhütung erbkranken Nachwuchses" für die Praxis konkretisiert. Dazu gehörten auch Bestimmungen zum Schwangerschaftsabbruch. Schließlich sollte durch ein „Merkblatt" den Betroffenen der Eingriff plausibel gemacht werden (Reiter 1997c, 117ff).

Probleme bei der Durchführung von Zwangssterilisationen zeigten sich allerdings schon früh. Der verbreitete Unmut unter den Opfern konnte nicht unterdrückt werden, vielmehr sah sich das Reichsministerium des Innern genötigt, einen vertraulichen Erlass zur „Propaganda gegen das Gesetz zur Verhütung erbkranken Nachwuchses" herauszugeben (8. Juli 1935). Darin hieß es u.a.:

„In letzter Zeit war wiederholt festzustellen, daß der Widerstand, den die dem Nationalsozialismus ablehnend gegenüberstehenden Kreise den auf nationalsozialistischer Anschauung beruhenden Gesetzen und Einrichtungen entgegensetzen, an Schärfe zugenommen hat und zum Teil systematisch organisiert wird. So sind namentlich Fälle bekannt geworden, in denen offen zum Widerstand gegen das wichtige Reichsgesetz 'zur Verhütung erbkranken Nachwuchses' aufgerufen worden ist. Diese Auflehnung und Aufwiegelung gegen die von dem nationalso-

---

[42] K. H. Bauer u. F. von Mikulicz-Radecki: Die Praxis der Sterilisationsoperationen, Leipzig 1936, 5.

zialistischen Staat erlassenen Gesetze und die von ihm geschaffenen Einrichtungen kann nicht weiter geduldet werden." [43]

Man war sich also keinesfalls sicher, dass die Opfer in die für sie vorgesehenen Zwangsmaßnahmen einwilligten, zumal in einigen Regionen vor allem die katholische Kirche gegenüber den Sterilisationsverfahren kritisch eingestellt war und dies auch zeigte. Die im Laufe der Jahre zunehmenden Probleme mit der Durchführung der Zwangssterilisationen hatten zum Teil medizinische Gründe. So fand am 27. April 1939 in Hannover eine Sitzung sämtlicher Vorsitzender der Erbgesundheitsgerichte des Zuständigkeitsbereiches des Erbgesundheitsgerichtes Celle statt. Es ging vor allem um die Frage, ob angesichts der Erfolge, die durch bestimmte Behandlungsmethoden (Insulin- und Cardiazol-Schockbehandlungen) erreicht worden waren, die üblichen Sterilisationen „noch verantwortet werden" könnten.

Mit Beginn des Zweiten Weltkrieges wurden die Zwangssterilisationen nicht mehr für wichtig erachtet. So bestimmte das Reichsministerium des Innern am 31. August 1939, dass Anträge auf Sterilisation nur noch gestellt werden sollten, wenn „die Unfruchtbarmachung wegen besonders großer Fortpflanzungsgefahr nicht aufgeschoben werden darf." [44] Auch Sinti und Roma waren ab Anfang 1934 regelmäßig Opfer der Zwangssterilisationen. Durch Beratungsstellen der Gesundheitsämter, Ärzte und Fürsorgerinnen erfasst und gemeldet, wurden sie als „erbkrankverdächtig" angesehen. Die so genannten „Erbkrankheiten" wurden von den „Erbgesundheitsgerichten" und „Erbgesundheitsobergerichten" entsprechend der nationalsozialistischen „Rassen"hygiene willkürlich festgelegt.

Hansjörg Riechert hat die Behandlung der Sinti und Roma in Sterilisationsverfahren anhand von Einzelfällen dargestellt. Oft wurden sie mit der Diagnose „Schwachsinn" belegt, teilweise auch mit der Kennzeichnung „Psychopathie". Derartige Diagnosen verknüpften sich mit der Einordnung der Opfer als „Asoziale" und „Kriminelle". Das Ausmaß der Vorurteile gegen Sinti und Roma zeigte sich bei den Prüfungsverfahren, in denen auch Fragebogen zur Intelligenz eingesetzt wurden. Hierbei wurde ein Kulturwissen und Normen und Werte abgefragt, die kaum zum kulturellen Erbe und Selbstverständnis der Sinti und Roma gehör-

---
43 Nds. Hauptstaatsarchiv Hannover, Hann 180 Hildesheim Nr. 1277.
44 Landeskirchliches Archiv Hannover, Bestand NS/28. Nds. Hauptstaatsarchiv Hannover; Hann 138 Lüneburg Acc 101/88 Nr. 135, Nr. 149.

ten. Aus diesem Grunde konnten die Fragen z.b. nach der Bedeutung von Märchen oder moralischen Werten nur schwer beantwortet werden, oder die Opfer der Sterilisationsverfahren antworteten so, wie sie gedacht haben, dass man es erwartet hat. Eher selten wurde von einem Gericht die kulturelle Herkunft zugunsten eines Sinti oder Roma herangezogen, wenn das Wissen nicht wie erwartet aussah (Riechert 1995, 30, 40ff, 65. Dlugoborki 1998, 60ff).

Wenn die Geprüften langsam und zögerlich antworteten weil sie nachdenken mussten, dann wurde dies von den Prüfern als ein Symptom für den unterstellten Schwachsinn angesehen. Kam andererseits die Antwort schnell und engagiert, dann vermutete man, dass die Befragten oberflächlich und flatterhaft seien. Viele Amtsärzte neigten offenbar aufgrund ihrer Vorurteile und Vorannahmen dazu, zu finden, was sie suchten (Riechert 1995, 42). Auch bei Sinti und Roma lässt sich zeigen, dass sie über die Sterilisationsverfahren nicht korrekt informiert worden sind. Auffällig ist trotzdem, dass sie die Möglichkeiten eines Einspruches gegen die Beschlüsse der Erbgesundheitsgerichte nicht selten wahrgenommen haben. Hierbei wurde die Diagnose bestritten oder Angehörige bzw. Zeugen genannt, die nachweisen sollten, dass die Opfer gesund sind. In den Verfahren wird auch deutlich, dass die Sterilisation einen Eingriff bedeutete, der den sozialen Stand und die Attraktivität der Opfer für Partner negativ beeinflusste. Außerdem berührte das Thema Fruchtbarkeit und Sexualität, das mit den Sterilisationsverfahren verbunden war, ein Tabu[45] (Riechert 1995, 46ff). Aus diesen Umständen erklärt sich, dass sich Betroffene durch Wanderschaften oder eine Flucht in das Ausland dem Sterilisationsverfahren entzogen:

„Die bei Sinti und Roma ausgeprägte Bereitschaft, nicht nur Beschwerde einzulegen, sondern sich dem Prozeß durch Flucht oder ein vorübergehendes Untertauchen zu entziehen, ist ebenso wie die vielfachen Proteste, Klagen und Bitten, die ihre Akten durchziehen, Ausdruck ihres besonderen Willens, sich nicht nur aus den Fallstricken des Gesetzes zu befreien, sondern auch gegen die rassistische Stigmatisierung als typische Schwachsinnige anzugehen." (Riechert 1995, 59)

Einen Schutz bedeutete der Ortswechsel aber oft nicht: Es lässt sich nachvollziehen, dass die Verfolgten von der staatlichen Bürokratie aufgegriffen wurden,

---

[45] Dieses zu respektierende Tabuthema lässt sich bis in die Gegenwart beobachten (Hannoversche Allgemeine Zeitung. 22.1.2000: Wochenendbeilage).

wenn sie sich wieder an einem anderen Ort registrieren ließen. Eine nachträgliche Bewertung des Verhaltens ist nicht einfach. Man wird bei einem Ortswechsel nicht ohne weiteres von einem Widerstand gegen den NS-Staat reden können, sondern eher von dem Bedürfnis, berechtigte eigene Lebensinteressen zu verteidigen (Riechert 1995, 56ff).

Eine gesicherte Gesamtzahl der sterilisierten Sinti und Roma in den Jahren 1934 bis 1945 ist aus verschiedenen Gründen kaum zu ermitteln. Hansjörg Riechert geht anhand seiner Forschungsergebnisse davon aus, dass 2 bis 3% der Sinti und Roma in Deutschland sterilisiert worden sind und dies etwa 400 bis 500 Opfer durch Zwangssterilisationen bedeutet hat (Riechert 1995, 88-93). Auch nach den reichsweit durchgeführten Deportationen im März 1943 in das KZ Auschwitz wurden zurückgebliebene Sinti und Roma sterilisiert. Für Bremen lässt sich nachvollziehen, wie in diesen Fällen vorgegangen wurde. Zunächst wurden die Betroffenen aufgefordert, sich in einer Krankenanstalt dem Eingriff zu unterziehen. Danach musste eine Bescheinigung über die Sterilisation bei der Kripo vorgelegt werden. Wer sich nicht meldete, wurde zwangsweise vorgeführt. Wegen der Folgen von Bombenschäden wurden aber nicht alle angeordneten Eingriffe durchgeführt. Wer allerdings zwangsweise sterilisiert wurde, ist dabei wohl in der Regel grob behandelt worden (Hesse; Schreiber 1999, 102ff).

Nach dem Zweiten Weltkrieg war es auch für die Opfer unter Sinti und Roma schwer, mit den Folgen des Eingriffes umzugehen. Einen Eindruck davon bieten Verfahren bei Entschädigungsbehörden, in denen die Betroffenen nicht oder nur unter großen Schwierigkeiten ihre Interessen durchsetzen konnten. Ein Fall betraf die Zwangssterilisation eines „Zigeuners", der nach 1945 in Wolfenbüttel lebte und 1949 einen Entschädigungsantrag gestellt hat. Im Verfahren wurde festgestellt, dass der Antragsteller nach den „Nürnberger Gesetzen" als Angehöriger der „Zigeunerrasse" 1944 in Breslau sterilisiert worden war. An den Folgen des Eingriffes litt er noch nach dem Krieg. In einem Brief vom 10. Juni 1949 begründete er seinen Antrag auf eine Sonderhilfe u.a. so:

„Ich möchte hinzufügen, daß ich durch die Unfruchtbarmachung meine Zukunft zerstört sehe, denn es ist wohl der Wunsch eines jeden gesunden Menschen, Nachkommen zu haben. Ich bin jung verheiratet und von jeder erblichen Belastung frei. Deshalb wird man uns nachfühlen können, was uns die N.S. Gewaltherrschaft durch die Sterilisation angetan hat."[46]

Bis in die sechziger Jahre wurden mehrere gesundheitliche Untersuchungen durchgeführt. Trotzdem kam es zu keiner Entschädigung, so dass Angehörige des Sterilisierten 1979 einen von Trauer und Empörung geprägten Brief an den Niedersächsischen Minister des Innern geschickt haben, nachdem die Entschädigungsforderung endgültig abgelehnt worden war. Man hielt die Ansprüche für unbegründet.

In den Gutachten während des Entschädigungsverfahrens war medizinisch gesehen keine deutliche Minderung der Erwerbsfähigkeit festgestellt worden. Aber die seelischen Schäden durch den Eingriff hätten für eine Entschädigung berücksichtigt werden können. Entsprechende Unterlagen bietet ein weiterer Fall, in dem es um die Zwangssterilisation einer „Zigeunerin" ging, die auch 1944 in Breslau durchgeführt wurde. Bei dieser Antragstellerin, ebenfalls aus Wolfenbüttel, wurde von ihrem Rechtsanwalt darauf hingewiesen, dass der Bundesgerichtshof in den sechziger Jahren Urteile gefällt hatte, nach denen auch schwere psychische Störungen in der Folge einer Sterilisation im „Dritten Reich" Entschädigungsforderungen rechtfertigen können. Ein entsprechendes Verfahren wurde 1968 auf der Grundlage des Bundesentschädigungsgesetztes zur Entschädigung für Opfer der nationalsozialistischen Verfolgung (BEG) vor dem Landgericht Hannover geführt. Das Gericht lehnte aber die offensichtlich begründeten Ansprüche ab. Der entscheidende Grund war hier formaler Natur: Der Antrag auf Entschädigung wurde zu spät gestellt. Auch eine Berufung vor dem Oberlandesgericht Celle verlief erfolglos[47].

In wieder einem anderen Fall von Zwangssterilisation, ebenfalls 1944 in Breslau durchgeführt, findet sich im fachärztlichen Gutachten aus dem Jahre 1967 über das damals neunzehnjährige männliche Opfer folgende Aussage:

„Man kann nun nicht verkennen, daß die Unfruchtbarkeit gewöhnlich bei Frauen schwerwiegendere seelische Folgen hinterläßt als bei Männern. Auf der anderen

---

[46] Nds. Hauptstaatsarchiv Hannover; Nds 110 W Acc 16/99 Nr. 801293. Weitere Entschädigungsverfahren wegen Sterilisationen von Sinto finden sich in: Nds. Hauptstaatsarchiv Hannover; Nds 110 W Acc 31/99 Nr. 221648 und Nds 110 W Acc 14/99 Nr. 100093.

[47] Nds. Hauptstaatsarchiv Hannover; Nds 110 W Acc 16/99 Nr. 801294.

Seite kann man den Einwand des Herrn Rechtsanwalts nicht von der Hand weisen, gerade bei Zigeunern mit ihrer Freude an Kindern und an großen Familien sei eine besondere Wirkung der erzwungenen Kinderlosigkeit zu erwarten. Im übrigen wird in vielen Ehen Kindersegen herbeigewünscht und als eine Selbstbestätigung der Eltern empfunden."[48]

Die Überlegungen des Arztes lassen sich durch einen Brief des Opfers, das nach 1945 in Wolfenbüttel gelebt hat, untermauern. Bereits 1949 findet sich dort der Hinweis:

„Durch die Sterilisation bin ich nicht nur körperlich geschädigt. Die Wahl einer zu mir passenden Frau ist mir dadurch erschwert und meine Nachkommenschaft wurde damit beseitigt."

---

[48] Nds. Hauptstaatsarchiv Hannover; Nds 110 W Acc 16/99 Nr. 801295.

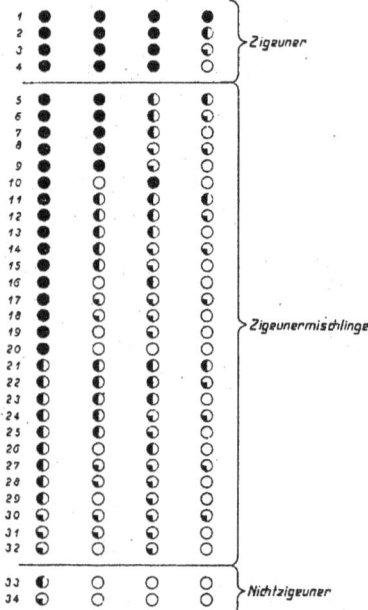

Abbildung 7. „Einteilung der Zigeuner nach rassischen Gesichtspunkten". Das Schema zeigt die willkürlichen und abstrusen Einteilungen der Nationalsozialisten, die zur Rechtfertigung von Terror- und Vernichtungsmaßnahmen herangezogen wurden (Quelle: Bundesarchiv Berlin)

3. Die Behandlung der Sinti und Roma in Konzentrationslagern

„Wer als Sinto das Nazireich überlebte, hat das zumeist besonderen Umständen zu verdanken. Er ist die Ausnahme, nicht die Regel." (Sinto Friedrich Kreutz, Jahrgang 1922. In: Krausnick 1983, 57) [49]

Die totalitäre Herrschaft des Nationalsozialismus drohte ganz Deutschland in ein Lager zu verwandeln. Das Leben in Lagern aller Art wurde zunehmend eine neue Lebensform des total verfügbaren Menschen. Bei Hannah Arendt wird diese Erscheinung genau beschrieben und der nihilistischen Eigendynamik des Naziregimes zugeordnet, in der das Individuum nichts mehr und die totalitären Weltmachtphantasien der NSDAP-Führer alles gelten sollten (Arendt 1986: 676f, 690-699).

Von der Internierung in einem Lager waren zunächst Deutsche vor allem dann betroffen, wenn sie zu den politischen Gegnern gehörten (Arbeitserziehungslager, Emslandlager, Konzentrationslager, Sicherungslager) oder zum Arbeitseinsatz verpflichtet wurden (in RAD- und RAB-Lagern. Weinmann 1990). Aber auch die verschiedenen NS-Organisationen kannten ein umfassendes Lagerwesen zur Schulung oder Erholung ihrer Mitglieder. Ein umfassendes Lagersystem wurde nach dem Beginn des Zweiten Weltkrieges für die Kriegsgefangenen und das Heer der Fremd- und Zwangsarbeiter aufgebaut (DAF-Gemeinschaftslager, Durchgangslager, Zivilarbeiterlager usw.). Tausende von Lagern sind in den „Catalogue of Camps and Prisons in Germany and German-Occupied Territories 1939-1945" eingegangen, der 1990 von Martin Weinmann neu herausgegeben wurde. Dort gibt es auch die Rubrik „Zigeuner" (Weinmann 1990).

Durch die Forschungsliteratur ist belegt, dass Sinti und Roma in Zwangslagern, Zwangsarbeitslagern und in Sammellagern zur Deportation eingewiesen wur-

---

[49] Das Schicksal einer Sintezza in Österreich wird in Form einer Erzählung von Erich Hackl dargestellt. Das Mädchen wurde 1933 geboren, wuchs zunächst in ihrer Dorfgemeinschaft auf und wurde schließlich nach Auschwitz deportiert und dort getötet (Hackl 1989).

den[50]. Z.B. findet sich bei Gudrun Schwarz der Hinweis, dass es im Zweiten Weltkrieg in Deutschland mindestens 16 „Zigeunerlager" gegeben hat (Schwarz 1996). Eine besondere Rolle spielte das „Zigeunerlager" im KZ Auschwitz-Birkenau. In den „Wiedergutmachungsverfahren" nach dem Zweiten Weltkrieg trat regelmäßig die Frage auf, ob die Verhaftung für die Deportation in das „Zigeunerlager" Auschwitz entweder aus „sicherheitspolitischen" oder aus „rassischen" Gründen erfolgt sei. Aus heutiger Sicht interessant ist eine rechtliche Bewertung des Abtransportes in das KZ Auschwitz durch das Schwurgericht Siegen aus dem Jahre 1949: Es handelte sich nach Auffassung dieses Gerichts um Freiheitsberaubung, Zwangsverschleppung, Verfolgung aus rassischen Gründen und ein „Verbrechen gegen die Menschlichkeit" (Justiz und NS-Verbrechen, 4: 169f). Mehr noch: Die Beteiligung regionaler Stellen an der Deportation war, wie von den Tätern immer wieder behauptet, kein Handeln auf Befehl, so dass sie sich unter eigener Verantwortung strafbar gemacht hatten (Justiz und NS-Verbrechen, 4: 170).

Die Deportation in das „Zigeunerlager" Auschwitz geschah auf Grund eines Geheimerlasses des „Reichssicherheitshauptamtes" vom 29. Januar 1943 (Justiz und NS-Verbrechen 4: 162ff). Das Lager wurde im August 1944 aufgelöst, indem die noch lebenden Insassen, d.h. ca. 3.000 Sinti und Roma, vergast wurden. Überliefert sind Schilderungen der Räumung: In mehreren Gruppen wurden die Opfer in LKW im Dunkeln zur Tötung abtransportiert (Justiz und NS-Verbrechen, 21: 789ff).

Die Einlieferung der ersten größeren Gruppen von Sinti und Roma in Auschwitz geschah ab Ende 1942 aufgrund eines Befehls von Himmler[51]. Vor Ort trafen die ersten Häftlinge auf besonders schwierige Lebensbedingungen, da das „Zi-

---

50   Eine detailreiche Chronologie der sozialen Verfolgung, Diskriminierung und Deportation von Sinti und Roma findet sich bei Eva von Hase-Mihalik und Doris Kreuzkamp. Die Chronologie beginnt 1870 und umfasst auch die Zeit nach 1945 bis in das Jahr 1989 (Hase-Mihalik; Kreuzkamp 1990, 139-147). Eine andere Chronologie von 1935 bis 1944 findet sich im „Gedenkbuch" (Gedenkbuch 1993/II, 1553-1557). Vgl. auch TAZ. 17.12.1992: 3.
51   Die Sammlung und der Abtransport der Sinti und Roma aus Bremen Anfang März 1943 ist weitgehend erforscht. Von der Bremer Kripo wurden mindestens 275 Sinti aus Bremen, Oldenburg, Bremerhaven und umliegenden Gebieten deportiert. Aus Bremerhaven gab es wohl etwa 15 Opfer. Sie wurden auf drei Transporte aufgeteilt und nach Auschwitz gebracht (Hesse; Schreiber 1999, 93ff, 151).

geunerlager" noch im Aufbau war. Erstellt wurden 32 hölzerne Baracken mit dreistöckigen Pritschen, je eine pro Familie. Das Lager bestand nur 17 Monate. In dieser Zeit wurden etwa 23.000 Sinti und Roma aufgenommen, von denen die meisten Opfer des Holocaustes wurden (Gedenkbuch 1993/1, 13f).

Sinti und Roma lassen sich auch in anderen Konzentrationslagern oder KZ-Außenlagern als Häftlinge nachweisen. So z.B. in Salzgitter-Drütte, wo bei den „Reichswerken Hermann-Göring" etwa 50 bis 60 Sinti- und Roma-Häftlinge eingesetzt waren (Dlugoborski 1998, 230-252). Für das KZ Bergen-Belsen ist überliefert, dass es in sechs Blöcken der Häftlingslager im Januar 1945 mindestens vier „deutsche Zigeuner" gegeben hat. Insgesamt dürfte die Zahl der Sinti und Roma bei über 100 gelegen haben (Konzentrationslager Bergen-Belsen, 92. Günther 1990, 1, 47).

Drei Ausformungen zeigte die Behandlung der Sinti und Roma in Konzentrationslagern im Zweiten Weltkrieg in Deutschland: Einerseits das System der „Vernichtung durch Arbeit" und tödlicher Lagerbedingungen vor allem im KZ Buchenwald, andererseits die Massensterilisationen an Sinti und Roma im KZ Ravensbrück und drittens das Vernichtungslager Auschwitz (Sinti und Roma unter dem Nazi-Regime 1996, 77f). Trotz dieser Unterscheidung ist allen Konzentrationslagern in den Kriegsjahren gemeinsam, dass sie sowohl zur politischen Unterdrückung, der „rassischen" Massenvernichtung als auch der Ausbeutung bis zum Tode der Häftlinge angelegt waren. Unterschiede gab es im jeweiligen Ausmaß der Sklavenarbeit oder bei den Vernichtungsmaßnahmen.

Wie andere Häftlinge auch wurden in den Konzentrationslagern Sinti und Roma zur Zwangsarbeit in Steinbrüchen, Ziegeleien und Fabriken eingesetzt. Auch für sie galt, dass es nicht um ihre Arbeitsproduktivität ging, sondern darum, ihre Persönlichkeit zu zerstören. Innerhalb der KZ-Häftlinge gehörten die „Zigeuner" zur Gruppe der „Asozialen" und damit zum untersten Bereich der Lagerhierarchie. In Auschwitz wurden Sinti und Roma aus elf europäischen Ländern umgebracht (Zimmermann 1989, 22, 83).

Rosa Winter schildert die schwierige Lage von Sinti und Roma in Konzentrationslagern. Sie war Häftling im KZ Ravensbrück. Ihr Bereicht zeigt, dass sich Sinti und Roma oft nur vereinzelt in den Lagern fanden und bei anderen Häftlingen teilweise nicht beliebt waren. Mindestens 617 weibliche Sinti und Roma im Alter von 17 bis 25 Jahren wurden in Ravensbrück eingeliefert. An ihnen wurden Zwangssterilisationen und medizinische Experimente durchgeführt. Auch in anderen Konzentrationslagern wurden Menschenversuche an Sinti und Roma praktiziert (Berger 1987, 83. Dlugoborski 1998, 246. Hein; Krokowski 1995, 60f).

Vor allem die Kinder hatten in Auschwitz unter den erbärmlichen Bedingungen zu leiden. Elvira R. aus Braunschweig berichtete in einem Interview, dass die Kinder „nach und nach" gestorben sind, an Unterernährung und in der Folge von Krankheiten, die die geschwächten Körper nicht überstehen konnten. Vorübergehend ging es einem Teil der Kinder im Alter bis zu sechs Jahren besser, als sie in einer Krippe untergebracht waren. Zunächst war dort die Ernährung und die Versorgung relativ gut. Bald aber verbreiteten sich Krankheiten aller Art und die Kinder waren nur noch Haut und Knochen. Wurden sie in die Kinderabteilung des Krankenbaus verlegt, waren die Überlebenschancen unter den unhygienischen Bedingungen sehr gering. Auch Kinder, die ihre Krankheit überstanden, verstarben bald danach, da der überanstrengte Körper nicht mehr zur Genesung fähig war. Ebenfalls verstarben fast alle im Lager geborenen Kinder der Sinti und Roma, nicht wenige von ihnen wurden direkt umgebracht (Hein; Krokowski, 1995, 35. Dlugoborski 1998, 305-308).

Einige Opfer und Täter finden sich in der Gerichtsurteilssammlung „Justiz und NS-Verbrechen" beschrieben. Die Beispiele zeigen, dass sich einige deutsche Gerichte ab 1945 bemüht haben, den NS-Verbrechen an Sinti und Roma nachzugehen und sie zu bestrafen. So ging z.B. das Gericht Siegen 1949 davon aus, dass die Deportation der „Zigeuner" aus Berleburg nach Auschwitz eine menschenunwürdige und grausame Zwangsverschleppung dargestellt hat (Justiz und NS-Verbrechen, 4: 169). Bei der Vorbereitung und Durchführung der Deportation gab es nach Auffassung des Gerichts für die Verantwortlichen einen deutlichen Ermessensspielraum, da der Erlass zur Sammlung der Opfer eine Reihe von Ausnahmemöglichkeiten vorsah. Insbesondere die „sozial angepassten", in Arbeit stehenden und schon länger vor Ort wohnenden Personen hätte man unter Berufung auf die Bestimmungen des Erlasses von dem Abtransport ausnehmen können. Deshalb mussten sich die Angeklagten anrechnen lassen, dass sie weit mehr Personen deportieren ließen, als verlangt war. Damit waren auch Schutzbehauptungen der Angeklagten widerlegt, sie hätten nicht anders handeln können (Justiz und NS-Verbrechen, 4: 170ff, 322f). [52]

Das Landgericht Frankfurt am Main beschäftige sich in einem großen Prozess 1965 mit den Verbrechen im KZ Auschwitz. Angeklagt wurden 20 Personen wegen Mordes und wegen Beihilfe dazu. Unter den 17 Verurteilten befand sich auch derjenige, der im Sommer 1944 ohne Grund einen „Zigeuner" im Stammlager erschossen hat. Insofern ging das Gericht auf die Verbrechen an Sinti und Roma ein, wenn auch nur am Rande (Justiz und NS-Verbrechen, 9: 573, 770). Ähnliches zeigt ein Urteil zum KZ Sachsenhausen, das das Landgericht München 1960 gefällt hat. Auch hier findet sich die Schilderung eines Verbrechens an einem „Zigeuner", das zur Verurteilung eines Angeklagten geführt hat:

„Er war ein sehr schmächtiger Mann. Der Angeklagte liess diesen Zigeuner heraustreten und schlug ihm mit der Faust mit aller Wucht in die Seite, so dass die Rippen brachen und in die Lungen drangen. Er wurde dann in den Waschraum getragen und verstarb dort innerhalb einiger Stunden an den Folgen dieser Verletzung." (Justiz und NS-Verbrechen, 16: 280)

In Anbetracht derartiger Schilderungen stellt sich die Frage nach der Zahl der Opfer. Dabei ist zu bedenken, dass eine genaue Ermittlung auch aus geschichtswissenschaftlicher Sicht nicht einfach ist. So kommt es immer wieder zu Auseinandersetzungen z.B. um die Zahl der Opfer im KZ Auschwitz (TAZ. 18.7.1990: 8. TAZ. 26.7.1990: 18). Eine Übersicht zur Darstellung der Holocaust-Opfer unter den Sinti und Roma findet sich bei Ulrich König. Aus einer Vielzahl von Quellen kommt er zu dem Ergebnis, dass von über einer Million Sinti und Roma, die 1939 in Europa gelebt haben, etwa 30 bis 50% getötet wurden, also 300.000 bis 500.000 [53] (König 1989, 44f). Für einige Bereiche gibt es aussagekräftige Dokumente über Opfer unter den Sinti und Roma. Dazu gehört das zweibändige „Gedenkbuch. Die Sinti und Roma im Konzentrationslager

---

[52] Übertragen auf das „Sammellager" Braunschweig-Veltenhof hätte dies bedeutet, dass alle Sinti, die 1943 bereits längere Jahre in Veltenhof gelebt hatten, hätten verschont bleiben können.

[53] Auf einer Gedenktafel des Stadtschlosses Fulda heißt es: „Zum Gedenken an die Fuldaer Sinti und Roma, deren rassistische Erfassung im Stadtschloss erfolgte und von denen die meisten in den Vernichtungslagern ermordet wurden. Insgesamt fielen dem Völkermord über 500 000 Sinti und Roma zum Opfer". In: Sinti und Roma. Opfer der Verfolgung und des Völkermords. Hg.: Magistrat der Stadt Fulda. Fulda 1995, 21.

Auschwitz-Birkenau" [54]. Dort sind über 20.000 Häftlinge dokumentiert, in vielen Fällen mit Sterbedatum.

Eine systematische Auswertung des „Gedenkbuches" ermöglicht es, Opfergruppen nach ihrer Herkunft zusammenzufassen. So lassen sich z.b. 73 Sinti aus Braunschweig finden, die in das Hauptbuch des „Zigeunerlagers" Auschwitz eingetragen wurden (Gedenkbuch 1993, I und II). Diese Gruppe soll hier als Registerauszug aus dem Gedenkbuch in der folgenden Tabelle dokumentiert werden. Es lässt sich allerdings zeigen, dass die Zahl der Opfer aus Braunschweig in Auschwitz weit über 73 gelegen hat[55]. Nachforschungen des Autors ergaben, das über 120 Sinti aus Braunschweig als Todesopfer der sozialen Verfolgung im Zweiten Weltkrieg namentlich feststellbar sind.

Legende zu der Tabelle

~ :   Datum des Eintrages im Gedenkbuch mit „~" bedeutet: Die Person ist am Tage des Eintrages oder früher gestorben.

Nr. Register, F :   Register des Gedenkbuches zum Hauptbuch des „Zigeunerlagers" Auschwitz, Frauen.

Nr. Register, M :   Register des Gedenkbuches zum Hauptbuch des „Zigeunerlagers" Auschwitz, Männer.

---

[54] Bei fast 7.000 der Sinti und Roma im „Zigeunerlager" lässt sich ein Beruf feststellen. Die größte Gruppe bildeten die Arbeiterinnen/ Arbeiter, die zweitgrößte die der Landarbeiterinnen/ Landarbeiter (Gedenkbuch 2, 1477f). Dies entspricht auch ungefähr der Zusammensetzung der Sinti und Roma aus Braunschweig, so weit sich eine Berufsbezeichnung ermitteln ließ.

[55] Entsprechende Belege ergaben sich insbesondere durch Nachforschungen im Register des Standesamtes Braunschweig und im Bestand Nds 110 W Acc 16/99 des Nds. Hauptstaatsarchivs Hannover.

73 Sinti aus Braunschweig, im Hauptbuch des KZ Auschwitz für das „Zigeunerlager" nachweisbar (Gedenkbuch 1993)

Lf. Nr.	Name	Vorname	Geb.-Datum	Sterbedatum in Auschwitz	Nr. Register
			Frauen		
1		...ma	1925		F 2
2	(Krause-) Laubinger	Malli (Male)	20.10.1927		F 125
3	Weiss	Gisela	6.5.1942		F 157
4	Weiss	Lisa	8.2.1914		F 173
5	Weiss	Lisa	8.3.1942	8.4.1943	F 174
6	Lauenburger	Sophie	10.2.1940		F 180
7	Lauenburger	Gertrud	27.8.1942	1.5.1943	F 181
8	Knöpfel	Emile (Emilie)	5.1.1919	~ 15.3.1944	F 183
9	Knöpfel	Annemarie	18.2.1942	~ ?.9.1943	F 185
10	Dewis	Alwine	18.4.1934	28.2.1944	F 208
11	Reichel	Anita	6.4.1941	3.5.1943	F 226
12	Reichel	Helene	5.12.1919	~ 24.5.1944	F 227
13	Kressig	Waltraud	21.6.1942	2.4.1943	F 235
14	Horz	Gisela	10.5.1942	5.4.1943	F 240
15	Reichel	Meta	12.10.1939	~ 9.3.1944	F 257
16	Imker	Maria	30.12.1907		F 258
17	Knöpfel	Ursula	8.11.1938		F 263
18	Kreutz (Kreuz)	Magdalene	3.6.1942	31.12.1945	F 270
19	Kreutz (Kreuz)	Ilone	4.8.1939	11.4.1943	F 274
20	Laubinger	Josephine	8.5.1919	25.2.1944	F 283
21	Laubinger	Auguste	15.1.1917		F 285
22	Weiss	Brigitt	16.11.1940	~ 26.3.1943	F 299

23	Kreitz	Berta	30.12.1907	~ 23.7.1943	F 310
24	Weiss	Rosemarie	25.2.1942	5.5.1943	F 314
25	Weiss	Zinka	18.3.1917	4.7.1943	F 318
26	Weiss	Barbara	12.11.1942	24.3.1943	F 319
27	Weiss-Dieselberg	Margarete	17.2.1939	~ 16.6.1943	F 327
28	Bruder	Erna	23.7.1942	~ 5.4.1943	F 334
29	Heilig-Laubinger	Monika (Moninka)	1.5.1938	5.4.1944	F 355
30	Rabe	Emma	27.3.1940		F 336
31	Weiss	Rosa	22.2.1923	~ 25.9.1943	F 339
32	Weiss	Grete	8.3.1942	8.4.1943	F 343
33	Weiss	Brigitte(a)	24.5.1942	3.5.1943	F 358
34	Kümmel	Anna	16.12.1938	~ 16.1.1944	F 368
35	Kümmel	Renate	23.5.1941	14.4.1943	F 369
36	Weiss-Reichel	Renata	17.5.1937	~ 13.2.1944	F 384
37	Dikolic	Marie	5.1.1942	~ 23.3.1943	F 756
38	Stenka	Louise	10.5.1916		F 1547
39	Schubert	Edith	14.12.1925	12.4.1944	F 1610
40	Petermann	Katharine	10.3.1898	~ ?	F 2712
41	Krause	Waldfriede	7.9.1937	~ 24.3.1944	F 3713
42	Schmidt	Margarethe	3.4.1928	~ 6.1.1944	F 6208
43	Lichtenberger	Johanna	1.10.1927	~ 26.1.1944	F 6564
44	Krause-Laubinger	Karoline	16.11.1926		F 9701
45	Rose	Selma	25.11.1906		F 10067
		Männer			
46	Weiss	Walter	23.5.1942	13.4.1943	M 140
47	Diesenberg	Heinrich	8.3.1940	~ 1943	M 147
48	Diesenberg	Peter	26.3.1942	27.12.1943	M 149

49	Knöpfel	Hermann	14.11.1915	15.6.1943	M 162
50	Schmidt	Erich	26.2.1940	14.4.1943	M 174
51	Wiegand	Josef	27.5.1926		M 207
52	Reichel	Hermann	23.9.1933		M 213
53	Reichel	Otto	8.10.1934		M 214
54	Kreutz	?	(5 Monate)	~ 1943	M 228
55	Laubinger	Robert	4.5.1940	9.10.1943	M 243
56	Laubinger	Adolf	16.1.1943	16.9.1943	M 244
57	Schmidt	Gustav	30.6.1939		M 264
58	Weiss	Heinrich	21.8.1938		M 271
59	Weiss	August	30.3.1938	2.4.1943	M 274
60	Weiss	Robert	1940		M 275
61	Dieselberg	Tite	8.2.1942	~ 25.7.1943	M 282
62	Bruder	Helmut	20.12.1942	30.3.1943	M 285
63	Wagner	Ar...	23.5.1934	1944	M 299
64	Laubinger	Johannes	29.1.1940	~ 23.7.1943	M 302
65	Pohl	Willy	27.9.1920		M 493
66	Petermann	Arnhold	1.9.1939	~ ?.9.1943	M 574
67	Weiss	Heinrich	1932	~ 25.10.1943	M 2444
68	Bamberger	Hugo	2.1.1935		M 3311
69	Weiss	Johannes	4.10.1914		M 3352
70	Fiker	Johann	3.4.1896	25.6.1943	M 3623
71	Ritter	Wilhelm	1878	24.4.1943	M 4883
72	Schmitz	Friedrich	14.4.1931	1943	M 5609
73	Trollmann	Siegfried	28.10.1916	~ ?	M 8748

4. Zur Geschichte der Sinti im Land Braunschweig

4.1 Historischer Rückblick

Die frühe Geschichte der Sinti in Braunschweig im 18. und 19. Jahrhundert lässt sich vor allem durch Polizeiakten oder die der regionalen staatlichen Verwaltung in Archiven erkunden. Vor allem Wanderungen wurden notiert, z.b. wenn einer „Zigeuner"-Familie ein zeitlich begrenzter Reisepass ausgestellt wurde, damit sie ihr Ziel erreichen konnte.[56] Mitte der zwanziger Jahre des 20. Jahrhunderts meldete die Polizeidirektion Braunschweig dem Braunschweiger Minister des Innern:

„Ansiedlungen von Zigeunern (Zigeunerkolonien) befinden sich weder in der Stadt noch, soweit hier bekannt, im übrigen Freistaat Braunschweig. In der Stadt Braunschweig sind lediglich einige wenige Zigeunerfamilien als wohnhaft polizeilich gemeldet." [57]

Wegen der angedeuteten Verhältnisse dürfte es in der Zeit der Weimarer Republik und davor im Land Braunschweig zunächst vergleichsweise wenig Bestimmungen zu staatlichen Maßnahmen gegen „Zigeuner" gegeben haben (Hehemann 1987, 327). Ein Beispiel für entsprechende Regelungen findet sich in der Gesetz- und Verordnungs-Sammlung Braunschweig in Form des Gesetzes über das Umherziehen von Zigeunern vom 17. Januar 1913 (Abbildung 8).

Verschiedene Dokumente zeigen, dass von Seiten der Behörden Anfang des 20. Jahrhunderts im Herzogtum Braunschweig eine Gefahr in den umherziehenden „Zigeunern" gesehen wurde.

---

[56] Nds. Hauptstaatsarchiv Hannover; Hann 174 Neustadt Nr. 553. Hann 87 Hannover Nr. 11/2.
[57] Staatsarchiv Wolfenbüttel; 12A Neu 13 Nr. 15641.

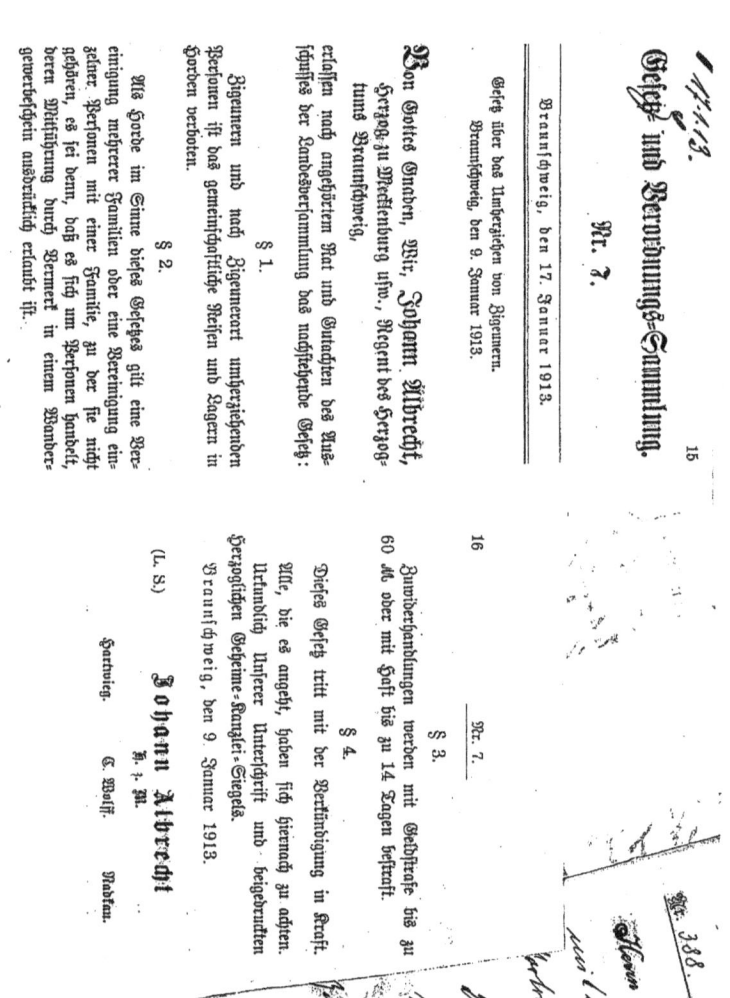

Abbildung 8. „Gesetz über das Umherziehen von Zigeunern. Braunschweig, den 9. Januar 1913." Das Gesetz, unterschrieben von Johann Albrecht, umfasst vier Paragrafen (Quelle: STA Wolfenbüttel; 12 A Neu 13 Nr. 15642)

Man befürchtete, wie in anderen Regionen auch eine Beunruhigung der Bevölkerung und Straftaten durch „Zigeuner". Deshalb war es ein Ziel der Polizeibehörden, die Gruppen der Umherziehenden zu verkleinern, um den Umgang mit ihnen zu erleichtern. Wie in anderen Ländern Deutschlands sollte das Umherziehen unter Strafe gestellt sein[58].

Für das Jahr 1906 geht aus einem Bericht der Kreisdirektion Braunschweig hervor, dass man 18 „Zigeunerbanden" über die Grenze des Bezirks gebracht hatte, um sie zum Weiterziehen zu zwingen. Festgehalten wurde ebenso, dass drei der Sinti sich wegen Diebstahls vor Gericht zu verantworten hatten[59]. Auch im folgenden Jahr beschäftigte sich die Kreisdirektion Braunschweig mit der so genannten „Bekämpfung des Zigeunerunwesens". Man hatte eine Reihe „Zigeunerbanden" ermittelt, die im Durchschnitt aus 30 bis 40 Personen bestanden. Ihr bevorzugtes Gebiet lag in und um die Orte Wenden, Thune und Rühme bei Braunschweig. Eine mögliche Belästigung der Bevölkerung wurde vor allem in der Bettelei gesehen. Diebstähle, die man den Sinti nachgesagt hatte, ließen sich aber dann doch nicht beweisen. Nur in seltenen Ausnahmefällen wurde den wandernden Gruppen ein Aufenthalt gewährt. Üblicher Weise wurden sie durch die Polizei dazu gebracht, möglichst rasch wieder über die Grenze weiterzuziehen.

Eher seltenen wurde die Lebensweise von „Zigeunern" aktenkundig. Ein derartiger Fall findet sich in der Mitteilung der Herzoglich Braunschweigischen Kreisdirektion Holzminden vom 23. Oktober 1911 an das Staatsministerium Braunschweig. Hierbei ging es darum, einem als „Zigeuner" eingestuften Korbmacher einen Gewerbeschein auszustellen. Dabei wurden die Verhältnisse seiner Familie erfasst, die in ihrer Art typisch für einen Teil der Sinti im Lande Braunschweig Anfang des 20. Jahrhunderts gewesen sein mögen, d.h. für diejenigen Sinti, die sowohl eine Anpassung an ihre Umgebung vollzogen hatten als auch auf ihre traditionelle Wanderschaften nicht verzichten wollten:

Der Korbmacher [Name], geboren am 2. September 1881 zu Lollar, und seine Ehefrau [Name], sind seit dem 3. November 1908 in hiesiger Stadt, wo sie sich eine Wohnung gemietet haben, polizeilich gemeldet. Die Eheleute [Name] ha-

---

[58] Staatsarchiv Wolfenbüttel; 12 A Neu 13 Nr. 15642.
[59] Staatsarchiv Wolfenbüttel; 12 A Neu 13 Nr. 15640.

ben drei Kinder. Einen 11 Jahre alten Sohn, [Name], welcher bis zum 3. d.Mts. bei Verwandten in Hannover sich aufgehalten und daselbst die Volksschule besucht hat, jetzt aber die hiesige Volksschule besucht. Eine 7 Jahre alte Tochter [Name], welche fortwährend krank ist und angeblich deshalb die Schule nicht besuchen kann. Einen 3 Jahre alten Sohn [Name].

Wegen des regelmäßigen Schulbesuchs der schulpflichtigen beiden Kinder ist seitens des hiesigen Stadtmagistrats das Erforderliche veranlaßt worden. [Name] betreibt im Umherziehen das Reparieren von Körben und Stühlen. Seine Ehefrau betreibt im Umherziehen Handel mit Meermuscheln und Kurzwaren sowie mit selbstverfertigten Stuhl- und Korbwaren. ... Nachdem im Mai d.Js. hier bekannt geworden war, daß die [Name] Eheleute mit einem Wohnwagen im Lande umherziehen wie Zigeuner, habe ich deren Wohnsitzverhältnisse einer näheren Prüfung unterzogen. Dabei hat sich herausgestellt, daß die genannten Eheleute den größten Teil des Jahres sich auf Reisen befinden, d.h. ein Wanderleben führen nach Zigeunerart, und nur während der Winterzeit sich einige Zeit in hiesiger Stadt aufhalten, auch wohl in der übrigen Jahreszeit ab und zu hierher zurückkehren und ihre hiesige Wohnung, die aus zwei Räumen (Wohn- und Schlafzimmer) besteht, vorübergehend benutzen.

[Name] hat seine Steuern hieselbst pünktlich bezahlt, soll auch seine Wohnungsmiete regelmäßig bezahlt haben. Aus den ermittelten Verhältnisse geht hervor, daß die [Name] Eheleute weder in hiesiger Stadt einen festen Wohnsitz begründet, noch überhaupt im Inlande einen festen Wohnsitz haben. ... Dem [Name] ist der Wandergewerbeschein bisher nicht abgenommen, da derselbe mit seiner Familie seit mehreren Wochen in hiesiger Stadt wohnt und sein Gewerbe als Stuhl- und Korbflechter hier und in der nächsten Umgebung betreibt, wodurch er den Lebensunterhalt für sich und seine Familie erwirbt. [Name] will bis auf weiteres seinen Aufenthalt in hiesiger Stadt behalten. Für diese Absicht spricht der Umstand, daß er vor einigen Wochen seinen Wohnwagen nebst Pferd in Osterode a/H. verkauft hat. [60]

Ein Dokument, das zeigt, wie argwöhnisch der Alltag der „Zigeuner" von Amts wegen beobachtet und festgehalten wurde. Insgesamt ist allerdings die Quellenlage über die Jahrzehnte vor 1933 für Braunschweig relativ schlecht. Dennoch ist erkennbar, dass die in Abschnitt 2.1 geschilderte Lage der Sinti und Roma in

---

[60] Die Familie wechselte allerdings in den Kreis Meiningen und wurde dort als „Zigeuner" eingestuft. Staatsarchiv Wolfenbüttel; 12 A Neu 13 Nr. 15640.

Hannover und anderen Orten in Niedersachsen oft mit der in Braunschweig vergleichbar ist. Und Zeitungsbereichte aus der Zeit des Ersten Weltkrieges belegen, dass – wie in ganz Deutschland – in Braunschweig die „Seßhaftmachung der Zigeuner" angestrebt und gefördert wurde. Kam es dann aber zu der verlangten „Zigeuneransiedlung", so überzog man die neuen Mitbürger mit diskriminierenden Anordnungen und war froh, wenn man sie wieder los war: „Schließlich können wir diese Leute auch gut missen." [61]

In einem Schreiben der Kreisdirektion Holzminden an das Staatsministerium Braunschweig wurde 1921 eine zunehmende „Zigeunerplage" beklagt. Es wurde dringend um Abhilfe gebeten. Insbesondere drängte man aus Holzminden darauf, dass die in unterschiedlichen Regelungen vorliegenden Anweisungen und Bestimmungen zu „Zigeunern" vereinheitlicht werden. Offenbar hatte man eine Umfrage zu diesem Thema durchgeführt, denn auch die Kreisdirektion Wolfenbüttel meldete sich im Sommer 1921 beim Staatsministerium in Braunschweig. Es wurde insbesondere angeregt, die reichsweit geltenden Gesetze und Erlasse zu übernehmen, um der zunehmenden „Zigeunerplage" zu begegnen. Das Ergebnis des Schriftwechsels war die „Anweisung zur Bekämpfung des Zigeunerwesens" des Staatsministeriums Braunschweig vom 15. Oktober 1921:

... **B. Inländische Zigeuner.**

4. Bei inländischen, d.h. solchen Zigeunern, welche nachweisbar die Staatsangehörigkeit in einem deutschen Lande besitzen, ist anzustreben, dass sie möglichst an einem bestimmten Wohnorte sesshaft werden und nicht im Umherziehen der Bevölkerung zur Last fallen. Auf das Gesetz vom 9. Januar 1913 Nr. 7 (...) über das Umherziehen von Zigeunern wird verwiesen.

Um dem Umherziehen der Zigeuner entgegenzuwirken, können folgende Maßnahmen in Betracht kommen:

---

[61] Braunschweigische Landeszeitung; 9.8.1917. Braunschweiger Zeitung; 11.8.1916.

I. Vorbeugende Maßnahmen.

a) Bei der Ausstellung von Ausweispapieren ist mit besonderer Vorsicht zu verfahren.

b) Für verwahrloste Zigeunerkinder ist Fürsorgeerziehung zu beantragen.

III. Unterdrückende Maßnahmen.

a) Gegen alle Straftaten umherziehender Zigeuner ist mit besonderem Nachdruck einzuschreiten.

b) Während des Umherziehens sind die Zigeunerbanden dauernd polizeilich zu beobachten.

...

C. Schlussbestimmungen.

16. Insoweit ausländische Zigeuner im Inlande betroffen werden, finden – unbeschadet der sofortigen Einleitung des Ausweisungsverfahrens – die Bestimmungen unter Nr. 11 bis 15. der Anweisung entsprechende Anwendung.

17. Es wird darauf hingewiesen, dass nach den Vorschriften über das Fingerabdruckverfahren von allen Zigeunern Fingerabdrücke zu nehmen sind.

18. Die Kosten, welche durch die Festnahme und den Transport der Zigeuner in den Fällen der Nr. 2, 9, 12 und 13 der Anweisung entstehen, werden sich vielfach durch die in ihrem Besitze befindlichen Geldmittel,

Wagen, Pferde und Schmucksachen usw. decken lassen. Zu dem Zwecke ist in geeigneten Fällen von der zuständigen Behörde das Verwaltungszwangsverfahren in Gemäßheit des Gesetzes vom 9. April 1888 Nr. 16 (...) in der Fassung der Gesetze vom 12. Juni 1899 Nr. 43 (...) und vom 30. Juni 1913 Nr. 42 (...) ungesäumt in die Wege zu leiten.

19. Die dieser Anweisung entgegenstehenden Bestimmungen, insbesondere der Erlaß vom 9. Januar 1887 Nr. 8562, werden hierdurch aufgehoben.

Braunschweig, den 15. Oktober 1921.

Staatsministerium

- Abteilung für Inneres –

Junke.

„Anweisung zur Bekämpfung des Zigeunerwesens". Anweisung des Staatsministeriums Braunschweig vom 15. Oktober 1921 (Auszug). Bezeichnend sind die Regelungen zur Finanzierung der Zwangsmaßnahmen (STA Wolfenbüttel; 12 A Neu 13 Nr. 15640)

In der Anweisung war geregelt, dass man ausländischen Zigeunern auch mit Zwang verweigern sollte, das Land zu betreten. Auch bereits im Lande befindliche „Zigeuner" sollten so behandelt werden, dass man sie „im Wege des Zwangsabschubes" ausweisen konnte. Für die inländischen „Zigeuner" mit einer deutschen Staatsangehörigkeit war zu erreichen, dass sie sesshaft werden und nicht mehr umherziehen. Als weitere ordnungspolitische Mittel wurden genannt: Die Ausweispapiere sollten nur mit Vorsicht ausgestellt werden, verwahrloste „Zigeunerkinder" mussten einer Fürsorge zugeführt werden, gegen Straftaten von Zigeunern war unnachgiebig vorzugehen, und umherziehende Banden waren genau zu beobachten.

Das Polizeipräsidium Braunschweig hatte im September 1925 veranlasst, dass in allen Kreisen des Freistaates Braunschweig Aktionen zur „Bekämpfung des Zigeunerunwesens" stattfanden. Zur praktischen Umsetzung fuhr ein mit Kripo-

und Schutzpolizisten besetzter Wagen durch das Land und registrierte alle angetroffenen „Zigeuner". Diese Aktion wurde durch die Landjägerei unterstützt, die dazu vom Innenministerium beauftragt worden war.

Das Ergebnis der Aktivitäten, bei denen neben den Personalien auch Fingerabdrücke festgehalten wurden, wurde als sehr erfolgreich angesehen. Deshalb gab es Bestrebungen, die Aktion im Jahre 1927 erneut durchzuführen. Allerdings wurde dieser Plan der Polizeidirektion inzwischen nur noch von einem Teil der Kreisdirektionen befürwortet, d.h. von Braunschweig, Wolfenbüttel und Holzminden. Bei den anderen Direktionen hatte man Bedenken, ob überhaupt alle „Zigeuner" durch neue Razzien erfassbar seien. Darüber hinaus befürchtete man, nur wenige „Zigeuner" anzutreffen und ihre „Schlupfwinkel" nicht zu finden:

„Diese Orte und Schlupfwinkel kennt nur der Landjäger, der am Orte stationiert ist und fast täglich seinen Bezirk abgeht. Nicht an den Landstrassen, wo das Polizeikommando mit dem Kraftwagen durchfährt, halten sich die Zigeuner auf, sondern in den abgelegenen Waldparzellen, Hohlwegen und insbesondere Stellen der Landes- und Dienstbezirksgrenzen der Landjägerämter und Nebenämter lagern sie mit Vorliebe." [62]

Die Akten der Behörden enthalten verschiedenartige Beschwerden über Sinti. Darunter die eines Braunschweiger Bürgers aus dem Jahre 1931:

„Tag und Nacht lärmen die Zigeuner und beschimpfen die Einwohner bei jeder sich bietenden Gelegenheit mit den übelsten Worten wie z.B. 'Sauschwein'! Auch kommt hinzu, dass sie solche Scenen in Gegenwart von Kindern veranstalten, deren sittliche Erziehung sehr darunter zu leiden hat. Erschwerend kommt ferner in Betracht, dass die Zigeuner gestern einen Einbruch in das Hinterhaus Wabestrasse 22b verübten, eine Bretterwand von einer Stallung abrissen, um so in den erbrochenen Raum zu gelangen. Die Zigeuner haben in der Nacht vom 16. zum 17. Februar 1931 einen solchen Lärm gemacht, dass sich die Nachbarn darüber beschweren mussten, um endlich Ruhe zu erhalten. ... Den Unterzeichneten ist das weitere Zusammenleben mit den Zigeunern nach dem vorstehend Geschilderten nicht länger zuzumuten. Sie bedeuten für die Einwohner, die täglich mit ihnen zusammenleben müssen, eine üble Plage und grosse Gefahr; denn

---

[62] Staatsarchiv Wolfenbüttel; 12 A Neu 13 Nr. 15641.

es ist allgemein bekannt, dass die Zigeuner das 'mein und dein' sehr schlecht auseinanderhalten können. ..." [63]

In dem Brief wurde schließlich gefordert, die „Zigeuner" auszuweisen. Es folgte eine amtliche Prüfung, bei der sich allerdings herausstellte, dass der Grund der Beschwerde fragwürdig war. Es wurde insbesondere festgestellt, dass der Schreiber durch persönliche Streitereien motiviert und an den Auseinandersetzungen nicht schuldlos gewesen ist. Auch weitere Details der Auseinandersetzung sind auffällig: Aktenkundig wurde, dass der Beschwerdeführer zunächst mit den Sinti in Frieden gelebt hat. Aber nach einigen Streitigkeiten wurde von ihm eine Tür vernagelt, die den Sinti den Zugang zu einer Wasserstelle versperrte. Um die Wasserquelle trotzdem zu erreichen, wurden die Bretter gewaltsam entfernt. Darüber hinaus war der beklagte Lärm von einem betrunkenen Maurermeister veranstaltet worden und nicht von den „Zigeunern". Strafbare Handlungen von ihnen konnten insgesamt nicht ermittelt werden, so dass die Beschwerde schließlich zurückgewiesen wurde. Bezeichnender Weise trug das Schreiben des Beschwerdeführers eine Reihe von Unterschriften. Dies führte man auf Seiten der Behörde darauf zurück, dass sich Nachbarn durch die Anwesenheit der Sinti gestört oder bedroht fühlten und ihre Nachbarschaft als unangenehm empfanden.

Vorurteile und Fremdenhass wurden ab 1933 zur staatlichen Politik, und es wurde von den Ämtern zunehmend aggressiver durchgegriffen. In diesem Zusammenhang schrieb das Landjägeramt Helmstedt am 30. August 1933 an die Kreisdirektion Helmstedt:

„Wenn auch das Zigeunerunwesen im allgemeinen erheblich nachgelassen hat, so muß doch angenommen werden, daß die Zigeuner den weitaus größten Teil ihres Lebensunterhalts durch strafbare Handlungen befriedigen. ... Bei den durchgreifenden Maßnahmen der Regierung auf allen anderen Gebieten würde es von der Landbevölkerung sicher sehr dankbar empfunden werden, wenn auch dem Zigeunerunwesen mit einem Machtwort ein Ende bereitet würde."[64]

1935 beschäftigte sich das Polizeipräsidium Braunschweig mit einer Beschwerde des Gartenvereins „Kleiner Mittelweg". Betroffen war ein „Zigeunerlager-

---

[63] Staatsarchiv Wolfenbüttel; 12A Neu 13 Nr. 15641.
[64] Staatsarchiv Wolfenbüttel; 12A Neu 13 Nr. 15641.

platz" mit 14 Wohnwagen und 58 Personen. Es ging um den Stellplatz Höhe Hamburger Straße/ Mittelweg. Die massive Beschwerde des Vereinsvorstandes an das Braunschweiger Staats-Ministerium enthielt die Vorwürfe Belästigung, Verunreinigungen, Bettelei und Körperverletzung durch „Zigeuner". Diese und andere Vorgänge führten 1936 auch beim Polizeipräsidium Braunschweig dazu, die Behandlung der „Zigeuner" in Braunschweig den reichsweiten Verhältnissen anzupassen, d.h. vor allem den Regelungen im Runderlass des Innenministeriums vom 6. Juni 1936. Insbesondere sollte das so genannte „bandenmäßige Lagern" im Stadtgebiet unterbunden werden. Trotz dieser Bestrebungen sah man kaum eine Möglichkeit, die Sinti tatsächlich sesshaft zu machen (aus einem Brief vom 5. September 1936):

„Eine Seßhaftmachung dieser Zigeuner in einzelnen Gemeinden ..., ist m.E. nicht wünschenswert und auch kaum durchführbar, da die Zigeuner, solange sie sich selbst überlassen sind, sich schwerlich daran gewöhnen werden, ein geordnetes Leben zu führen und sich durch feste Arbeit auf ehrliche Weise ihren Lebensunterhalt zu verdienen." [65]

Eine Sicht, die von Vorurteilen bestimmt und durch die tatsächlichen Verhältnisse nicht zu belegen war. Vielmehr lässt sich nachvollziehen, dass z.B. von den Bewohnern des Wohnwagenstellplatzes Hamburger Straße in Braunschweig die meisten schon seit 1912 dort gewohnt haben. Die männlichen Personen hatten fast alle Arbeit, zum Teil vom Arbeitsamt Braunschweig zugewiesen. Auch ist belegt, dass die schulpflichtigen Kinder den Schulunterricht besucht haben.

Trotzdem wurden die Vertreibungsmaßnahmen der Stadt Braunschweig gegen die Sinti weiter praktiziert. Dies führte 1936 zu einer Beschwerde eines Rechtsanwaltes der Stellplatzbewohner. Es wurde vor allem auf die Unsinnigkeit bestimmter Maßnahmen hingewiesen: Wenn man die Leute von ihrem angestammten Stellplatz vertrieben würde, dann müsste man damit rechnen, dass sie voraussichtlich von anderen Stellen wieder zurückgeschickt werden. Auf diesem Wege sei also keine wirkliche Lösung zu erreichen. Die Argumente überzeugten aber die Behörde nicht und die Beschwerde hatte keinen Erfolg, wie aus einem Schreiben des Polizeipräsidiums Braunschweig vom 12. August 1936 hervorgeht: Verlangt wurde weiterhin, dass der Platz zu räumen sei.

---

[65] Brief des Polizeipräsidiums Braunschweig an das Braunschweiger Ministerium des Innern. Staatsarchiv Wolfenbüttel; 12A Neu 13 Nr. 15641.

In diesem Konflikt stellte sich heraus, dass der Vermieter des Stellplatzes wenig Interesse an der Vertreibung der Sinti hatte, da er offenbar an möglichst hohen Mieteinnahmen von den Bewohnern interessiert war. Aus diesem Grunde duldete er den ständigen Zuzug neuer Wagen, was allerdings zu hygienischen Problemen führte, da zu wenig Aborte vorhanden waren. Um die Situation aus Sicht der Behörde übersichtlich zu halten, verlangte das Polizeipräsidium, dass statt über 50 nur 10 Wagen vorhanden sein sollten. In einer entsprechenden Anordnung wurde die Festlegung auf höchstens zehn Wagen mit der „Aufrechterhaltung der öffentlichen Ruhe, Sicherheit und Ordnung" begründet. Der Besitzer des Stellplatzes war hiermit nicht einverstanden und legte beim Braunschweiger Minister des Innern eine Beschwerde ein. Diese wurde noch im Herbst 1936 zurückgewiesen.

Es gibt weitere Fälle, die die Verschärfung der Maßnahmen gegen Sinti in Braunschweig zeigen. So wurde den Besitzern bzw. Vermietern der Plätze untersagt, ihre Flächen an „Zigeuner und solche Personen, die nach Zigeunerart umherziehen" zu vermieten. Immer wieder wurde als Begründung behauptet, dass das „bandenmäßige Lagern" angeblich die öffentliche Sicherheit und Ordnung gefährden würde. Dennoch war man sich in der Polizeidirektion Braunschweig im Klaren, dass eine Vertreibung von den traditionellen Plätzen nur eine kurzfristige Lösung und nur eine Verschiebung des Problems darstellte. Denn eine Vertreibung und Anweisung zum Weiterziehen würde dazu führen, dass sich die Betroffenen an anderer Stelle versammeln, also vor allem in den Vorort- und Stadtrandgebieten. Diese begründete Vermutung geht aus einem Bericht der Polizeidirektion Braunschweig vom 28. Juli 1937 an den Braunschweiger Minister des Innern hervor. In diesem Zusammenhang wird deutlich, dass die Planung eines zentralen Sammellagerplatzes, wie er 1938 in Veltenhof eingerichtet wurde, ursprünglich auf eine Initiative der Polizeidirektion Braunschweig zurückging:

„Meine damalige Anregung, alle Zigeuner, die nicht in fester Arbeit stehen und keine ordnungsgemäße Unterkunft haben, in Sammellagern unterzubringen und dort in geeigneter Weise zu beschäftigen, ist durch dortige Verfügung vom 29.

September 1936 (...) wegen der damit verbundenen Kosten abgelehnt worden."[66]

Erwähnt wird im Schriftwechsel, dass auch die Bemühungen des Oberbürgermeisters der Stadt Braunschweig, Dr. Wilhelm Hesse, weitgehend erfolglos geblieben waren. Dies änderte sich erst Anfang 1938, als der Platz in Veltenhof in Betracht gezogen wurde. Ein entsprechender Vorschlag des Bürgermeisters dazu wurde Anfang 1938 vom Ministerpräsidenten Dietrich Klagges genehmigt[67] (belegt durch einen Vermerk vom 21. März 1938). In der Stadt Braunschweig lassen sich für die dreißiger Jahre mehrere Stellplätze und Quartiere der Sinti nachweisen. Die folgende Übersicht zeigt, dass sie sich über das ganze Stadtgebiet verteilt befunden haben (Nach: Landeskirchliches Archiv Wolfenbüttel; Evangelisches Studentenpfarramt Acc 18/00 Nr. 58):

Für das Jahr **1931** ist ein Stellplatz Mauerstraße/Wabestraße 22 mit zwei Wagen aktenkundig geworden. Für die Nutzung musste von den 26 Sinti eine monatliche Gebühr von 30 Reichsmark und fünf Reichsmark zusätzlich für die Wasserversorgung gezahlt werden.

1934 befanden sich auf dem Grundstück Weinberg Weg in 25 Wohnwagen 22 Familien mit 110 Personen. Derartige konkrete Zahlen sind in der Regel nur vorübergehend genau, denn für den gleichen Standort findet sich für 1935 die Angabe von 14 Wohnwagen mit 58 Personen. Zu vermuten ist, dass sich eine Beschwerde des Gartenvereins „Kleiner Mittelweg" über den Stellplatz ausgewirkt hatte.

Für Anfang **1936** lassen sich auf dem Grundstück Hamburger Straße 256 etwa 20 Wagen feststellen. Einige der dazugehörigen Familien lebten bereits seit 1912 in Braunschweig. Die Erwachsenen gingen einer Arbeit nach, und die Kinder besuchten eine Schule. Im Laufe des Jahres 1936 stieg die Zahl der Wagen in der Hamburger Straße auf 42 und die der Personen auf 231. Schließlich waren es im Sommer 1936 55 Wagen, dann sank ihre Zahl durch das Eingreifen

---

[66] Staatsarchiv Wolfenbüttel; 12A Neu 13 Nr. 15641.
[67] Dr. Wilhelm Hesse war von 1933 bis 1945 Oberbürgermeister der Stadt Braunschweig und Dietrich Klagges war Ministerpräsident des Landes Braunschweig von 1933 bis 1945. 1950 wurde Klagges wegen seiner Verbrechen gegen die Menschlichkeit rechtskräftig verurteilt (Deutsche Kunst 2000, 278, 279).

der Polizei beständig ab. Dies führte dazu, dass im November 1936 nur noch zwei Wagen geduldet waren und im Dezember war der Platz völlig geräumt.

Ebenfalls **1936** befanden sich zumindest vorübergehend sechs Wagen mit 31 Personen im Bereich Braunschweig-Rühme. Für den dortigen Stellplatz hatte ein Sinto im Oktober 1936 an das Staatsministerium Braunschweig geschrieben, um in der Nähe des Mittelweges den Aufenthalt genehmigt zu bekommen. Um die Adressaten seines Briefes zu überzeugen und die Genehmigung zu begünstigen, wies er darauf hin, dass alle Personen, um die es ging, beschäftigt seien. Betont wurde außerdem, dass sich darunter Kriegsteilnehmer und Kriegsinvaliden befänden. Ebenso wurde darauf hingewiesen, dass man schon viele Jahre in Braunschweig ansässig sei, d.h. seit 1918. Und seit dieser Zeit sei man „unbescholten" geblieben. Öffentliche Mittel habe man in den Jahren nicht zur Unterstützung bekommen. Neben der Unterkunftsmöglichkeit beantragte der Sinto noch die Genehmigung, zwei oder drei Wagen in der Hamburger Straße 256 abzustellen. Anzunehmen ist, dass ihm dies verwehrt wurde, da der Platz dort bereits im Dezember geräumt worden war[68].

Im Jahre **1937** beschäftigte sich die Landjägerei mit einem kleinen Wohnwagenstellplatz im Querumer Forst bei Braunschweig. Er soll sich in einer Sandgrube in der Nähe des „Reichsarbeitsdienstes" befunden haben. Für den Stellplatz wurde monatlich eine Miete von vier Reichsmark bezahlt und die Bewohner arbeiteten bei der Fa. MIAG im nahe gelegenen Bienrode. Ebenfalls im Jahre 1937 wurde ein Stellplatz im Bienroder Weg in der Nähe der Autobahn registriert, der aber weitgehend geräumt wurde.

1938 befanden sich in der Nähe des Flughafens Waggum etwa 13 Wohnwagen und in der Umgebung von Querum wurden acht bis zehn Familien ermittelt. Offenbar gehörten diese Familien zu jenen, die früher in der Hamburger Straße ihr Quartier genommen hatten. Andere Familien waren wiederum in die Sandgrube in Querum-Hondelage gezogen. Hier gab es eine Beschwerde der Gemeinde, so dass die Familien wieder in das damalige Stadtgebiet von Braunschweig abgeschoben wurden. Bei der kommunalen Behörde war man der Auffassung, dass die Polizei in Braunschweig zuständig sei, da die Bewohner des Stellplatzes in Braunschweig zur Arbeit gingen.

---

68 Staatsarchiv Wolfenbüttel; 12 Neu 13 Nr. 15641.

Einen Einschnitt bedeutete das Jahr **1938:** Es wurde der schon länger geplante Wohnwagenstellplatz in Braunschweig-Veltenhof belegt. Die Aufstellung der ersten Wagen begann im Sommer 1938, und die Sinti mussten dort eine Stellgebühr von fünf Reichsmark pro Platz zahlen. Als nähere Standortbeschreibung findet sich in den Akten, dass der Stellplatz in der „Feldmark Veltenhof" an einem Feldweg bei der Gastwirtschaft Krumsiek gelegen hat. Aborte wurden von der Stadt Braunschweig gestellt und eine regelmäßige Polizeikontrolle durchgeführt. Trotz dieses zentralen Stellplatzes befanden sich im Herbst 1938 noch sechs Wagen mit etwa 40 Personen in einer Sandgrube südlich von Bevenrode-Bechtsbüttel.

1939 wurden im Stadtgebiet Braunschweig etwa 45 Familien und 200 Personen registriert. Neben dem Stellplatz Veltenhof befanden sich noch vier Familien am Standort Geflügelhof Mittelweg in Schrebergartenhäuschen. Weitere vier Wohnwagen meldete der Landrat des Kreises Braunschweig für Waggum. Von den Sinti wurde von der Ortspolizei eine Gebühr eingezogen, um eventuell auftretende Schadensersatzansprüche zu bezahlen. Die Standgebühr musste im Voraus gezahlt werden und betrug drei Reichsmark monatlich. Weil aber in Waggum kein Brunnen vorhanden war, musste das Wasser von einem fast einem Kilometer entfernten Graben geholt werden. Über die Arbeit der Sinti ist überliefert, dass die Frauen bei Bauern tätig waren und ein Sinto Musiker gewesen ist.

Ebenfalls **1939** wurden wieder „Zigeuner" am Waldrand östlich des Flughafens Waggum festgestellt. Sie sollten nach Veltenhof verlegt werden, was aber an dem Einspruch der Stadt Braunschweig scheiterte. Bei einer Besichtigung des Lagerplatzes Veltenhof im Sommer 1939 wurde ermittelt, dass mehrere Gruppen von „Zigeunern" noch woanders untergebracht waren. Dazu gehörte ein Landwirt in Rühme, der etwa 20 Personen in Schrebergartenbuden beherbergte. Der Standort war direkt gegenüber den Lehrlingswerkstätten des VW-Werkes. Im Laufe des Jahres 1939 wurden vier Wohnwagen aus Waggum mit 20 Erwachsenen und 12 Kindern nach Veltenhof gebracht. Die Männer waren in Braunschweig beschäftigt. Aber noch im gleichen Jahr drängten die NSDAP und die Behörden darauf, die Standorte außerhalb von Veltenhof aufzulösen. Dies führte dazu, dass alle „Zigeuner" aus dem Bereich des VW-Werkes vertrieben wurden und entweder in Veltenhof Quartier nehmen mussten oder wegzogen, so nach Minden und Hohne [69].

Der Überblick über die Verbreitung der Sinti in Braunschweig führt zu der Frage, wie sich diese Bevölkerungsgruppe für die Stadt Braunschweig dargestellt und wie sie darauf reagiert hat. Eine Reihe von Erlassen und Schreiben gibt hierzu Auskunft, von denen wichtige genannt werden sollen.

Wie in anderen deutschen Städten wurde in Braunschweig die Behandlung der Sinti unter dem Stichwort „Bekämpfung der Zigeunerplage" gesehen. Mitte der dreißiger Jahre ging das Polizeipräsidium deshalb davon aus, dass für Braunschweig die gleichen Regelungen wie für ganz Deutschland sinnvoll seien. Vor allem hätte es wiederholt Schwierigkeiten mit „bandenmäßigen Lagern von inländischen Zigeunern" gegeben. Die Sinti sesshaft zu machen, hielt man nicht für aussichtsreich. Man unterstellte, dass sie ungeordnet lebten und keiner festen Arbeit nachgingen. Deshalb sah man bereits 1936 die Lösung in einem „Sammellager" mit einer ständigen Aufsicht und einer geeigneten Beschäftigung. Zwar war eine Arbeitspflicht nicht genannt, sie ist aber wohl aufgrund des Charakters der Planungen zu unterstellen.

Überliefert ist die Planung von mehreren „Zentral-Zigeunerlagern" für Niedersachsen. Diese umfasste 1936 von Seiten der staatlichen Verwaltung die Vorstellung, dass die Sinti nicht nur sesshaft zu machen seien, sondern auch ihre Kinder, sofern „verwahrlost", in eine Fürsorgeanstalt gebracht werden müssten. Über diese Pläne berichtete eine Meldung in der *Deutschen Allgemeinen Zeitung* mit der Überschrift „Zentral-Zigeunerlager in Niedersachsen" (*Deutsche Allgemeine Zeitung*, Nr. 418 vom 6.9.1936). Für die Praxis stellte man sich ein rücksichtsloses Vorgehen der Polizeibehörden bei der Überwachung vor. Dies insbesondere bei einer Bestrafung wegen „Bettelei und Landstreicherei". Zu den Planungen heißt es in einer Aktennotiz für Ministerpräsident Klagges am 14. September 1936:

„Der Gedanke ist an sich gut. Der Zigeuner ist arbeitsscheu. Wenn Braunschweig in der gen. Weise vorgeht, wird das Land bald von Zigeunern befreit sein. Der Zigeuner wird bald Braunschweig meiden. Die Durchführung des Gedankens des Polizeipräsidiums kostet jedoch Geld. Baracken müssten errichtet

---

[69] Landeskirchliches Archiv Wolfenbüttel; Evangelisches Studentenpfarramt Acc 18/00 Nr. 58.

werden, Aufsichtspersonal würde erforderlich sein und Arbeitsgelegenheit müsste beschafft werden." [70]

Allerdings war man sich noch unsicher, ob sich der Aufwand lohnen würde. Für Personen ohne feste Arbeit erschien eine unfreiwillige Festsetzung wegen der so genannten „Wahrung der öffentlichen Ordnung" unproblematisch. Aber auch ohne ein Sammellager entwickelte man Vorstellungen, den Sinti das Leben möglichst schwer zu machen. Das Ziel war, dass sie Braunschweig meiden. Die Anordnungen legten es nahe, dass die Bürgermeister um Quartier bittende „Zigeuner" ablehnen oder den Aufenthalt nur für eine Nacht gewähren sollten. Auch sollte eine tierärztliche Bescheinigung für die Pferde und eine hohe Standgebühr für jedes Tier und jeden Wagen verlangt werden. Erfahrungen hätten gezeigt, dass sich derartige Praktiken herumsprechen und die „Zigeuner" abschrecken würden.

Soweit möglich, verbot die Polizeibehörde, dass Stellplätze vergeben und Wohnwagen aufgestellt wurden. Im Oktober 1936 bekam ein Fuhrunternehmer in Braunschweig-Rühme den Bescheid, dass die sieben Wohnwagen in seiner Sandgrube bis zum Dezember zu verschwinden hätten. Andernfalls wurde ihm eine Geld- oder Haftstrafe angedroht. Wie in anderen Fällen auch begründete man die Anordnung mit der „Aufrechterhaltung der öffentlichen Ruhe, Sicherheit und Ordnung". Schließlich wurden die Sinti aus dem Stadtgebiet Braunschweig ausgewiesen, so dass Waggum bei Braunschweig zu einem Ausweichstandort wurde. Dort konnten sich die Sinti mit Genehmigung des Bürgermeisters aufhalten. Die „Zigeuner" waren hier sogar mehr oder weniger gern gesehen, da sie bei den Bauern als Arbeitskraft benötigt wurden. Selbst der Ortsbauernführer förderte die Anwesenheit dadurch, dass er ein Grundstück als Stellplatz zur Verfügung stellte. In einem Bericht der Kreisdirektion Braunschweig an den Braunschweiger Minister des Innern heißt es 1938 dazu u.a.:

„Im Einvernehmen mit dem Ortsbauernführer hat der Bürgermeister den Zigeunern den weiteren Aufenthalt gestattet, da diese bei dem bekannten Mangel an landwirtschaftlichen Arbeitskräften eine willkommene Hilfe gewesen sind und noch sind." [71]

---

[70] Staatsarchiv Wolfenbüttel; 12 Neu 13 Nr. 15641.
[71] Staatsarchiv Wolfenbüttel; 12 Neu 13 Nr. 15641.

Die Sinti schätzte man als billige Arbeitskräfte, aber trotzdem wollte man sich nicht mit ihnen in der eigenen näheren Umgebung einrichten. Dabei nützte es ihnen nichts, wenn sie ein festes Arbeitsverhältnis nachweisen konnten, wie einige Sinti, die vom Arbeitsamt zu Straßenbauarbeiten bei der Stadt vermittelt worden waren. Trotzdem wurden sie aus Braunschweig ausgewiesen. Sie kamen in Querum unter und behielten weiter ihren Arbeitsplatz. Nachdem es Beschwerden gab, schob die Kreisdirektion diese Gruppe wieder auf das Stadtgebiet Braunschweig ab. Das Hin und Her setzte sich 1938 fort:

„Offenbar werden sie nun dort auch nicht geduldet, sodaß sie ab und an über die nahe Kreisgrenze herüberkommen. Da sie stets von der Gendarmerie wieder aus dem Kreisgebiete verwiesen werden, wissen sie nicht, wo sie bleiben sollen, und tauchen nun bald hier, bald da auf." [72]

Im Laufe der Jahre wurden schärfere Bestimmungen gegen „Zigeuner" herausgegeben. Deutlich macht dies z.B. ein Erlass der Kreisdirektion Holzminden vom 22. Mai 1937, der zur Information an den Braunschweiger Minister des Innern geschickt wurde. Dort hielt man den Erlass zur „Bekämpfung des Zigeunerunwesens" für so überzeugend, dass man ihn noch im gleichen Jahr mit geringen Änderungen für den eigenen Zuständigkeitsbereich erließ:

Runderlaß Nr. 349.
Die Kreisdirektion Braunschweig, den 8. Sept. 1937
VII 48a II

B 203 He.

An die Herren Bürgermeister als Ortspolizeibehörden und die Gendarmeriestellen im Kreise.

Betr.: Bekämpfung des Zigeunerunwesens.

Ohne Vorgang. Ohne Anlagen.

Bei der Bekämpfung der Zigeunerplage ist folgendes zu beachten:

1. Gegen die Zigeuner ist mit rücksichtslosester Strenge vorzugehen. Ein längerer Aufenthalt als für eine Nacht ist in keinem einzigen Falle zu gewähren.

---

[72] Staatsarchiv Wolfenbüttel; 12 Neu 13 Nr. 15641.

2. Von jedem Weitermarsch von Zigeunern sind der Bürgermeister des Nachbarortes und der zuständige Gendarmeriebeamte fernmündlich in Kenntnis zu setzen. Dies gilt ganz besonders auch für Benachrichtigungen der benachbarten außerbraunschweigischen Dienststellen.

3. Jeder Zigeunerzug ist durch einen Gendarmeriebeamten solange zu begleiten, bis er vom zuständigen Nachbarbeamten, mindestens aber vom Nachbarbürgermeister in Empfang genommen wird. Die Begleitung hat sich gegebenenfalls unter allen Umständen über die Landesgrenze hinaus zu erstrecken. Niemals darf ein Zigeunerzug ohne Begleitung eines Gendarmeriebeamten sein.

4. Vor Übernahme oder Weitergeleitung eines Zigeunerzuges ist das Marschziel der Zigeuner festzustellen. Dabei ist Wert auf ein weit entferntes Marschziel (z.B. Hannover, Minden, Hamburg usw.) zu legen. Das Marschziel ist schriftlich niederzulegen und dem übernehmenden Beamten auszuhändigen, damit die Zigeuner gezwungen werden, das Marschziel innezuhalten.

5. Werden die Zigeuner bei strafbaren Handlungen betroffen (Bettelei, Landstreicherei, Diebstahl, Befahren verbotener Wege, Lagern an verbotenen Plätzen und dergl.) so sind die Wandergewerbescheine zu beschlagnahmen und unter Meldung des Tatbestandes der auszustellenden Behörde zur Einziehung zu übersenden. In diesem Falle sind die Zigeuner zu veranlassen, nach der ausstellenden Behörde zu ziehen.

6. Hierneben ist der Kreisdirektion unter Mitteilung des Tatbestandes sofort Meldung zu erstatten, wobei die Namen der Straffälligen anzugeben sind, damit die Kreisdirektion von der ihr durch Verordnung vom 10. Februar 1937 (GuVS. Nr. 13 S. 10) übertragenen Befugnis Gebrauch machen und bei Übertretung gegen die Straffälligen Polizeistrafverfügungen erlassen kann. Die Kreisdirektion wird in jedem Falle hohe Geldstrafen verhängen.

7. Es empfiehlt sich, ev. durch Beschlagnahme von Pferden die entstandenen Fernsprechgebühren und Transportkosten aber auch alle sonst entstandenen Gebühren und baren Auslagen von den Zigeunern einzuziehen.

Mit den benachbarten Kreisdirektionen Helmstedt und Wolfenbüttel und den preußischen Landräten in Peine und Gifhorn werden die nötigen Vereinbarungen getroffen werden. [Unterschrift] [73]

---

[73] Staatsarchiv Wolfenbüttel; 12 Neu 13 Nr. 15641.

4.2 Sondergerichtsverfahren gegen Braunschweiger Sinti

Das Sondergericht Braunschweig war beim Oberlandesgericht Braunschweig angesiedelt. Von 1941 bis 1943 hat es mindestens sieben Urteile über Sinti gefällt und drei von ihnen zum Tode verurteilt. Zwei der Angeklagten stammten aus Braunschweig, die anderen fünf aus Braunschweig-Veltenhof.

Wer von einem Verfahren bei einem Sondergericht betroffen war, musste eine besonders harte Strafe erwarten. Diese Gerichte wurden ab März 1933 in den Oberlandesgerichtsbezirken bei den Landgerichten gebildet. 1933 gab es 26, 1942 bereits 74 derartiger Gerichte. Die dazugehörigen Richter waren in der Regel Mitglieder der NSDAP. Zu den besonderen Rechtsgrundlagen gehörte, dass die Hauptverhandlungen vom Vorsitzenden des Sondergerichtes angeordnet wurden. Die Frist zur Ladung für die Angeklagten konnte bis auf 24 Stunden reduziert sein und von einer Beweiserhebung abgesehen werden. Eine Berufung oder Revision war nicht möglich, lediglich nur ein Wiederaufnahmeverfahren. Insgesamt waren die Möglichkeiten der Verteidigung deutlich eingeschränkt und das Urteil endgültig[74]. Die Sondergerichtsbarkeit war ihrem Ursprung nach eigentlich eine vorübergehende Einrichtung, wurde aber im „Dritten Reich" systematisch ausgebaut und drängte die sonstige Strafjustiz zunehmend zurück. Die Rechtsgrundlage der Urteile war unterschiedlich. Vor allem bei vermeintlichen oder tatsächlichen Plünderungen durch „Volksschädlinge" im Zweiten Weltkrieg wurden Todesurteile ausgesprochen, aber auch in Verfahren wegen „Wehrkraftzersetzung"[75].

Betrachtet man drei der in den Beständen des Hauptstaatsarchivs Wolfenbüttel überlieferten Urteile des Sondergerichts Braunschweig gegen sieben „Zigeunern" aus Braunschweig, dann fallen mehrere Aspekte auf. Zunächst zeigen alle Fälle auch nach heutigem Rechtsverständnis Strafvergehen. Es handelte sich bei den Taten um Einbruch mit Körperverletzung durch Schusswaffen, fortgesetzten Einbruchdiebstahl und Körperverletzung mit Diebstahl. Das Strafmaß des Son-

---

[74] Reichsgesetzblatt, Teil I / 1933, Reichsministerium des Innern (Hg.), Berlin 1933, 136, 259. Reiter 1997a. Reiter 1997b. Reiter 1998a: 209-216.
[75] Nds. Hauptstaatsarchiv Hannover; Bestand Hann 171a Hann Acc 107/83 Nr. 759.

dergerichts Braunschweig für die Taten war aber jedes Mal von einer außerordentlichen Härte geprägt, und das Gericht war sich dessen bewusst. Zwei Gründe wurden dafür angeführt: Einerseits seien harte Strafen zur Abschreckung erforderlich und andererseits seien die Täter als „Zigeuner" sowieso besonders bestrafungswürdig. Die Urteilsbegründungen zeigen in diesem Sinne eine Mischung aus der Ideologie der nationalsozialistischen „Volksgemeinschaft" und einer „rassischen" Sicht auf die Angeklagten.

Im Jahre 1941 wurden drei Personen, darunter zwei „Zigeuner", wegen Raubes mit schwerer Körperverletzung angeklagt. Alle drei hatten Anfang 1941 in der Gaststätte „Stadt Hannover" in Braunschweig einen Gast zu Boden geschlagen und sein Geld geraubt. Das Opfer verlor bei der Auseinandersetzung zwei Zähne und erlitt eine Gehirnerschütterung. Die Beute bestand aus 40 Mark. Das Sondergericht beurteilte den Raub so, dass er maßgeblich durch die beiden „Zigeuner" aus Braunschweig durchgeführt worden sei. Deshalb wurden sie „ihrem Typ nach" als „Volksschädlinge" eingestuft. Im Urteil vom 12. November 1941 heißt es dazu u.a.:

„Ihre Tat gehört zu den gemeinsten Verbrechen, die es überhaupt gibt. Demjenigen, der eines solchen Verbrechens fähig ist, ist jede Schlechtigkeit zuzutrauen. Auch der äußere Eindruck der beiden Angeklagten ist ein denkbar ungünstiger. Sie sind verschlagene und gerissene Zigeuner."[76]

Unter den Angeklagten war einer noch keine 18 Jahre alt. Trotzdem sah das Gericht kein Hindernis, eine harte Strafe auszusprechen. Die Tat zeige, wie es hieß, eine „besonders verwerfliche verbrecherische Gesinnung", so dass die Todesstrafe gegen beide „Volksschädlinge" angemessen sei. Dies erfordere der „Schutz des Volkes", so dass diese es verdient hätten, „ausgemerzt zu werden." Die Hinrichtung erfolge schon kurz nach dem Urteil im Januar 1942. Im gleichen Jahr fällte das Sondergericht Braunschweig ein Urteil gegen drei Personen wegen „schweren Diebstahls und Verbrechens gegen die Volksschädlingsverordnung". Aktenkundig geworden waren insgesamt 21 Diebstähle, wobei der Mitangeklagte „Zigeuner" an fünf beteiligt war. Er wurde für seine Taten zu zwei Jahren Zuchthaus verurteilt, und einer der anderen Angeklagten zur Todesstrafe. Das Urteil enthält auch eine kurze Passage zum Lebenslauf des „Zigeuners" (aus dem Urteil vom 20.2.1942):

---

[76] Staatsarchiv Wolfenbüttel; 42B Neu Fb. 7 Nr. 1537.

„Der nicht ganz 25 Jahre alte Angeklagte [Name] ist Zigeuner. Er hat eine Schule nicht besucht, sondern ist früher mit verschiedenen Zigeunerfamilien umhergezogen und hat dabei das Korbmachen gelernt. In der Zeit von Juni 1940 bis Ende März 1941 war er zur Wehrmacht einberufen. Nach seiner Entlassung hat er bei der Gärtnerei [Name] in Braunschweig gearbeitet. Er hat sich in den letzten Jahren ständig des Namens [Pseudonym] bedient und ist als solcher auch zur Wehrmacht einberufen gewesen." [77]

Die anderen beiden Angeklagten hatten Kontakt zu Sinti-Familien in Braunschweig, wo sie ihr Diebesgut unterbrachten. Dort hatten sie den dritten Beschuldigten kennen gelernt. Das Diebesgut bestand überwiegend aus Nahrungsmitteln, Genussmitteln, aber auch Kleidungsstücken usw.

1943 betraf ein drittes überliefertes Urteil des Sondergerichts Braunschweig gegen Sinti aus Braunschweig vier Angeschuldigte wegen Gewaltverbrechen und versuchten Mordes. Zwei der „Zigeuner" wurden als „Volksschädlinge und Gewaltverbrecher" zum Tode verurteilt. Die Angeklagten waren im Mai 1942 bei einem Fuhrunternehmer in der Nähe von Braunschweig eingebrochen. Zwei von ihnen hatten sich mit einer Pistole bewaffnet. Bei dem Einbruch wurden sie überrascht und es kam zu einem kurzen Schusswechsel, bei dem aber niemand ernsthaft verletzt wurde. Dennoch ging das Gericht von einer schweren Gewalttat aus:

„Daß die Angeklagten [Name] und [Name] ihrer ganzen Persönlichkeit nach als Gewaltverbrecher anzusehen sind, wird schon durch die Umstände der Tat in Verbindung mit der Eigenschaft der Angeklagten als Zigeuner ausreichend klargestellt." [78]

Mit dieser Einordnung erschien die Verurteilung zum Tode gerechtfertigt. Aber auch die anderen beiden Angeklagten, die zwar nicht an der gewaltsamen Auseinandersetzung, wohl aber an der Vorbereitung des Diebstahls und dem Wegschaffen von Diebesgut beteiligt waren, sollte eine empfindliche Strafe treffen:

„Daß die besondere Verwerflichkeit derartiger Diebstähle, wie ihn die Angeklagten begangen haben, nach gesundem Volksempfinden unter Überschreitung des regelmäßigen Strafrahmens eine besonders empfindliche Zuchthausstrafe

---

[77] Staatsarchiv Wolfenbüttel; 42B Neu Fb.7 Nr. 1540.
[78] Staatsarchiv Wolfenbüttel; 42B Neu Fb.7 Nr. 1563.

fordert und die Angeklagten schon allein – noch dazu als Zigeuner – zu Volksschädlingen stempelt, liegt auf der Hand." [79]

Auch in diesem Fall wurde nicht mildernd berücksichtigt, dass einer der Beschuldigten erst 17 Jahre alt war. Die Begründung des Gerichts für eine harte Bestrafung war, dass „Zigeuner erfahrungsgemäß frühreifer als deutsche Volksangehörige" seien, außerdem sei eine hohe Strafe zur Abschreckung „dringend erforderlich". Die beiden Todesstrafen wurden im Zweiten Weltkrieg vollstreckt. Die Zuchthausstrafen der anderen beiden Verurteilten wurden nach dem Kriege verkürzt bzw. in Gefängnisstrafen umgewandelt, da die verhängten Strafen nun als „grausam und kriegsbedingt" durch die „Volksschädlingsverordnung" eingestuft wurden.

Von einem weiteren Verfahren beim Sondergericht Braunschweig war 1937 ein „Zigeuner" aus Helmstedt betroffen. Als Schausteller unterwegs wurde er wegen Hehlerei und unerlaubten Tragens eines Abzeichens der „Deutschen Arbeitsfront" beschuldigt. Das Abzeichen wurde als Beweismittel der Akte beigefügt. Bezeichnend ist ein Schriftstück der Stadtpolizeibehörde Helmstedt, in dem die „Gnadenwürdigkeit" des Beschuldigten beschrieben wird. Es ist in der Akte der Staatsanwaltschaft Braunschweig enthalten:

Stadtpolizeibehörde Helmstedt.

Gnadenwürdigkeit

des Schaustellers (Zigeuner) [Name]

in Helmstedt, in Untersuchungshaft im Gerichtsgefängnis.

a) Einstellung des Täters zur Tat (reuevoll, gleichgültig usw.):

Will die Strafbarkeit seiner Handlung nicht erkannt haben, im übrigen geheuchelte Reue, wie solches bei Zigeunern der Fall ist.

b) Ruf des Beschuldigten:

Hat sich bislang nach Zigeunerart umhergetrieben und muss als solcher behandelt werden.

---

[79] Staatsarchiv Wolfenbüttel; 42B Neu Fb.7 Nr. 1563. Das so genannte „gesunde Volksempfinden" war eine juristische „Generalklausel" im strafrechtlichen Denken der NS-Richter. Reiter 2000, 131-133.

c) Stellung zur Volksgemeinschaft:

Hat den Gedanken der Volksgemeinschaft nicht erfasst.

d) Arbeits-Vermögens-Familienverhältnisse:

Ohne feste Arbeit und Vermögen, verheiratet, 7 Kinder im Alter von 4 bis 21 Jahren.

e) Veranlagungen u. Neigungen (Vererbung schlechter Eigenschaften):

siehe a und b.

Helmstedt, den 31. März 1937

[Unterschrift] Kriminalsekretär. [80]

Dieses Dokument zeigt, wie viele andere auch, die Vermischung einer sozialdarwinistischen Denkweise der Nationalsozialisten mit massiven Vorurteilen gegenüber Sinti und Roma, die unmittelbar in den Strafverfahren zum Nachteil der Beschuldigten wirksam wurden.

---

[80] Staatsarchiv Wolfenbüttel; 42B Neu Fb. Nr. 254.

5. Das Beispiel des „Sammellagers" in Braunschweig-Veltenhof

Aus Sicht der Behörden gab es fortgesetzt Schwierigkeiten mit Sinti. Deshalb entschied sich die Stadt Braunschweig Anfang 1938, einen zentralen Wohnwagenstellplatz in Braunschweig-Veltenhof anzuordnen um dort möglichst alle „Zigeuner" zu konzentrieren. Ähnliche Vorgänge gab es in anderen deutschen Städten, so dass der Fall Veltenhof beispielhaft gesehen werden kann.

Das an sich in Veltenhof als Spargelland genutzte Gebiet hielt man für besonders geeignet. Trotz des abgeschiedenen Standortes rechnete man mit Schwierigkeiten und Störungen. Zwar war der Oberbürgermeister der Stadt Braunschweig im Februar 1938 damit einverstanden, dass das Gebiet nicht eingezäunt wird (Schreiben des Oberbürgermeisters vom 25.2.1938 an das Polizeipräsidium). Aber dennoch war er der Auffassung, dass es regelmäßig durch die Polizei überwacht und kontrolliert werden müsse. Außerhalb des verordneten Stellplatzes sollten keine anderen Standorte mehr geduldet werden, und die Standgebühr wurde mit fünf Reichsmark monatlich geplant.

Das Datum für den Beginn der Aufstellung in Veltenhof war zunächst der 1. April 1938. Ministerpräsident Dietrich Klagges stimmte im März dem Vorschlag des Oberbürgermeisters zu. Betont wurde allerdings, dass Veltenhof nur für „Zigeuner" in Frage käme die Arbeit haben, und die schon längere Zeit in Braunschweig und Umgebung ansässig waren.

Das Projekt verzögerte sich aber, so dass im Sommer 1938 damit gerechnet wurde, dass die Unterbringung der „Zigeuner" ab dem 1. Juli möglich sei. Eine entsprechende Nachricht schickte der Oberbürgermeister am 30. Mai 1938 an den Polizeipräsidenten Braunschweig. Auch dieses Dokument nennt den Standort „Feldmark Veltenhof", der sich allerdings in historischen Karten nicht als offizielle Bezeichnung eines Landschaftsgebietes finden lässt. Jedenfalls mussten Brunnen, Abort- und Sickergruben für den Stellplatz hergerichtet werden. Im Laufe des Sommers haben die ersten Wohnwagen den Platz erreicht. Ein entsprechender Hinweis findet sich in einem Schreiben des Schulrates Braunschweig vom 6. August 1938 an den Braunschweigischen Minister für Volksbildung. Dort heißt es:

„Der Vertrauensmann der Stadtverwaltung für Br.-Veltenhof und Br.-Rühme teilt mir fernmündlich mit, dass an der sogenannten Kippe bei Br.-Veltenhof ein großes Zigeunerdorf entstanden ist. Alle Zigeuner-Familien, die bislang mit ihren Wohnwagen zerstreut im Stadtbezirk untergebracht waren, haben von der Stadtverwaltung Anweisung erhalten, bei Br.-Veltenhof Aufenthalt zu nehmen. Eine vor einigen Tagen angestellte Zählung hatte folgendes Ergebnis: 44 Wagen, 244 Personen, darunter 28 schulpflichtige Kinder." [81]

Der Br.M.d.Innern Braunschweig, den 21.3.1938
I III 184 1/38.

I. Vermerk.

Herrn Ministerpräsidenten Klagges sind die Vorschläge unterbreitet, die zur Bekämpfung der Zigeunerplage in der Stadt Braunschweig und an den Grenzen der Stadt in Angriff genommen werden können. Herr Ministerpräsident hat angeordnet, dass entsprechend dem Vorschlag des Oberbürgermeisters der Stadt Braunschweig ein Lager für die Zigeuner in der Feldmark Veltenhof eingerichtet werden soll und dass in diesem Lager nur die Zigeuner ihre Wohnwagen aufstellen dürfen, die sich seit längerer Zeit in der Stadt Braunschweig oder der Umgebung der Stadt aufhalten und hier in Arbeit stehen.

Aktenvermerk des Braunschweiger Innenministeriums vom 21. März 1938 zur Errichtung eines „Sammellagers" für Sinti in Braunschweig-Veltenhof (STA Wolfenbüttel; 12 Neu 13 Nr. 15641)

---

[81] Staatsarchiv Wolfenbüttel; 12 A Neu 1476.

Man kann davon ausgehen, dass die Sinti überwiegend unfreiwillig oder sogar mit Gewalt von der Polizeibehörde nach Veltenhof gebracht wurden. Schließlich widersprach der Daueraufenthalt an einem Standort der Lebensgewohnheit vieler Sinti-Familien. In einem Bericht der Kripo Braunschweig wurde die Lage 1939 allerdings so beschrieben:

Staatliche Kriminalpolizei Braunschweig, den 28. Februar 1939.

- Kriminalpolizeistelle Braunschweig -

An den Herrn Braunschweiger Minister des Innern, hier.

Betrifft: Bekämpfung der Zigeunerplage.

Vorgang: Dortiges Schreiben vom 27.12.1938

J III 2734/38.

Ohne Anlage.

Auf Grund des Runderlasses des Reichsführer SS und Chef der Deutschen Polizei im Reichsministerium des Innern, RMBliV. Nr. 51 vom 14.12.1938, sollen nach hier eingegangener Anweisung des Reichskriminalpolizeiamtes die Maßnahmen zur Bekämpfung der Zigeunerplage im ganzen Reich einheitlich durchgeführt werden. Zu diesem Zweck hat am 26. und 27.1.d.Js. beim Reichskriminalpolizeiamt in Berlin eine Besprechung mit Vertretern der Kriminalpolizeileit- und Kriminalpolizeistellen stattgefunden. Von der diesseitigen Kriminalpolizeistelle war zu dieser Besprechung der Kriminalinspektor [Name] entsandt.

Aufgrund dieser durchgeführten Besprechung sollen alle bis zum 20. März d.Js. erfassten Zigeuner erkennungsdienstlich behandelt werden und das Personenfeststellungsverfahren durchgeführt werden. Alte in ihrem Besitz befindliche Zigeunerausweise sollen abgenommen und neue ausgestellt werden. Erkennungsdienstlich zu behandeln sind alle Personen über 6 Jahren, zu photographieren alle Personen über 16 Jahren.

In hiesiger Stadt sind bis jetzt insgesamt etwa 45 Familien mit etwa 200 Familienmitgliedern festgestellt. Die Familien wohnen bis auf 4, die im Geflügelhof, Mittelweg wohnen, in ihren Wohnwagen auf dem Lagerplatz in Braunschweig-Veltenhof. Die 4 Familien auf dem Mittelweg wohnen dort in Schrebergartenbuden.

Wenn die Zusammenziehung der Zigeuner in Veltenhof auf einen Platz auch den Anschein eines Sammellagers hat, so dürfte es doch nicht als solches angesprochen werden können, denn die Familien können diesen Platz jederzeit freiwillig verlassen und ihren Wohnsitz verlegen.

Die Männer gehen, soweit sie arbeitsfähig sind, größtenteils einer Beschäftigung nach. Das Zusammenziehen der Zigeuner auf einen Platz wirkt sich, soweit es sich bis jetzt übersehen lässt, günstig aus, denn die vielen Zigeunerinnen, die sonst die Stadt bettelnd und hausierend durchzogen sind aus dem Weichbild der Stadt fast völlig verschwunden.

Die erkennungsdienstliche Behandlung der Zigeuner wird sich voraussichtlich termingemäß erledigen lassen.

[Unterschrift] [82]

Das Schreiben erwähnt etwa 45 Sinti-Familien, von denen die meisten auf dem Sammelplatz untergebracht wurden. Zu dieser Größenordnung passt eine Luftaufnahme der Alliierten vom 2. Oktober 1941, die etwa 40 Wohnwagen in Veltenhof erkennen lässt (Abbildung 9). Vermutlich hat die Zahl der Wagen geschwankt, wenn man annimmt, dass ein Teil der Familien – erlaubt oder unerlaubt – saisonbedingt weggezogen ist (Falkenroth 2000, 108). Die Luftaufnahme zeigt aufgereihte Wohnwagen. Eine Umzäunung oder Wachbaracken sind aber nicht zu erkennen. Dies gilt auch für eine Luftaufnahme vom 13. Mai 1944, die neun Wagen erkennen lässt[83]. Unklar ist, ob es sich im Jahre 1944 um neu hinzugekommene Wagen oder die nach der Räumung vom März 1943 verbliebenen handelt.

Der o.g. Bericht betrifft auch die Frage der Lagerbezeichnung. In den Akten der Behörden wird regelmäßig vom „Sammellager" Veltenhof gesprochen, es tritt aber im Einzelfall auch die Bezeichnung „Zigeunerlager" Veltenhof auf[84].

---

82 Staatsarchiv Wolfenbüttel; 12 Neu 13 Nr. 15641.
83 Kampfmittelbeseitigungsdienst Niedersachsen. Aufnahme US 7GR/1467 13MAY44 F36//35000 14SQ.
84 Staatsarchiv Wolfenbüttel; 42B Neu Fb. 7 Nr. 1563. Standesamt Braunschweig; 1943/Nr. 208.

Abbildung 9. Luftaufnahme von Braunschweig-Veltenhof, 1941. Zu sehen sind mehrere Wohnwagen des „Sammellagers" (Pfeilspitze rechts im Bild). Heutiges Gebiet: Zwischen Sandanger und Hansestraße, Höhe Hafenbahn. Veröffentlicht mit Genehmigung des Kampfmittelbeseitigungsdienstes Niedersachsen (Quelle: Kampfmittelbeseitigungsdienstes Niedersachsen. Flug Nr. T/733. PRU vom 2. Oktober 1941)

Über den Alltag und die Lebensgewohnheiten der Bewohner des Lagerplatzes ist kaum etwas überliefert. Wohl aber über eine „Zigeunerklasse", die zunächst in der Kielhornschule in Braunschweig eingerichtet und später in die Volksschule Veltenhof verlegt worden ist.

In der Kielhornschule Braunschweig, Breitestr. 19, hat es 1936 eine „Zigeunerklasse" gegeben. In den Büchern geführt wurden in diesem Jahr fünfzehn Kinder, von denen neun als abwesend notiert waren. Deshalb überlegte man, die Klasse aufzulösen. Die Kinder dieser „Zigeunerklasse" stammten vom Lagerplatz Hamburger Straße 256 in Braunschweig. Um den Bestand der Klasse zu sichern, sollte 1936 von der Polizei ermittelt werden, ob es im Stadtgebiet weitere schulpflichtige Kinder der „Zigeuner" gab[85]. Im August 1938 änderten sich die Verhältnisse, denn der Braunschweiger Minister für Volksbildung genehmigte die Einrichtung einer Klasse für „Zigeunerkinder" in Veltenhof. Zu klären war noch die Frage einer geeigneten Lehrkraft für den Unterricht von fast 30 Kindern mit 22 bis 24 Wochenstunden Unterricht. Nachdem ein geeigneter Lehrer gefunden worden war, begann der Unterricht am 1. September 1938.

Die überlieferten Dokumente zur Führung der Schulklasse im Staatsarchiv Wolfenbüttel sind spärlich. Allerdings geht aus einer handschriftlichen Notiz in der Akte „Zigeunerklasse Braunschweig" vom 26. Dezember 1941 hervor, dass der Kreis Braunschweig in diesem Jahr kein Interesse mehr am Unterricht der „Zigeunerkinder" hätte und deshalb die „Zigeunerklasse" in Veltenhof „langsam eingehen könne" (Aktennotiz). Die Auswirkung dieser Einstellung zeigte sich umgehend: Am 1. Januar 1942 wurden die Schüler der „Zigeunerklasse" entlassen und diese damit aufgelöst.

Unter der Dorfjugend waren die Kinder der Sinti als Spielkameraden vermutlich beliebt, auch gibt es Zeitzeugenaussagen, nach denen die Kleinkinder der Sinti die Bauern beeindruckt haben (Falkenroth 2000, 108f). Zur Einrichtung der „Zigeunerklasse" in der Volksschule Veltenhof heißt es demgegenüber in einem Bericht des Schulrates Braunschweig vom 6. August 1938:

„Aus den täglich beim Vertrauensmann [Name] eingehenden Anfragen aus Elternkreisen ist weithin zu erkennen, dass das Rassegefühl der Veltenhöfer Bevölkerung sich dagegen sträubt, ihre Kinder gemeinsam mit Zigeunerkindern

---

[85] Staatsarchiv Wolfenbüttel; 12 A Neu 14 Nr. 76.

erziehen zu lassen. Ich schlage deshalb folgende Lösung vor: Sämtliche Zigeunerkinder werden nach dem System der Einlehrerschule zu einer Klasse zusammengefasst." [86]

Es lassen sich 48 Schülernamen von Kindern der „Zigeuner" festhalten, wobei auffällt, dass nur ein einziges Kind in Braunschweig geboren worden ist, also die anderen mit ihren Eltern zugezogen waren. Auch wurden alle spätestens 1942 entlassen, denn den Kindern der Sinti wurde in diesem Jahr der Schulbesuch untersagt. Nach Ulrich Falkenroth haben mindestens zwei der Kinder den Nationalsozialismus überlebt, viele dürften aber mit ihren Eltern nach Auschwitz deportiert worden sein[87] (Falkenroth 2000, 109). Die Berufe der Eltern der Kinder wurden teilweise in das Hauptbuch der Schule Veltenhof eingetragen. Genannt werden: Korbmacher, Musiker, Geigenhändler, Arbeiter, Gymnastiker, Gärtner, Landwirt usw.

Ab 1939 finden sich in den Akten des Innenministeriums Braunschweig und der Polizeibehörden regelmäßig Vorgänge zur Sammlung der Sinti in Veltenhof. Im Sommer 1939 ging es um Familien aus dem nahegelegenen Waggum, die aber nicht nach Veltenhof gebracht werden durften, da die Stadt Braunschweig dagegen protestiert hatte[88]. Offenbar war man bei der Stadt daran interessiert, den Sammelplatz nicht zu groß werden zu lassen. Die Landkreisdirektion schilderte eindringlich ihre Probleme, die sie mit den verbliebenen „Zigeunern" hatte:

„Ich habe den Gend.[armerie] Hauptwachmeister [Name] in Wenden, der sich übrigens stets mit Eifer dieser Angelegenheit angenommen hat, angewiesen, sämtliche Zigeuner aufs Schärfste zu verwarnen, sich ordentlich zu benehmen und insbesondere sich nicht in der Nähe des Flughafens herumzutreiben oder gar, wenn sie auf den Autobus warten müssten, sich auf die Treppe des Flughafen-Empfangsgebäudes zu setzen, widrigenfalls ihnen die Benutzung des Autobusses verboten werden würde." [89]

---

[86] Staatsarchiv Wolfenbüttel; 12 A Neu 14 Nr. 76.
[87] Die Namen der Schüler der „!Zigeunerklasse" finden sich in: Falkenroth 2000, 109f und ebenso: Nds. Landeszentrale für politische Bildung; Kopien aus dem Hauptbuch der Schule Veltenhof.
[88] Durch einen so genannten Festsetzungserlass vom 17. Oktober 1939 durften die Sinti und Roma ihren Wohnort in Deutschland nicht mehr verlassen.
[89] Staatsarchiv Wolfenbüttel; 12 Neu 13 Nr. 15641.

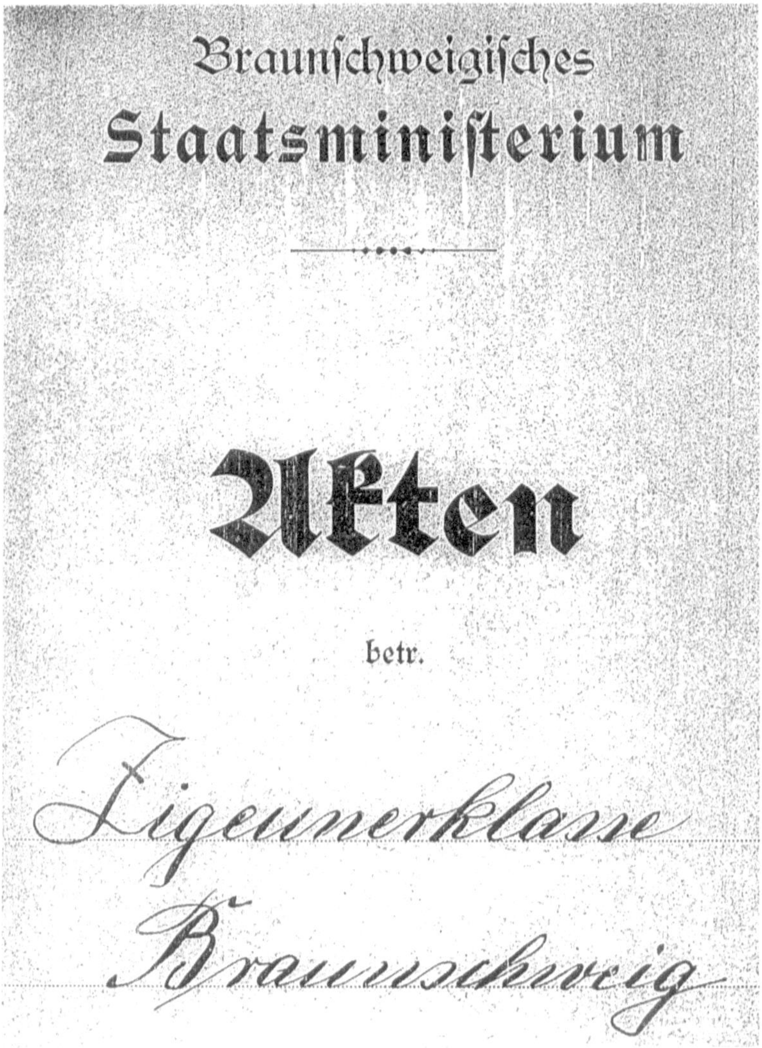
Braunschweigisches Staatsministerium

Akten

betr.

Zigeunerklasse Braunschweig

Abbildung 10. Akte „Zigeunerklasse Braunschweig“ beim Braunschweiger Staatsministerium (Staatsarchiv Wolfenbüttel; 12 Neu 14 Zg. 35/1994 Nr. 76)

Diese Schilderung war mit dem Anliegen verbunden, die Betroffenen in Veltenhof aufzunehmen. Auch auf dem Gebiet der Stadt Braunschweig befanden sich 1939 noch Sinti, die nicht auf dem Stellplatz wohnten. Hierzu gehörte eine Unterkunft in Schrebergartenbuden. Schließlich wurden die Personen aus Waggum übernommen. Dennoch wohnten einige Sinti weiter in der Uferstraße, da sie mit Familien in Veltenhof zerstritten waren. Der abweichende Wohnort wurde offenbar von der Polizeibehörde hingenommen, um nicht mit Streitereien auf dem Platz zu tun zu haben.

Insgesamt zeigt sich, dass die Erfassung und Beobachtung der Sinti und ihrer Standorte 1939 verschärft wurde. Schließlich erfolgte die Deportation der Sinti auch aus Braunschweig Anfang März 1943 nach Auschwitz. Bei der Aktion handelte es sich reichsweit um Sammeltransporte aus verschiedenen Städten. Der Zug für Braunschweig kam am 2. März 1943 aus Hannover, nahm den größten Teil der Bewohner des „Sammellagers" Veltenhof auf und brachte sie bis zum 3. März nach Auschwitz-Birkenau (Hein; Krokowski, 1995, 14). Die Grundlage der Deportation in das „Zigeunerlager" Auschwitz war auch in Veltenhof ein umfangreicher Geheimerlass des „Reichssicherheitshauptamtes" vom 29. Januar 1943 (Auszug):

Reichssicherheitshauptamt   Berlin, den 29. Januar 1943

VA2 Nr. 59/43g   Schnellbrief

An die Leiter der Kriminalpolizeileitstellen – oder Vertreter im Amt – (ausgenommen KPLStelle Wien),

nachrichtlich an ...

Betrifft: Einweisung von Zigeunermischlingen, Rom-Zigeunern und balkischen Zigeunern in ein Konzentrationslager.

Anlagen: drei.

I. Auf Befehl des Reichsführers-SS vom 16.12.1942 – Tgb. Nr. I 2652/42Ad/ Rf/V – sind Zigeunermischlinge, Rom-Zigeuner und nicht deutschblütige Angehörige zigeunerischer Sippen balkanischer Herkunft nach bestimmten Richtlinien auszuwählen und in einer Aktion von wenigen Wochen in ein Konzentrationslager einzuweisen. Dieser Personenkreis wird im Nachstehenden kurz als „zigeunerische Personen" bezeichnet.

Die Einweisung erfolgt ohne Rücksicht auf den Mischlingsgrad familienweise in das Konzentrationslager (Zigeunerlager) Auschwitz. Die Zigeunerfrage in den Alpen- und Donaureichsgauen wurde durch besonderen Erlass geregelt.

Die künftige Behandlung der reinrassigen Sinte- und der als reinrassig geltenden Lalleri-Sippen bleibt einer späteren Regelung vorbehalten.

II. Von der Einweisung bleiben ausgenommen:

1. Reinrassige Sinte- und Lalleri-Zigeuner;

2. Zigeunermischlinge, die im zigeunerischen Sinne gute Mischlinge sind und gem. Erlass des Reichssicherheitshauptamtes vom 13.10.1942 ... einzelnen reinrassigen Sinte- und als reinrassig geltenden Lalleri-Zigeunersippen zugeführt werden;

3. zigeunerische Personen, die mit Deutschblütigen rechtsgültig verheiratet sind;

4. sozial angepasst lebende zigeunerische Personen, die bereits vor der allgemeinen Zigeunererfassung in fester Arbeit standen und feste Wohnung hatten. .... (Justiz und NS-Verbrechen, 4: 162f)

Der Erlass beschreibt sechs weitere Personengruppen, die vom Transport ausgenommen werden sollten. Weiterhin war dargestellt, was mit den Ausnahmen zu geschehen hatte. Die Betroffenen sollten eine Einwilligung unterschreiben, dass sie mit einer Sterilisation einverstanden wären. Der Eingriff war auch für die minderjährigen Kinder durch eine Einwilligung der Eltern vorgesehen. Für die anderen war die Verhängung einer Vorbeugehaft angeordnet:

IV. Verhängung der Vorbeugungshaft:

1. Die Familien sind möglichst geschlossen, einschliesslich aller wirtschaftlich nicht selbständigen Kinder, in das Lager einzuweisen. Soweit Kinder in Fürsorgeerziehung oder anderweitig untergebracht sind, ist ihre Vereinigung mit der Sippe möglichst schon vor der Festnahme zu veranlassen. In gleicher Weise ist bei Zigeunerkindern zu verfahren, deren Eltern verstorben, im Konzentrationslager oder anderweitig verwahrt sind. (Justiz und NS-Verbrechen, 4: 164)

Der Erlass drückt nicht nur die „rassische" Verfolgung der Sinti und Roma aus, sondern gehörte zur Vorbereitung zum Massenmord an ihnen. Dies wird deutlich, wenn man ein teilweise überliefertes Gespräch berücksichtigt, das Reichsjustizminister Dr. Thierack und Dr. Goebbels wenige Monate vor dem Erlass geführt hatten. Thierack hat über die Aussprache am 14. September 1942 Notizen angefertigt. Darin heißt es insbesondere:

„Hinsichtlich der Vernichtung asozialen Lebens steht Dr. Goebbels auf dem Standpunkt, dass Juden und Zigeuner schlechthin, Polen, die etwa 3-4 Jahre Zuchthaus zu verbüssen hätten, Tschechen und Deutsche, die zum Tode, lebenslangem Zuchthaus oder Sicherheitsverwahrung verurteilt wären, vernichtet werden sollen." (Justiz und NS-Verbrechen, 9: 275)

Die genannten Vorstellungen entsprachen denen von Hitler und Himmler, alle „Asozialen" zu beseitigen. Eine weitere dementsprechende Aktennotiz wurde von Thierack zu einem Gespräch zwischen ihm und Himmler am 18. September 1942 angefertigt. Dabei ging es um Formen der so genannten „Sonderbehandlung" (Tarnbezeichnung):

„Auslieferung asozialer Elemente aus dem Strafvollzug an den Reichsführer SS zur Vernichtung durch Arbeit. Es werden restlos ausgeliefert die Sicherheitsverwahrten, Juden, Zigeuner, Russen und Ukrainer, Polen über 3 Jahre Strafe, Tschechen und Deutsche über 8 Jahre Strafe nach Entscheidung des Reichsjustizministers." (Justiz und NS-Verbrechen, 9: 276f)

Derartige Dokumente aus dem Zweiten Weltkrieg lassen darauf schließen, dass sich der nationalsozialistische Vernichtungswille vergleichsweise spät, aber dann mit aller Macht auch gegen die Sinti und Roma nicht nur in Deutschland gerichtet hat. Dass dies erst in den ersten Kriegsjahren geschehen ist, dürfte vor allem zwei Gründe gehabt haben: Einerseits stellten die Sinti und Roma in ihrer Gesamtheit keine große Bevölkerungsgruppe dar. Und ihr Schicksal nahm in den Großmachtutopien der NSDAP-Führer keine zentrale Rolle ein. Darüber hinaus bildeten die Sinti und Roma – im Unterschied zu den Juden und den Kommunisten – keine besonders hervorgehobene Rolle als Feindbild in der nationalsozialistischen Propaganda[90].

---

90 Einige terroristische Maßnahmen der Nationalsozialisten erscheinen im nachhinein chaotisch, unkoordiniert oder kaum einem einheitlichen Ziel

Dennoch lassen die Notizen von Thierack m.E. eindeutig darauf schließen, dass sich die nationalsozialistische Bevölkerungspolitik im Zweiten Weltkrieg nicht nur radikalisierte – wie bei Hannah Arendt eindrucksvoll beschrieben – sondern dabei auch die „Zigeuner" als biologisch zu beseitigende Opfergruppe den Juden gleichgestellt wurden. Insofern ist Autoren zu widersprechen, die annehmen, dass die Vernichtung der „Zigeuner" nach ihrer Sammlung und der Deportation in das KZ Auschwitz zunächst nicht geplant war, also eine Absicht zur Vernichtung der „Zigeuner" angeblich gefehlt haben soll (Lewy 2001. Maralit 2001). Hierin liegt ein Missverständnis des Charakters der „Rassen"politik der Nationalsozialisten, die zwar ideologisch eine Hierarchisierung postulierte aber in der Praxis viele Opfergruppen gleichermaßen dem Holocaust zuführte.

Entsprechend realistischer als einige Autoren ging z.B. das Landgericht Siegen 1990 in einem Prozess wegen des Massenmordes an Sinti und Roma davon aus, dass ihre Vernichtung früh geplant und systematisch betrieben worden ist (TAZ. 25.1.1991: 9). Betroffen waren auch viele Sinti aus dem „Sammellager" Braunschweig-Veltenhof. Durch eine Reihe von Zeitzeugenaussagen ist relativ genau nachvollziehbar, wie die Räumung dieses Lagers vor sich ging und was dort danach geschah. Aktenkundig wurden u.a. die Angaben eines früheren Polizisten. Er sagte am 22. März 1960 im Rahmen eines „Wiedergutmachungsverfahrens" aus, dass das Lager um vier Uhr früh umstellt worden ist. Alle Bewohner mussten ihre Wohnwagen verlassen und die meisten wurden mit LKW weggebracht. Danach wurden die Wohnwagen – bis auf wenige Ausnahmen – noch am gleichen Tag von der Gestapo verbrannt[91]. Hierzu hieß es in einem Bericht der Gestapo vom 10. April 1943:

„Außer den in der anliegenden Liste aufgeführten Vermögenswerten befanden sich auf dem Lagerplatz Zigeunerwagen, Baracken und Notunterkünfte, die von den abzuschiebenden zigeunerischen Personen bewohnt wurden. Diese Unterkunftsmöglichkeiten befanden sich in einem unverwertbaren Zustand, da es sich

---

untergeordnet. Wo dies empirisch gezeigt werden kann, offenbart es die Grenzen und das „Unvermögen" der totalitären Herrschaft, die eigenen Ziele verwirklichen zu können (Reiter 1993, 241ff). Zu den Feindbildern in der NS-Propaganda: Reiter 1996, 57ff.

[91] Nds. Hauptstaatsarchiv Hannover; Acc 16/99 Nr. 804276. Falkenroth 2000, 109.

z.T. um total vermorschtes Holz oder sonstiges unbrauchbares Material handelte." [92]

Nicht selten wurde in Entschädigungsverfahren nach dem Kriege ermittelt, welcher Sachschaden einem Antragsteller entstanden ist. In einem Verfahren wurde z.b. genannt: Ein 4,5 Meter langer Wagen mit einem Küchenschrank, ein kombinierter Herd, ein Bett, ein Chassis, zwei Bettstücke, ein Tisch, drei Stühle und eine Waschtruhe mit Stuhl. Hinzu kam ein drei Meter langer kleinerer Reisewagen mit einem kleinen Schrank, einer Bettstelle, einem Tisch und mehreren Stühlen und weiteren Einrichtungsgegenständen[93].

Die Räumung des Sammelplatzes in Veltenhof ist in der Bevölkerung nicht unbemerkt geblieben, wurde aber eher stillhaltend hingenommen:

„Die brutale Aktion wurde im Dorf zwar bemerkt, aber Angst und Unvermögen, dieses Verbrechen in seiner ganzen Tragweite auszumessen, haben den Menschen den Mund verschlossen." (Falkenroth 2000, 109)

Im Rahmen von Nachforschungen der Stadt Braunschweig, die in einer Entschädigungssache 1968 durchgeführt wurden, konnten weitere Umstände ermittelt werden. In einem Brief des Ordnungsamtes Braunschweig vom 15. Juli 1968 an einen Betroffenen heißt es u.a.:

„Die von Ihnen genannten Personen haben vermutlich in dem Zigeunerlager, welches sich nordwestlich von Braunschweig-Veltenhof zwischen Hafenbahn und der Kippe befand, gewohnt. ... Wie uns die Befragten [aus Veltenhof] übereinstimmend erklärten, wurde etwa im März-April 1943 das Lager in aller Frühe von der Polizei umstellt und die Vollzigeuner, es war der größte Teil der Lagerbewohner, mit Lastwagen abtransportiert. Sie konnten nur ein kleines Köfferchen mit dem Notwendigsten mitnehmen. Die noch im Lager verbliebenen Mischlinge wurden einige Tage später umgesetzt. Die leerstehenden Wohnwagen der deportierten Zigeuner wurden zusammengestellt und an Ort und Stelle verbrannt." [94]

Und der frühere Bürgermeister, Hermann Lages, sagte 1958 u.a. aus:

---

[92] Staatsarchiv Wolfenbüttel; 12 A Neu 13 Nr. 160547.
[93] Nds. Hauptstaatsarchiv Hannover; Acc 16/99 Nr. 804011.
[94] Nds. Hauptstaatsarchiv Hannover; Nds 110 W Acc 16/99 Nr. 804174.

„Das Zigeunerlager hat aus etwa 70 Wohnwagen bestanden, von denen etwa 60 in Brand gesteckt sind. An Zustand und Wert der einzelnen Wohnwagen und ihres Inhalts habe ich keine Erinnerung." [95]

Auch in anderen Entschädigungsverfahren machte Hermann Lages Aussagen, die einen näheren Einblick in die Räumung des „Sammellagers" Veltenhof Anfang März 1943 geben (Aussage 1954):

„Ich war von 1930 bis 1947 ununterbrochen Bürgermeister der damals noch nicht einbezirkten Gemeinden Rühme und Veltenhof. Mir wurde etwa im Jahre 1938 die Betreuung des errichteten Zigeunerlagers in Braunschweig-Veltenhof übertragen, d.h., ich hatte sie in kommunaler Weise zu betreuen. Es waren insgesamt 700 Zigeuner einschl. Kinder. ... Anfang des Jahres 1943, es kann im März gewesen sein, erschien gegen Morgen plötzlich die Gestapo unter Führung eines Ober-Reg. Rats, dessen Name mir allerdings nicht mehr bekannt ist, und stellte im Lager die Zigeuner zusammen, die abtransportiert werden sollten. Es hieß, sie sollten in ihre Heimatländer umgesiedelt werden. Es waren auch einige Kriminalbeamte bei der Aktion dabei und zwar waren sie vom Erkennungsdienst. Ich hatte aber den bestimmten Eindruck, daß die Aktion die Gestapo leitete. Die zusammengestellten Zigeuner wurden noch am selben Morgen auf Lastwagen verladen und weggebracht. Bei den im Lager verbliebenen Zigeunern handelte es sich überwiegend um ältere, die zum Teil am ersten Weltkrieg beim deutschen Heer gedient haben und im Besitz von Kriegsauszeichnungen waren."[96]

Ein anderer Bericht von Lages vom 18. Mai 1955 ist ebenfalls aufschlussreich, da er die Ereignisse des 3. März 1943 genau schildert. Einleitend spricht er von etwa 700 Insassen des „Zigeunerlagers". Der Bericht lautet dann (Auszug):

„Zu dem bewussten Zeitpunkt der Aktion wurde ich gegen 5 Uhr morgens plötzlich zum Zigeunerlager geholt. Über den Beginn der Aktion kann ich keine Angaben machen, da bei meinem Erscheinen die Aktion bereits im vollen Gange war. Meines Wissens lag die Leitung in den Händen eigens von Berlin nach Braunschweig gekommenen Beamten des Reichssicherheitshauptamtes. Federführend war ein Oberregierungsrat, dessen Name mir unbekannt ist. Ich erinnere

---

[95] Nds. Hauptstaatsarchiv Hannover; Nds 110 W Acc 16/99 Nr. 138201a mit Unterakten.
[96] Nds. Hauptstaatsarchiv Hannover; Nds 110 W Acc 16/99 Nr. 800812.

mich, dass dieser Beamte in seiner Ansprache an die Zigeuner zum Ausdruck brachte, daß sie umgesiedelt würden. Ich möchte hier gleich einflechten, daß wohl Beamte der Schutz- und Kriminalpolizei aus Braunschweig an der Durchführung der Aktion beteiligt waren, die Leitung aber nicht hatten.

Bis auf 10-12 Familien wurden die übrigen mittels Kraftfahrzeugen zum Ostbahnhof nach Braunschweig gefahren und dort per Bahn nach einem mir unbekannten Ort weitergeleitet. Bei den Zurückgebliebenen handelte es sich um solche, die bereits Teilnehmer des ersten Weltkrieges waren und auch im Besitz von Kriegsauszeichnungen waren. Meiner Erinnerung nach handelte es sich hierbei um etwa 25 Personen.

Auf Anordnung der Gestapo konnten die zurückgebliebenen Zigeuner ihren zum Teil alten Wohnwagen mit besseren von den zurückgebliebenen austauschen. ... Die zurückgebliebenen Zigeuner verblieben bis etwa 8 Tage vor Kriegsende (April 1945) in Veltenhof und zogen dann mit meiner Zustimmung mit ihren Wohnwagen in unbekannte Richtung ab. Meine Zustimmung gab ich aus Menschlichkeitsgründen, weil sie schutzlos den Bomben ausgesetzt waren. Die Genehmigung zum Besuch der Luftschutzbunker war ihnen nicht erteilt worden.

Zurückkommend auf die Lagerauflösung ist es richtig, dass die verlassenen Wohnwagen mit Inneneinrichtungen zusammengetragen und restlos verbrannt wurden. Soweit mir bekannt ist, durften die abtransportierten Zigeuner keinerlei Gepäck mitnehmen." [97]

Nach dieser Schilderung kann man annehmen, dass die verwaltungsmäßige Zuständigkeit für das Restlager im Allgemeinen auch nach der Deportation im März 1943 beim Bürgermeister gelegen hat: „Diese Personen unterstanden mir in wirtschaftlicher Hinsicht, weil sie zum grossen Teil weder lesen noch schreiben konnten."

Ebenfalls 1955 sagte ein damals beteiligter Polizeimeister aus, dass bei der „Zigeuneraktion" 1943 fast alle Kripobeamte der Dienststelle Braunschweig, Beamte der Gestapo und Schutzpolizeibeamte beteiligt waren. Die meisten verlassenen Wohnwagen wurden nach dem Abtransport der Opfer zum Bahnhof auf dem Platz verbrannt. Gut erhaltene Wagen seien von zurückgebliebenen Personen übernommen und das Vermögen der Opfer sei von der Gestapo einbehalten

---

[97] Nds. Hauptstaatsarchiv Hannover; Nds 110 W Acc 16/99 Nr. 803552.

worden. Mit Datum vom 23. November 1960 machte Lages folgende weitergehende Angaben:

„Die nähere Unterhaltung und die Hinweise der Zigeuner haben meine Erinnerung wieder aufgefrischt. Ich glaube danach heute bestätigen zu können, daß Frau [Name] vor 1943 im Lager in Veltenhof mit wohnhaft war. Ich kann nicht mehr sagen, ob Frau [Name] bei dem Abtransport der Zigeuner Anfang März 1943 mit erfaßt ist, oder ob sie zu den Zigeunern gehörte, die vorher flüchtig geworden waren. ... Frau [Name] wohnte mit ihrer Fam. in einem Wohnwagen, wie alle anderen Zigeuner auch. Um irgendeinen besonders wertvollen Wohnwagen kann es sich nicht gehandelt haben. Gute neuere Wohnwagen gab es nur ganz wenige, die bei dem Abtransport der Zigeuner denjenigen zur Verfügung gestellt wurden, die hier blieben, weil sie Weltkriegsteilnehmer waren und in fester Arbeit standen. Eine Zugmaschine hat sie ganz sicherlich hier in Veltenhof nicht gehabt. Es befand sich hier im Lager nicht eine einzige Zugmaschine. Von den hier abgestellten Wohnwagen waren die Räder abgenommen." [98]

In einer Liste wurde das Eigentum der beraubten Sinti festgehalten. Es handelte sich um die Namen von 37 Personen zu den eingezogenen Vermögen. Dazu lassen sich Aktennotizen bereits vom 26. Januar 1943 in den Polizeiakten finden, die zeigen, dass die Räumung langfristig vorbereitet war. Die Liste mit den 37 Personen, die später in Braunschweig-Veltenhof abtransportiert wurden, enthält beschlagnahmte Grundstücke sowie eine namentliche Aufstellung mit insgesamt 4.939,77 Reichsmark. Das Bargeld wurde den Opfern einfach abgenommen und der Polizeikasse Braunschweig zugeführt. In einigen Schriftstücken, die sich mit der Beraubung beschäftigen, versuchte man, dem Vorgang einen rechtsstaatlichen Charakter zu verleihen. Dazu erklärte man die Opfer kurzerhand zu Staatsfeinden und verwendete folgende Sprachregelung: Es wurde „ ... festgestellt, dass die Bestrebungen der auf Befehl des Reichsführers-SS vom 16.12.1942 in ein Konzentrationslager einzuweisenden zigeunerischen Personen volks- und staatsfeindlich bezw. reichsfeindlich gewesen sind." [99]

Am Ende des Monats der Räumung, d.h. am 31. März 1943, erklärte der Braunschweiger Minister des Innern, dass das Vermögen zugunsten des Deutschen Reiches eingezogen worden sei. Es wurde genau und ausführlich vermerkt, was

---

[98] Nds. Hauptstaatsarchiv Hannover; Nds 110 W Acc 16/99 Nr. 804970.
[99] Staatsarchiv Wolfenbüttel; 12 A Neu 13 Nr. 16057.

an Sachgegenständen beschlagnahmt worden war. Darunter wurden neben kleinen Grundstücken aufgezählt: Ein kleines Pferd, ein kleiner Wagen mit Pferdegeschirr, zwei Gitarren und eine Laute[100]. Durch die geschilderten Umstände dürfte allen Beteiligten klar gewesen sein, dass der Abtransport der Opfer endgültig gewesen ist, also ihre Rückkehr in keinem Fall vorgesehen war.

Vergleiche zeigen, dass die Art der Vorbereitung und die Räumung des Lagers Veltenhof ähnlich auch in anderen Städten durchgeführt wurde. Ein Urteil des Landgerichtes Siegen vom 4. März 1949 enthält eine entsprechende Schilderung. Betroffen waren dort die Bewohner der „Zigeunerkolonie" Berleburg, die auch Anfang März 1943 nach Auschwitz deportiert wurden. Die Auflösung des Wohnwagenstellplatzes geschah auch in Berleburg durch ein größeres Polizeiaufgebot. Beteiligt waren Mitglieder der SA, der freiwilligen Feuerwehr und städtische Verwaltungsbeamte. Zum Anlass des Abtransport wurde den Sinti gesagt, dass sie in den Osten umgesiedelt werden sollen. Wie in Veltenhof wurde den zum Abtransport vorgesehenen Familien ihr Eigentum bis auf einen Essensvorrat und einige wenige Hausratsgegenstände abgenommen. Die zurückbleibenden Wohnwagen und der restliche Hausrat wurden als so genanntes „reichsfeindliches Eigentum" beschlagnahmt (Justiz und NS-Verbrechen, 4: 162).

Nach dem Abtransport am 2. März 1943 wurden weiterhin Sinti aus dem Land Braunschweig nach Auschwitz gebracht, nachdem sie in so genannte „Schutzhaft" genommen worden waren. Betroffen waren einige Personen, die 1943 im Strafgefängnis Wolfenbüttel einsaßen und deren Abtransport im „Gefangenenbuch" dokumentiert ist. Die Einträge lauteten dort: „durch Kripo abgeholt" und Verlegung nach K.Z. Lager Auschwitz" [101].

---

[100] Staatsarchiv Wolfenbüttel; 12 A Neu 13 Nr. 16057.
[101] Staatsarchiv Wolfenbüttel; 43A Neu Fb. 3 Nr. 10. Gefangenenbuch.

6. Persönliche Schicksale von Sinti aus Braunschweig

6.1 Sinti als Zeitzeugen zur sozialen Verfolgung während der NS-Herrschaft

Einzelschicksale sind oft besonders geeignet, historische Ereignisse in ihrer Bedeutung nachvollziehbar zu machen. Und Zeitzeugenberichte von Sinti und Roma zeigen, dass für sie – wie für die jüdischen Opfer – galt: Das Überleben des Nationalsozialismus war eine „Glückssache" (TAZ. 29.8.1998: 29). Um so wichtiger war und ist es, das Schicksal der Sinti und Roma im Nationalsozialismus auch durch Interviews zu erforschen. Diese Methode zur Arbeit mit Zeitzeugen stellt eine wichtige Erkenntnisquelle dar (Reiter 2000, 57ff). Sie bietet vor allem zwei Ebenen, die sich in Archivakten wenig oder gar nicht finden lassen: Alltagssorgen und Nöte, Ereignisse, die nicht aktenkundig geworden sind, und vor allem persönliche Sichtweisen und Erfahrungen in Einzelschicksalen. Ein Beispiel bietet das Interview mit Anna Steinbach über das Sammellager für „Zigeuner" in Frankfurt am Main im Zweiten Weltkrieg[102]:

„Von neun bis elf morgens durften wir einkaufen gehen. Aber da durften wir auch nicht die Straße lang, sondern nur auf einem kleinen Weg. ... In die Kirche durften wir auch nicht gehen. Ab und zu kam ein Pfarrer ins Lager raus und hat Kommunionsunterricht gegeben. Zwei Jungens von mir sind zur Kommunion gegangen. Da hatten wir doch nicht mal so viel, daß wir einen Kuchen für die Kinder hätten backen können. Der Pfarrer hat sie dann mitgenommen und ihnen ein bißchen Kaffee und Kuchen gegeben. Was hab ich da geweint, lieber Gott. Im Frankfurter Lager wurde auch sterilisiert. Meine zwei Schwiegertöchter kriegen keine Kinder, die sind sterilisiert worden. Der Sohn auch." (In: Hase-Mihalik; Kreuzkamp 1990, 19)

---

[102] Ein anderes Beispiel für Zeitzeugenberichte ist: Michail Krausnick (Hg.). „Da wollten wir frei sein!" Eine Sinti-Familie erzählt. Weinheim; Basel 1983. Schilderungen zum Bereich Frankfurt am Main finden sich in: Sander 1998.

Dieses Lager in Frankfurt am Main, das Frau Steinbach beschreibt, war vollständig eingezäunt und hat unter Polizeiaufsicht gestanden. Wie in einem Konzentrationslager wurden täglich Appelle durchgeführt, um die Lagerinsassen zu kontrollieren und zu zählen. Und wie aus anderen Orten auch wurden viele von ihnen im Frühjahr 1943 nach Auschwitz deportiert. Auch in einer anderen Hinsicht teilte Frau Steinbach das Schicksal vieler Opfer aus Braunschweig: Sie wurde 1944 in das Frauenkonzentrationslager Ravensbrück gebracht. Der Aufenthalt dort wird in mehreren Zeitzeuginnenberichten geschildert (Krokowski; Voigt 1994b, 259-268).

Die Erlebnisse Braunschweiger Sinti in Lagern und Abschnitte ihres Lebens vor und nach dem „Dritten Reich" schildern die folgenden Zeitzeugeninterviews [103].

6.1.1 Interview (1991) mit Herrn A., Jahrgang 1921. Herr A. wurde im Zweiten Weltkrieg in verschiedenen Lagern zur Zwangsarbeit eingesetzt, darunter auch acht Monate in Drütte-Salzgitter, von wo aus der Arbeitseinsatz in den Büssing-Werken in Braunschweig erfolgte[104].

... Frage: Wie lange warst du in Neuengamme? Herr A.: In Neuengamme war ich ungefähr so vier Monate.

Frage: Vier Monate. Dann war es ja jetzt schon 1942? Herr A.: Ja.

Frage: Und dann bist du von Neuengamme wohin gekommen? Herr A.: Von Neuengamme kam ich nach Drütte. ... Drütte bei Braunschweig.

Frage: Drütte-Salzgitter? Herr A.: Ja.

Frage: War das ein Lager? Herr A.: Das war ein großes Lager. Das war nebenan von den Hermann-Göring-Werken. Wo sie früher Munition gemacht haben.

Frage.: War das auf dem Gelände von den Hermann-Göring-Werken oder daneben? Herr A.: Ja, das war nebenan. Das war da ein Nebenlager. ...

---

[103] Die Anfangsbuchstaben der Namen sind geändert (vgl. Quellennachweis und Abschnitt: Redaktionelle Hinweise). Interviews mit Zeitzeugen aus Niedersachsen finden sich in: Hein; Krokowski 1995.

[104] Nds. Landeszentrale; Interview Nr. 19 (Auszug).

Frage: Wie groß war der Transport, der von Neuengamme dorthin ging? Herr A.: Mit dreihundert Mann kamen wir dahin. Juden, Sinti, auch Deutsche ... jeden Morgen mussten wir zu Fuß nach Braunschweig, und da haben wir gearbeitet in den Büssing-Werken.

Frage: Was haben die hergestellt? Herr A.: Die haben da Teile hergestellt, also für Autos und für Lastwagen. ... Und abends haben wir gearbeitet bis Fünfe, und dann kamen wir wieder in das Lager. ... Das waren ungefähr so vier bis fünf Kilometer.

Frage: Und wie waren die Arbeitsbedingungen in den Büssing-Werken? War das normal mit den anderen Arbeitern? Herr A.: Ja. Mit den Zivilleuten hatten wir nichts zu tun. ... wir hatten keinen Kontakt gehabt mit den Leuten. Weil die SS direkt in der Fabrik drin war.

Frage: Auch in der Arbeitshalle? Herr A.: Ja. Die war geschlossen, aber trotzdem war die SS zur Bewachung drin. Wir waren dort mit Juden zusammen ... es gab Juden, Sinti, Deutsche und Polen. ...

Frage: Wie lange warst du denn in Drütte? Herr A.: In Drütte, na da war ich ungefähr so acht Monate ... das war 1942.

Frage: Und wie groß war das Lager? Wie viele Personen hast du geschätzt? Herr A.: In Drütte? So 300 Mann. ... Das war der Transport von Neuengamme, wie wir da hinkamen, nach Drütte. ...

Frage: Waren denn auch schon Sinti vorher da? Herr A.: Vorher waren zwei Mann da [gemeint sind Sinti. Es folgen weitere Angaben, aus denen hervorgeht, dass unter den Sinti im Lager Drütte auch mindestens einer aus Braunschweig gewesen ist].

6.1.2 Interview mit Frau B., Jahrgang 1929. Frau B. hat zunächst als Kind mit ihrer Familie in Berlin gelebt. Nach ihrem Umzug nach Braunschweig ging sie einige Tage zur Schule und musste Anfang der vierziger Jahre als zwölf- oder dreizehnjähriges Mädchen in einer Wäscherei arbeiten. Sie wurde Anfang 1943 vom Sammellager Veltenhof nach Auschwitz deportiert. Später wurde sie in das Frauenkonzentrationslager Ravensbrück verlegt. Bei der Durchführung des Interviews wurde festgehalten, dass die Zeitzeugin bei ihren Erzählungen über das KZ Auschwitz mehrfach in Tränen ausgebrochen ist[105].

... Frau B.: Wir sind bei den Bauern arbeiten gegangen, das war ja schon früher so, die ganzen Braunschweiger Sinti, die haben bei den Bauern gearbeitet, Mohrrüben gehackt, Mohrrüben verziehen, Kartoffeln roden, hinter der Maschine, oder Erbsen und Bohnen pflücken, und Gurken pflücken. Ja, manche haben auf dem Hafen gearbeitet. In die Schule durften wir ja nicht. Wir sind bei den Bauern arbeiten gegangen. Da war ich ungefähr zwölf. Dann habe ich einen Brief gekriegt, also meine Mutter, da musste ich in einer Wäscherei Zwangsarbeit machen. Die Arbeit in der Wäscherei hat mir meine Tante besorgt. Da musste ich in den Pohlweg ...

Für die Leute haben wir da gewaschen, für die Soldaten, das waren grüne Sachen. Da habe ich etwa ein ganzes Jahr gearbeitet, das war schwer, die nassen Körbe auf dem Boden, ich war ja noch ein Kind. Ja, und da habe ich den Monat 20 Mark gekriegt. Aber meine Chefin, das war eine gute, sehr gute Frau, die hat mir immer noch fünf Mark extra hingelegt. Und das war jeden Morgen ein Weg, von Veltenhof bis zum Pohlweg, zu Fuß.

Frage: Wie weit war das etwa? Frau B.: Circa acht Kilometer. ... Ja, es können auch zehn gewesen sein.

Frage: Wie lange waren Sie da unterwegs? Frau B.: Ach, das kann ich Ihnen gar nicht genau sagen ... im Dunkeln kam ich an. Mit dem Bus durften wir nicht fahren, in kein Kino durften wir rein und in die Stadt haben wir uns nicht getraut. ... Wir haben uns versteckt, da wir gedacht haben, die Kriminalpolizei läuft herum. Wissen Sie, wir hatten ein schweres Leben, ganz schwer. Andere, die nicht zur Völke [eine Fabrik?] gegangen sind, haben Holzpantoffeln und Körbe für die Bauern gemacht, also da haben Sie nicht einen einzigen gesehen, der nicht gearbeitet hat. Das war nicht bloß in dieser Zeit, dass war schon vor dem Krieg so, da haben die nur gearbeitet, von dem Arbeitsgeld haben sie sich Wohnwagen anschaffen können. Früher war jemand von uns Hutmacher, der hat Sommerschirme für die Gärten und Gartenstühle gemacht. Das ist heutzutage alles nicht mehr, das ist alles weg, was die gelernt haben, das gibt es nicht mehr. ... Ja, und eines Tages, das war an einem Sonnabend ... da

---

[105] Nds. Landeszentrale; Interview 35 (Auszug).

durfte keiner zur Arbeit gehen. „Keiner geht zur Arbeit" haben sie gesagt. Da haben sie uns eingekreiselt, standen überall.

Frage: Haben sie den ganzen Platz ...? Frau B.: ... ja. Und dann gingen sie von Wagen zu Wagen, ob wir Gold haben, ob wir Geld haben. Der Kriminal[beamte] [Name], der stand vor unserem Wagen und hat mit meiner Mutter gesprochen. Meine Mutter hat eine rote Sparbüchse gehabt, die war aber gemacht wie ein Buch, und dann hat sie ihm das Geld gegeben, und er hat es genommen und einfach in seine Tasche reingetan, und hat es nicht notiert. Und da habe ich auf unserer Sprache zu meiner Mutter gesagt: „Mama, der Mann tut einfach das Geld in seine Tasche hinein". Da hat sie gesagt, ich soll ruhig bleiben. Die Alten, die haben es schon geahnt, die haben es im Gefühl gehabt. Wie wir in den Zug [nach Auschwitz] reingegangen sind, da haben die Älteren gesagt, „Wir Alten, wir kommen nicht mehr hierher zurück." Die haben zu uns gesagt, wir kommen irgendwo hin, nach Polen, da kriegt jeder sein kleines Häuschen, Viehzeug und ein Stück Land, und das müssten wir dann alleine bearbeiten. Na, das wäre gut gewesen. ...

Frage: Und Sie lebten auch mit allen zusammen? Mit der ganzen Familie? Frau B.: Auf einem Platz.

Frage: Und Sie sind auch alle zusammen weggekommen? Frau B.: Nur mein Bruder und meine Schwester. Meine Schwester hat in Köln gewohnt und mein Bruder in Kassel. Der ist von Kassel weggekommen, und wir von Braunschweig.

Frage: Aber Sie hatten die Kinder von Ihrem Bruder dabei? Frau B.: Die hatten wir, die Kleinste war neun Monate alt. Weil meine Schwägerin und mein Bruder ja viel früher wegkamen. Na, dann kamen wir in Auschwitz an, beim Aussteigen gab es schon Schläge, da war kein Sand, das war Lehm gewesen, da sind die Schuhe steckengeblieben. Beim Aussteigen gab es schon Schläge, der einen ist das Kind hingefallen, der andere hat seine Tasche verloren. Da haben wir schon gewusst was los ist ... Die Kinder haben ihr Essen um elwe gekriegt, um elf Uhr ... und die Erwachsenen um zwölwe. Das können Sie sich ja vorstellen, die Kinder haben um elwe das bisschen Pladder gekriegt und um zwölwe die Erwachsenen. Dann haben doch die Erwachsenen das bisschen Brühe nicht gegessen, die haben sie auch den Kindern gegeben. Die Kinder sind gestorben, nach und nach, meine Mutter ist gestorben, meinen Vater haben sie so geschlagen, dass er nach den Schlägen gestorben ist ... Und ich und meine Schwester, wir haben in Block 1 gearbeitet, da waren so vielleicht 40, es können auch 50 Mädels gewesen sein ... wir haben in der Schälküche gearbeitet und andere Mädels haben in der Kochküche gearbeitet. Dann haben wir von morgens früh bis um achte Kartoffeln geschält und anschließend haben wir für einen Teller, das war so ein roter Blechkumpen, Milchsuppe gekriegt. ... Wie meine Mutter noch gelebt hat, hat meine Schwester abends, um zwei Uhr das bisschen Milchsuppe zu meiner Mutter gebracht, damit sie meine Mutter essen soll ... wenn er sie [die Schwester] gesehen hätte, dann hätte der Wachposten sie totgeschossen. ... sie ist von Block zu Block gesprungen, damit sie nicht gesehen wird, hat sich versteckt, wieder ein Stück weiter, damit sie das bisschen Milchsuppe hinbringen konnte ... Ja, mein Vater hat so viele Schläge gekriegt. [Es folgt eine Äußerung in Romanes, die sinngemäß übersetzt bedeutet:] Ich verfluche die Leute, die meinen Vater totgeschlagen haben und meine kleine Cousine, die in Umständen war. Die verfluche ich!

Frage: Kennst du die? Frau B.: Meine kleine Cousine war in anderen Umständen, die hat einen Fußtritt von jemand gekriegt und das Kind verloren, ist auch gestorben ... Abends kam einer, mitten in der Nacht ..., das war ein Hauptscharführer ... ein Älterer, Grauer, dann kam er rein und hat gerufen: „Raus aus den Betten, hinstellen!", zu fünft oder zu viert, ich weiß nicht mehr, rein in die Betten, raus aus den Betten, dann raus aus dem Block, hinstellen, zu viert oder fünft mussten wir uns hinstellen, ich weiß es nicht mehr.

Dann hat er gesagt, so schnell wie er schießt, so schnell müssen wir uns hinschmeißen, und dass haben wir auch getan. Gelandet sind wir auf der Erde, die Mädels von der Küche, die von der Schälküche und vom Stubendienst. Wie wir da gelegen haben, hat er gesagt: „Wie wäre es denn, wenn ich jetzt zutreten würde?", während er mit seinen schweren Stiefeln auf unserem Rücken so gemacht hat, so hin und her mit seinem Fuß [Frau B. zeigt Schaukelbewegungen].

Das hat er mehrmals gemacht, jede Woche hat er das gemacht. Dann war einer – ich weiß nicht, warum der Mann das getan hat – wir mussten antreten und hüpfen, hüpfen, ja, die Hände so, und auf den spitzen Steinen bei der Schälküche hüpfen. Das werde ich nie vergessen, der Mann hat bestimmt Größe 46 gehabt, braune Schuhe hat er angehabt. Da mussten wir stundenlang vor ihm hüpfen. Der war wie so ein Schlachtermeister, der Chalo, wie so ... ein Pferdeschlachter. Warum er das getan hat, weiß ich gar nicht.

Ja, dann ist ein Kind nach dem anderen von meinem Bruder gestorben. Ein Kind nach dem anderen . ... Ja, wie ich noch in Auschwitz war, kamen sie alle paar Tage an, Blut mussten wir spenden, die Küchenmädels. Da haben sie uns auf so einen Tisch hingelegt, und uns behandelt wie ein Stück Vieh. Dann bist du von dem Tisch runtergegangen, da bist du eigentlich nicht runtergegangen, man ist schwindelig runtergeflogen.

Das Blut haben sie für die Soldaten gezapft, aber was sie damit gemacht haben, weiß ich nicht. Vielleicht haben sie es auch dafür gebraucht, wer weiß, wie viel Zigeunerblut die Soldaten gekriegt haben. Die kamen dauernd an, für das Blut haben sie uns einen halben Liter Milch gegeben.

Dann kam ich von dort weg nach Ravensbrück. Da musste ich in der Nähe vom Bahnhof mit mehreren Mädels eine Steinwalze ziehen, wir mussten den Weg glatt machen. Viele Mädels haben auch in einer Nähstube gearbeitet.

Wir haben auch in einer Sandkuhle gearbeitet, mit einer Lore. Wissen Sie was das bedeutet, mit einem Stück Holz die Lore umzudrehen? Dabei sind manche Mädchen in der großen Hitze umgekippt. Die SS-Frauen haben Stiefel angehabt, Reithosen und Peitschen, mit denen sie uns obenbdrein noch geschlagen haben. ... Dann kam ich von Ravensbrück nach ... das kann ich Ihnen jetzt nicht genau sagen, ob ich nach Schlieben gekommen bin oder nach Altenburg. Auf jeden Fall kam ich in eine Munitionsfabrik. In einem Lager habe ich Hülsen für Gewehre mit einem Schlauch gewaschen. Der Schlauch wurde angesteckt und die Hülsen gespült oder gewaschen, so genau weiß ich das nicht mehr. Es war aber ein kleines Lager, dort waren wir nicht viele. Danach kam ich wieder nach Auschwitz, wo meine Schwester war.

... Es ist dunkel gewesen und wir haben gewusst, dass da hinten der Ofen ist. Wir waren nicht viele Mädchen, vielleicht 24, und keine wollte dort hinten hin. Wir haben geschrien und sind auseinandergegangen, es war ein Wunder, dass sie nicht auf uns geschossen haben. Ein paar ältere Soldaten, keine jüngeren, die haben gesagt, wir brauchen keine Angst zu haben. Da haben wir gesagt, wir wissen doch Bescheid, wir warn doch schon mal hier, wir wissen doch was da hinten los ist. ...

Wir wurden in einen Block ohne Scheiben reingejagt, es gab nur solche Ritzen. Es gab dort Feuerwehrschläuche. Dort waren wir die Nacht über, bis andere Gefangene kamen, die waren aber schon jahrelang da. Die habe ich gefragt, ob meine Schwester in den Blöcken ist. Ich war so dumm, die haben doch meine Schwester gar nicht gekannt. Ja, du kannst deine Schwester morgen früh sehen, da vorne arbeiten sie alle. Dann haben die älteren Mädels mit den Männern gesprochen und die haben den Mädels die Wahrheit erzählt, dass alle verbrannt worden sind. Es waren Häftlinge gewesen, die vielleicht zehn Jahre alt waren. Warum die dort waren, dass weiß ich nicht, aber die älteren Mädels haben einem die Wahrheit erzählt.

Sehen Sie, was dort losgegangen ist, was die mitgemacht haben, das kann sich kein Mensch vorstellen. Ich war zweimal in Auschwitz, die anderen waren alle nur einmal. Der liebe Gott wollte mich nicht verbrennen lassen, er wollte das nicht! Meine Schwiegereltern haben sie vergast, verbrannt, ich glaube es waren fünf Kinder gewesen und Mann und Frau. Es war unmenschenunmöglich gewesen. Viele von uns wissen das gar nicht, weil sie nur einmal in Auschwitz waren. ... Und die Männer, die alles mit angesehen haben, haben gesagt, dass sie noch nie gesehen haben, wie die Leute sich gewehrt haben.

Schaun Sie, wie ich in Auschwitz war, wir haben ja jede Nacht gedacht, sie kommen jetzt, wenn ein Geräusch, wenn ein Auto gefahren ist. Die haben abends die Toten auf Lastwagen weggebracht, dann haben wir durch die Ritzen gesehen. Sie haben die weggebracht, das hat oben nur gewackelt, nur gewackelt. Ich vergesse so vieles, aber so was, das kann ich nicht vergessen, das vergesse ich mein ganzes Leben nicht. Das hat oben geschwabbelt, da hat ein Kopf runtergehangen, dort ein Bein. Dann hieß es, wir werden alle vergast. Wir haben gewartet, haben jeden Augenblick gedacht, jetzt kommen sie rein, jetzt kommen sie rein. Und wir haben gehört, wie die armen Juden geschrien haben. „Meuchel, meuchel", haben sie geschrien, die haben sie jede Nacht fuhrenweise, jede Nacht haben wir gesehen, dass die Flammen hoch rausgekommen sind, jede Nacht. Und dann das Geschrei, das man gehört hat, die armen Juden, die geschrien haben, die Eltern, die Kinder. Was der Jude und der Zigeuner mitgemacht hat, das kann sich kein Mensch vorstellen, kein Mensch kann sich das vorstellen.

...

[Frau B. berichtet über die Ernährung in Auschwitz. Es entwickelt sich ein Gespräch, an dem sich mehrere Personen beteiligen: H, W und I]

H: Wer krank war, hat ja nicht lange gelebt im Lager.

W: Nee.

H: Der war ja auch gleich weg. So war das doch.

W: Ich habe das Buch [gemeint ist das Gedenkbuch 1993] jetzt mal mitgenommen, das über Auschwitz, über die, die dort gestorben sind. Mein Mann hat einmal nachgeguckt. Wie lange seine Mutter gelebt hat. Ja! Mein Großvater war gleich weg!

Frau B.: Und der Tee, ich glaube, das haben die meisten vergessen, da gab es Tee. Der Tee hat ausgesehen wie Tinte. Und so viele Menschen sind gestorben. Gleich! In dem Tee muss was drin gewesen sein.

W: Da war Typhus drin, all so ein Kram hat man davon gekriegt.

Frau B.: Die haben bestimmt Gift in den Tee getan, weil die Menschen gestorben sind wie die Mücken. Wie die Mücken, sind sie gestorben. Wie die Mücken!

W: Auch in der Milchnahrung für die Kinder, die sie gegeben haben, soll was drin gewesen sein.

H: Jaja, das Wasser konnte man ja nicht genießen, wenn man es nicht abgekocht hat, konnte man es nicht genießen. Das stank wie Fett, wie Öl, es war unglaublich.

I: Man hatte ja keine Möglichkeiten es abzukochen.

H: Nein, das war es ja, die Menschen haben es getrunken.

Frau B.: Viele haben das Wasser sogar von der Erde getrunken, das war rostig.

Frage: Hat es denn überhaupt tatsächlich eine Verpflegung bzw. Extraverpflegung für die Kinder gegeben? Sie hatten ja die kleinen Kinder Ihres Bruders dabei. Frau B.: Morgens um elf Uhr gab es Kinderessen. ... So eine Mehlsuppe. Die war gut, wenn es genug gewesen wäre. Und um 12 Uhr gab es die Kleiesuppe. Die Kleiesuppe war für die Großen. Jetzt stellen Sie sich vor, um elf bekommt mein Kind sein Essen. Das isst mein Kind. Ist aber nicht satt. Um 12 Uhr kommt mein Essen. Dann kann ich doch nicht essen, das gebe ich doch dann auch meinem Kind. Verstehen Sie? Die Kinder sind doch nicht satt geworden von dem bisschen, das war doch zu dünn gewesen! Wenn das mit Nudeln gewesen wäre oder eine richtig dicke Mehlsuppe, dann wäre es was anderes gewesen. ... Es gab mal Brennessel. Da haben wir geweint vor Freude, können Sie sich das vorstellen? Brennessel! Und die anderen haben auch vor Freude geweint. Weil sie mal Grünes gesehen haben. Brennessel kann man ja auch essen. Da haben wir uns gefreut! ... Ja, wenn wir in der Schälküche dick geschält haben, dann war das Sabotage gewesen. Das Verfaulte durften wir nicht wegmachen, wir haben es aber weggemacht. Wenn sie das gesehen haben, dann haben sie mit uns gezankt. Dann haben wir unsere Schläge bekommen, denn es hieß, wir haben Sabotage gemacht. Wenn sie die Leute erwischt haben, die hinter die Küche kamen wo die Kartoffelschalen hingekommen sind, die wurden platt gehauen. Stellen Sie sich vor, Sie schälen Kartoffeln und die Kinder kommen und jammern, wollen Kartoffeln. Wie Ihnen dann zumute ist, und Sie dürfen es nicht machen. ...

Frau B. [berichtet über die Zeit nach Kriegsende]: Wie ich aus dem Lager rausgekommen bin, da habe ich ja immer noch feste gearbeitet. Von den Bauern war ich es gewohnt, zu arbeiten. Ja, wo sollst du hin? Da habe ich nach Arbeit gefragt. Da waren andere schon in der Freiheit. Und ich habe immer noch Angst gehabt. Ich habe beim Milchmann gearbeitet und Milch an die Flüchtlinge ausgeteilt, die im Dorf gewohnt haben. Und nach dem Mittagessen bin ich auf das Feld gegangen, um Rüben zu hacken, Mohrrüben verziehen, Kartoffeln ernten ... Angst habe ich immer noch gehabt.

Frage: Die Angst hat in dir dringesteckt? Frau B.: Die Angst, ja. Der Milchmann und die deutsche Familie, die haben ein kleines Geschäft gehabt, die haben mich gerne gehabt. Da war eine Frau aus Hamburg mit ihren zwei Kindern. Die hat gesagt, ich soll mit ihr kommen, sie fährt nach Hamburg. Ich habe ihr erzählt, dass ich in Braunschweig gewohnt habe und meine Verwandtschaft noch dort ist. Ich habe mir ja nicht vorgestellt, dass alle weg sind, dass alle tot sind! Ich habe gedacht, von den anderen sind vielleicht noch ein paar da. Deshalb habe ich gesagt: „Nein, ich steige in Braunschweig aus." Dann bin ich aus dem Zug ausgestiegen und nach Veltenhof gegangen, das hieß so. Als ich dort hingekommen bin, habe ich nicht einen Wohnwagen gesehen. Und wo unser Wohnwagen gestanden hat, da ist eine Bombe reingefallen. Stellen Sie sich das mal vor, ich kam da an und sah keinen Menschen ... Kein Mensch war da. Dann bin ich wieder zu Fuß zurück gelaufen bis in die Stadt hinein, wo der Dom ist. Ich habe als Kind gewusst, dass dort auch eine Sinti-Familie wohnt. Ich wusste ja nicht, ob die noch lebt oder auch in ein Lager gekommen ist. Auf jeden Fall habe ich danach gefragt. Die Familie war nicht da, die war verreist. Dann war dort eine deutsche Frau, zu der ich gegangen bin. Die hat mich aufgenommen ... aber nach einiger Zeit zu mir gesagt, sie könnte mich nicht behalten, weil ich nicht angemeldet bin. Anstatt dass ich zum Meldeamt gegangen bin ...

Ich habe auch nicht gewusst, dass meine Schwester noch lebt. Das habe ich alles später erfahren. Ich habe gehört, dass meine Schwester drüben bei den Russen in Quedlinburg war. Als ich dort hingekommen bin, war meine Schwester zwei Tage vorher weggefahren. Das ging ihr zwei Mal so und mir auch zwei Mal! Zwei Mal bin ich hingefahren und sie war weg und bei ihr war es genau dasselbe.

Frage: Und du warst weg? Frau B.: Und ich war weg. Jedes Mal haben wir uns verfehlt. Na, dann war ich erst mal glücklich: Du hast noch eine Schwester. Frage: Wo haben Sie denn nach dem Kriege gelebt? Sind Sie in Braunschweig geblieben? Frau B.: Nein. ... Wir hatten erst einen kleinen Wohnwagen und dann habe ich 4.000 Mark Entschädigung gekriegt, davon haben wir uns ein kleines Gartenhaus gekauft ... und dort haben wir viele Jahre gewohnt. Frage: In Hamburg oder in Braunschweig? Frau B.: In Hamburg. Vor dem Krieg haben wir in Braunschweig gewohnt, bis wir weggekommen sind. Und nach dem Krieg habe ich in Hamburg mit meinem Mann gelebt. ...

Frau B. [berichtet noch einmal aus der Zeit vor dem Krieg und über die Arbeit bei Bauern in Braunschweig]: Wenn die Bauern kamen, haben sie die Leute geholt, morgens früh und abends wurden sie wieder zurückgebracht. Die haben Geld gekriegt, ihr Mittagessen, zu Mittag kamen die Bauern mit einem großen Topf raus. Und wenn die Felder zu weit weg waren, dann war da vielleicht eine Scheune, wo sie übernachtet haben. Fünf oder sechs Tage, bis die Kartoffeln von den Riesenfeldern aufgelesen und alle reingebracht worden sind. Es wurde auch im Akkord gearbeitet, mit der Hand ging es nicht so schnell wie später mit der Maschine. Oder Erbsen gepflückt haben sie. Viele haben Körbe, Gartenmöbel oder Holzpantoffeln gemacht. Viele Männer haben im Hafen gearbeitet. Mein Vater hat in einer Eisenfabrik gearbeitet ... .

Frage: In Braunschweig? Frau B.: In Braunschweig. Ja, und meine Schwester, die hat beim Kohlenhändler gearbeitet. Da haben sie Kohlensäcke geflickt, damals. Damals wurde ja noch alles geflickt, das wissen Sie nicht mehr. ... Genau so wie die Körbe von den Bauern, und Regenschirme haben sie geflickt. ...

6.1.3 Interview mit Frau C. (1993), Jahrgang 1927. Frau C. lebte seit 1937 mit ihrer Familie in Hildesheim. Anfang März 1943 wurde sie mit Angehörigen ihrer Familie im Polizeipräsidium erkennungsdienstlich behandelt und von Hildesheim nach Braunschweig transportiert. Von dort fuhr sie mit anderen Sinti in einem Zug weiter in das KZ Auschwitz[106].

---

[106] Nds. Landeszentrale; Interview 49 (Auszug). Im Interview wird ein Lager in einem Pferdestall erwähnt. Ein Foto des Barackentyps „Pferdestall" in Auschwitz findet sich bei Münzel; Streck 1981, 79.

... Frau C.: Ja, da haben wir erst im Drispenstedter Weg gestanden. Und, 1941 glaube ich, oder 1940 sind wir dann nach Drispenstedt. Das ist ja gleich hier bei Hildesheim. Dort haben wir in einem Wagen gestanden, keine Wohnung, sondern im Wagen. Mein Vater ist schon 1938 weggekommen.

Frage: Der ist schon so früh weggekommen? Hier von Hildesheim aus? Frau C.: Ja, der ist schon 1938 weggekommen, und wir, also die Mutter und wir Geschwister, 1943. ... Wir haben damals gearbeitet, meine Schwester in einer Gummiwerkstatt, und auch ich musste, sobald ich aus der Schule entlassen wurde, gleich dort in die Mercedesfabrik zum arbeiten. Und am 3. März 1943, es war ein Montag, haben sie [die Kripo] uns aus der Arbeit abgeholt und hier in das [Polizei]Präsidium gebracht. Dort wurden unsere Fingerabdrücke ... und wir wurden photographiert. Wir haben gesagt, dass wir nix gemacht haben, warum ... uns wurde gesagt, das würden wir schon sehen. Es müsste doch wenigstens der Mutter Bescheid gesagt werden. „Das ist nicht nötig, die kommt auch." Und vielleicht so nach einer Stunde, da saß dann die Mutter und die Geschwister, die gekommen sind. Die vier Geschwister waren noch alle in der Schule, die hatten sie aus der Schule abgeholt. Und über Nacht waren wir hier im Gefängnis und am anderen Tag sind wir mit einem Bus nach Braunschweig gebracht worden. ...

Frage: Mit einem Polizeibus? Frau C.: Nein, mit so einem richtigen Omnibus sind wir nach Braunschweig.

Frage: Waren da noch mehrere Sinti dabei? Frau C.: Ja, also da war noch ein Mann hier aus Harsum ... Von [Name] hieß der, mit seinen Kindern. Und dort in Braunschweig, als wir am Bahnhof standen, ist die Kripo gekommen und wir mussten [aus dem Bus] raus, und die Familie [Name], die durfte drinbleiben. Da hat der Mann noch gesagt: „Ja, warum? Warum soll ich denn hier jetzt ... wo wollt ihr mich denn mit den Kindern hinbringen?" „Mach dass du reinkommst!" Der ist wieder nach Hause gefahren worden! Und wir sind weggekommen. Also wir waren hier in Hildesheim zwei Familien ... Aber die Familie [Name] ... haben sie wieder mit zurückgenommen. Und die sind nicht ins Konzentrationslager gekommen ... nach Auschwitz ging es dann mit einem richtigen Zug. Also kein Viehwaggon.

Frage: Waren da Braunschweiger Sinti dabei? Frau C.: Ich weiß es nicht. Also, da waren so viele, vor allem, wir hatten ja keinen gekannt ... doch, von Braunschweig sind auch welche weggekommen, die waren bei uns im Abteil. Also, wir waren verschiedene bei uns im Abteil. Wir haben sie ja nicht gekannt. Aber es waren welche aus Braunschweig. ...

Frage: Wie lange hat die Fahrt etwa gedauert, können Sie sich daran erinnern? Frau C.: Es waren glaube ich zwei Tage.

Frage: Zwei Tage. Und hat der Zug zwischendurch angehalten? Frau C.: Ja, der Zug hat öfters gehalten, aber nicht lange. Sehen konnten wir nichts, denn die Fenster waren zu, da durften wir nicht raussehen.

Frage: Sind die zugezogen worden oder waren die zugestrichen? Frau C.: Nein, die waren zugestrichen, so dass wir nicht raussehen konnten. Wir haben da wohl nur gesehen, wenn es Nacht war ... aber sonst haben wir nichts gesehen. In Auschwitz sind wir ... mein Gott, es muss schon spät gewesen sein, die Lichter waren alle an, als wir dort ankamen. Da hieß es, nachdem die Türen aufgegangen sind: „Raus! Raus! Alles anstellen!" Und es wurde auch gleich geschlagen ... Dann mussten wir gleich an der Rampe, wo wir raus sind, in einen großen Block. Da waren viele Menschen, also eben vom ganzen Zug aus ... Wer gestanden hat, der musste stehen bleiben, setzen konnte sich keiner, so voll war es. Und da waren wir dann bis in die Früh. Und in der Frühe sind sie wieder gekommen und wir mussten alle raus, anstellen, und dann sind wir nach Birkenau marschiert. Unterwegs haben wir die ersten Toten gesehen, das war das Judenlager, das Männerlager, wo wir durchgekommen sind. ... also als Skelette, was wir ja vorher nie gesehen haben. Ja und, wir waren der erste Transport in Birkenau. Ich hatte die Nummer 562. ... Die Baracken waren vorher Pferdeställe, da lag noch etwas von den Pferden, die alten Decken haben dort gelegen, man hat eben gesehen, dass dort Pferde drin waren. Und dann wurden eben bloß diese Holzpritschen reingebracht, ... diese alten Decken auf Brettern, da mussten wir, damit sollten wir uns zudecken. ... das hat gestunken wie die Pest! Und am nächsten Tag ging es dann los zum Appell. Alles raus und im Matsch ist man eingesunken. Es war doch noch nix gemacht. Und da waren wir erst mal in Birkenau.

Frage: Wie war denn das, der erste Appell? Da wussten Sie dann sicherlich noch gar nicht, worum es eigentlich geht. Frau C.: Natürlich nicht! Da mussten alle erst mal raus aus dem Block. Es wurde durch die SS geschlagen. Wer nicht gleich gewusst hat wie und was, der wurde getreten und geschlagen. Ja, und dann hieß es „Alles aufstellen hintereinander", und immer in Fünferreihen. Das erste Mal haben wir gut eine Stunde gestanden.

Frage: In der Kälte. Frau C.: In der Kälte, ja. ... Nachher wurde abgezählt und dann gab es wieder Schläge und Tritte und nachher wieder rein in die Blocks.

Frage: Sind Sie dann gleich zur Arbeit eingeteilt worden? Am ersten Tag? Frau C.: Nein. Also gleich sind wir nicht zur Arbeit eingeteilt worden. Uns wurden erst mal die Nummern eintätowiert. Es war vielleicht erst nach vierzehn Tagen, da haben sie unsere Sachen alle weggenommen, und wir haben Häftlingskleidung bekommen.

Frage: Nach vierzehn Tagen erst, so lange haben Sie Ihre eigenen Sachen behalten? Frau C.: Ja. So lange hatten wir unsere eigenen.

Frage: Wurde Ihnen irgendwas erklärt, warum die Nummer eintätowiert werden muss? Frau C.: Gar nicht, das wurde einfach nur gemacht. Und die Nummer war dann auch auf dieser Häftlingskleidung. Ja nun, dann ging es los mit der Entlausung, mit den Läusen, das war furchtbar. So große weiße Läuse, das waren direkt die Pferdeläuse von den Decken. ... An einem anderen Tag habe ich gesagt: Mama! Mein Buckel ist weiß. Ja, und dann hat meine Mutter reingesehen, es hat alles gewimmelt von den großen Läusen. So nach vierzehn Tagen ging es mit der Entlausung los, dann wurden die Haare abgeschert und wir mussten erst mal das Lager machen. Denn es war ja überhaupt gar nichts da, nur Matsch. Dann ging es los, die kleinen Kinder, meine Schwester und meine Brüder, der eine war neun, der andere war zehn, die mussten dann Steine tragen. Also die Steine, die ausgebuddelt worden waren, die mussten sie von einer Seite des Lagers auf die andere tragen. ... Und dann ging das in den Blocks mit den Haaren los. Unten musste alles weggeschert werden, das war Schikane. Die Frauen und Männer durften es nicht selber machen, sondern umgedreht. Frauen mussten es bei den Männern machen und die Männer bei den Frauen. Wir sind dann damals, meine Schwester und ich, weil wir lesen und schreiben konnten, aus dem Block rausgekommen und in die Schreibstube. Ich war dann in Block 2, dort waren alle, die irgendwie einen kleinen Posten hatten. Meine Schwester kam in die Schreibstube und ich war dann als Krankenschwester im Krankenbau. ...

Die Männer wurden aussortiert, die sind dann in das Männerlager oder woanders hin gekommen. Verschiedene junge Frauen sind auch weggekommen, ja Gott, man hat nie gewusst, wo die dann geblieben sind und wie oder was. Später hat man dann gehört, die sind auf Transport gegangen, später gingen ja verschiedene Transporte. Aber wir sind zunächst dort geblieben. Und es wären vielleicht nicht alle vergast worden, aber meine Mutter, die hat immer gesagt: Keiner meldet sich auf den Transport, wir bleiben alle zusammen hier. Denn die Parole ging, die letzten mit den Familien, die kommen nach Lackenbach, zum Freiheitslager Lackenbach [gemeint ist das KZ Lackenbach südlich von Wien]. Und meine Mutter sagte immer nur: Wir bleiben zusammen, damit wir dann auch in das Freiheitslager nach Lackenbach kommen. Das Ende war, wir sind auf einen Transport gekommen, ja und die Mutter und ... ja, einer ist gestorben, das war der Gimpel. ...

[Frau C. berichtet über die letzten Kriegsmonate und einen Evakuierungsmarsch aus Altenburg im April 1945, der sich nach einem Bombenangriff aufgelöst hat] Von Altenburg sind wir dann auf Transport gegangen. Wir mussten laufen und in der Nacht sind wir in einer Scheune geblieben und am anderen Tag mussten wir weitermarschieren. Und in Meerane hieß es, als wir aus dem Städtchen draußen waren, dass wir uns alle rechts im Straßengraben hinsetzen sollten. Es hieß, der Verpflegungswagen kommt.

Frage: Vorher hatten Sie nichts gekriegt seit Altenburg? Frau C.: Gar nichts, nein. Wo wir dann im Graben gesessen haben, da hieß es auf einmal während des Sirenengeheules: Alles runter! Da war eine Parkanlage, wo wir alle hin mussten. Eine ganze Zeit haben wir dort gesessen, als so ein langanhaltender Sirenenton kam. Wir hatten schon gedacht, dass die Sirene vielleicht getroffen worden ist. Die ganze SS war mit unten, auch die SS-Männer. Und dann auf einmal war kein Mensch mehr da, die SS war weg. Viele von den Frauen sind dann abgehauen, wir sind aber sitzen geblieben. Zwei bis drei Aufseherinnen waren noch da, die sind gut zu uns gewesen. Die eine hieß Gretel, den Nachnamen weiß ich nicht mehr. Die waren hier aus Braunschweig und zwei waren aus Hamburg. Es gab verschiedene Frauen, die sie aus der Lagerzeit kannten. Deshalb sind sie gut zu uns gewesen. Auch die Gretel aus Braunschweig war ja eine herzensgute Frau. Was sie an Meldungen vereiteln und vertuschen konnte, dass hat sie gemacht. Na, wie oft hat sie uns ihr Essen gegeben. In dem Flur in Altenburg, der zur Küche ging, hat auch die SS ihr Essen geholt. Wir hatten die gleichen Schüsseln, so aus weißem Glas [Emaille]. Ja, und was meine Cousine und meine Tante war, wir waren zu Dritt und an jeder Ecke hat eine gestanden, wenn sie durchgekommen ist. Dann hat sie schnell bloß die Schüssel getauscht, wir haben die leere hingegeben und sie hat uns ihre Schüssel gegeben, oft auch Brot.

6.1.4 Interview mit Frau D. Der folgende Text ist ein Auszug aus einem Interview, das 1987 in der Niedersächsischen Beratungsstelle für Sinti in Hannover durchgeführt wurde[107].

Frage: Wann wurden die Sinti in Braunschweig festgesetzt? Frau D.: Ca. 1939 wurden wir alle festgesetzt in Braunschweig-Veltenhof. Wir mussten alle arbeiten, ob jung oder alt. Wir haben alle in den Wagen gewohnt. Wir haben dort auf dem Platz gewohnt bis der Transport ins KZ geschah. Da haben sie uns alle umzingelt; Polizei und Gestapo. Sie haben uns weggeholt und gesagt, wir kommen nach Auschwitz und da werden wir angesiedelt. Da sollen wir dann Vieh und Häuser oder Wohnungen und dergleichen [bekommen]. Und dann haben sie uns nach Auschwitz gebracht; und wie wir aus dem Zug kamen, da haben sie uns gleich mit den Gewehrkolben geschlagen. Dann haben sie uns alle in einen Block getrieben. Wir hausten alle zusammen: Kinder, Frauen, Männer und die alten Leute. Vor dem Block lagen viele Leichen. Wir kriegten jeden Tag Prügel. Nach einiger Zeit musste ich in den Krankenblock zum arbeiten. Ich musste miterleben, wie da hauptsächlich Kinder und alte Leute wie die Fliegen wegstarben. Später erkrankte ich an Typhus.

Eines Tages sollte ich mit anderen Leuten auf einen Transport gehen. Zuerst wollte man mich nicht mitnehmen, weil ich zu krank und zu dünn war. Dann hat aber meine Cousine mich mit reingeschummelt. Wir sind dann nach Ravensbrück gekommen. In Ravensbrück haben wir gleich Prügel bekommen. Wir mussten den ganzen Tag in der Hitze stehen, ohne dass wir etwas zu essen oder trinken erhielten. Abends sind wir in einen Quarantäneblock verlegt worden. Den durften wir nicht verlassen. Später mussten wir in einer Kiesgrube arbeiten. Wer nicht mehr arbeiten konnte, wurde oft an der Arbeitsstelle noch erschossen. In Ravensbrück war ich ca. ein Jahr. Wir sind von den Amerikanern befreit worden. Irgendwann sind wir in Stettin angekommen. Dort haben wir uns in den ersten Jahren nach dem Krieg durchgeschlagen.

1950 bin ich „schwarz" über die Grenze in den Westen gegangen. Ich bin hier nach Verden gekommen, weil meine Schwester schon hier war.

Frage: Wieviele Personen lebten ungefähr in Braunschweig-Veltenhof, bevor Sie abtransportiert wurden? Frau D.: Ich kann das nicht genau sagen. Man

---

[107] Landeskirchliches Archiv Wolfenbüttel; Ev. Studentenpfarramt Acc 18/00 Nr. 58.

lebte ja immer in Angst und Schrecken und da hat man sich nicht so um Einzelheiten gekümmert. Aber ich glaube, es müssten wohl 1.000 Sinti gewesen sein; denn da standen ja wohl so um die 100 Wagen und in jedem Wagen lebten zwischen 8 und 12 Personen, manchmal noch mehr. Nein, 1.000 Personen ist bestimmt nicht übertrieben.

Frage: Waren in Veltenhof oft Razzien? Frau D.: Hin und wieder in unregelmäßigen Abständen kam die Kripo und die Gestapo. ...

Meldeblatt Form 1

1	Registrier-Nummer A	1	
2	Registrier-Nummer B	2	
3	Natürliche (1) — Juristische (2) Person	3	
4	Aufenthaltsland	4	
5	Geburtsdatum	5	
6	Staatsangehörigkeit	6	
7	Verfolgtengruppe	7	
8	Doppelantrag Ja (1), Nein (0)	8	
9	Wohnsitz	9	
10	Besondere Verfolgtengruppe (0-1-2)	10	
	Beantragt werden:		
11	Hinterbliebenen-Rente *)	11	
12	Hinterbliebenen-Kapitalentschädigung *)	12	
13	Geschädigten-Rente *)	13	
14	Geschädigten-Kapitalentschädigung *)	14	
15	Geschädigten-Heilverfahren *)	15	
16	Freiheitsschaden *)	16	
17	Sachschaden *)	17	
18	Sonderabgaben *)	18	
19	Geldstrafen *)	19	
20	Sonstige schwere Schäden *)	20	
21	Schaden im Selbständigen Beruf *)	21	
22	Schaden im Privaten Dienst *)	22	
23	Schaden im öffentlichen Dienst *)	23	
24	Ausbildungsschaden *)	24	
25	Versicherungsschaden *)	25	
	Härtefonds **)		
26	Einmalige (1) — Laufende (2) Zahlung	26	
26	Leistungsart	26	

Abbildung 11. Formblatt der „Entschädigungsbehörde" zur Erfassung der Ansprüche zur „Wiedergutmachung", das in den fünfziger Jahren auch in Braunschweig verwendet wurde (Quelle: Nds. HSTA Hannover; Bestand Nds 110 W)

6.2 Biografische Dokumente aus Akten der „Wiedergutmachungsverfahren"

Sinti und Roma, die den Nationalsozialismus überlebt haben, hatten nach dem Zweiten Weltkrieg die Möglichkeit, eine „Wiedergutmachung" zu beantragen. So konnte eine einmalige Entschädigungen gewährt werden, wenn z.b. nachweisbar war, dass die Eltern eines Antragstellers ihren Wohnwagen oder anderes Eigentum durch Gewaltmaßnahmen der Nationalsozialisten verloren hatten. Oder es konnte eine Rente beantragt werden, wenn ein Antragsteller eine dauerhafte und schwerwiegende gesundheitliche Schädigung z.B. durch den Aufenthalt in einem Konzentrationslager erlitten hatte.

Die Praxis der „Wiedergutmachungsverfahren" zeigt aber, dass oft keine Entschädigungen gezahlt wurden oder dass die Entschädigungssummen sehr niedrig ausgefallen sind. Auch gab es nicht selten Fälle, in denen über Jahrzehnte der Anspruch ohne abschließendes Ergebnis geprüft wurde. Manchmal hat es mehrere ärztliche Untersuchungen gegeben, ohne dass es zu Zahlungen kam. Damit ging es den Sinti und Roma ähnlich wie einer anderen Opfergruppe des Nationalsozialismus. Auch nach dem „Gesetz zur Verhinderung erbkranken Nachwuchses" Zwangssterilisierte hatten im Nachkriegsdeutschland erhebliche Schwierigkeiten, ihre berechtigten Ansprüche erfolgreich durchzusetzen (Reiter 1997c, 117ff).

Nach 1945 setzte eine neue Benachteiligung der Sinti und Roma durch die Nachkriegsbehörden ein, die allerdings nicht generell dem Unwillen der Bearbeiter zuzuschreiben ist. Auch engagierte Sachbearbeiter hat es gegeben, nicht selten sind aber Vorurteile zu erkennen, die dadurch verstärkt wurden, dass den Sinti und Roma Verfahrenskenntnisse oder das Selbstbewusstsein fehlte: Die genauen Regelungen zur Entschädigung waren oft nicht bekannt, notwendige Briefe an die Behörden sind oft mühselig geschrieben worden und zeigen eine fehlende Bildung der Antragsteller, um mit dem „Amtsdeutsch" umzugehen.

Nicht selten dürfte auch Angst eine Rolle gespielt haben, zumindest aber ein fehlendes Vertrauen in Behörden, deren Absichten als nicht durchschaubar empfunden wurden. Diese Empfindungen haben sich aber nur gelegentlich und indirekt in den Akten niedergeschlagen. Ein Beispiel dafür ist eine Antragstellerin, die sich selber bei einer amtsärztlichen Untersuchung als gesund bezeichnet hat. Erst später stellten sich bei fachärztlichen Prüfungen deutliche Gesundheitsprobleme heraus, die die Antragstellerin offenbar zunächst aus Angst verschwiegen hatte[108].

Durch viele Einzelfälle ist die Frage nahegelegt, ob oder inwieweit Sinti und Roma ab 1945 gerecht entschädigt worden sind. Dieser Bereich kann und soll hier nicht untersucht werden. Archivakten zu den „Wiedergutmachungsverfahren" zeigen aber immer wieder Abschnitte aus dem Leben von Sinti. Einige werden hier stellvertretend dargestellt. Dabei liegt ein Schwerpunkt auf Personen, die in Braunschweig geboren worden sind, die aus dem „Sammellager" Braunschweig-Veltenhof nach Auschwitz deportiert wurden, oder die ab 1945 in Braunschweig gelebt haben. Der Inhalt der Akten ist oft bruchstückhaft, zeigt aber zwei Seiten: Historische Einzelheiten zum Schicksal der Sinti und dasjenige, was die „Entschädigungsbehörden" ab 1945 wichtig fanden und festhielten, um Ansprüche zu prüfen[109].

Dass hier schwerpunktmäßig Fälle aus dem Bereich Braunschweig einbezogen sind, begründet sich durch die Aktenlage und ihre Erschließung im Niedersächsischen Hauptstaatsarchiv Hannover. Zur Ergänzung sind auch aussagekräftige Beispiele aus anderen Regionen Niedersachsens dargestellt.

6.2.1 Frau A. (Jahrgang 1925) hat nach dem Zweiten Weltkrieg in Braunschweig gelebt, wo sie 1949 heiratete. 1942 wurde sie in der Tschechoslowakei in einer Sammelaktion erfasst und dann zu einem Sammeltransportlager in Hannover gebracht. Von Hannover aus wurde Frau A. nach Auschwitz deportiert. Es folgten weiterer KZ-Aufenthalte in Ravensbrück und Dachau. Zum Zeitpunkt der Befreiung durch die Alliierten hat sich Frau A. offenbar im Frauenlager des KZ Neuengamme im Kreis Salzwedel aufgehalten. Genaue Angaben konnte sie

---

[108] Entschädigungsfälle wegen Gesundheitsschädigung durch einen Aufenthalt in einem Konzentrationslager finden sich auch in: STA Wolfenbüttel; 4 Nds Zg. Nr. 41/1992 Nr. 1372 und Nr. 1489.

[109] Aus datenschutzrechtlichen Gründen sind die Anfangsbuchstaben der Namen geändert. Die Beschreibung der Einzelfälle mit Zitaten beruht in den Abschnitten 6.2.1 bis 6.2.18 auf der jeweils genannten Einzelakte, soweit nicht andere Quellen genannt sind.

selber nicht mehr machen. Ihre Erinnerungen über die Ereignisse wurden 1965 in einem „nervenärztlichen Gutachten" so festgehalten:

„Frau [Name] ist nach ihren eigenen glaubhaften Angaben vier Jahre lang wegen ihrer Abstammung als Zigeuner den Belastungen des Konzentrationslagers ausgesetzt gewesen. Sie war u.a. in Auschwitz und Ravensbrück. Irgendwelche Vergünstigungen hatte sie nicht, sondern mußte alle diejenigen Quälereien, alle Entrechtung und Entwürdigung über sich ergehen lassen, wie sie nach dem Kriege aus den Konzentrationslagern bekannt geworden sind. Sie befand sich damals in dem besonders labilen Alter einer Heranwachsenden. Sie wurde geprügelt, einmal nach Angaben so stark, daß das Gesicht völlig verschwollen gewesen sein soll. Sie befand sich in ständiger Angst vor der physischen Vernichtung und soll auch einmal bereits für die Gaskammer ausgesucht worden sein. Hinzu kommt die Trennung von der Familie, die Aussichtslosigkeit der Situation und die absolute Hoffnungslosigkeit. ... Es kann kein Zweifel sein, daß dies eine außergewöhnliche, jedes verständliche Maß überschreitende seelische und körperliche Belastung gewesen ist." [110]

Das Gutachten führte dazu, dass Frau A. eine Rente wegen einer „verfolgungsbedingten Erwerbsminderung" erhalten konnte.

6.2.2 Frau B.

stellte nach dem Zweiten Weltkrieg einen Antrag bei der Entschädigungsbehörde. In diesem Falle ging es um die Entschädigung für zwei Wohnwagen der Eltern. Um den Wert und damit eine Schadenssumme festzulegen, wurde auch das Alter der Wagen festgehalten: Geschätzt wurde, dass sie 1943 sechs oder sieben Jahre alt gewesen sind. Zusammen mit dem Hausrat wurden die Wohnwagen von der Gestapo beschlagnahmt. In den Akten findet sich dazu u.a. folgende Schilderung:

„Nach den Angaben des Polizeimeisters [Name], Braunschweig vom 7.5.1955 und des früheren Bürgermeisters Hermann Lages, Braunschweig-Rühme, vom 18.5.1955, die bei der Zigeuneraktion in Veltenhof bei Braunschweig Anfang März 1943 zugegen waren, mußten die Zigeuner ihre Wohnwagen und ihren Hausrat außer Kleinigkeiten, wie Decke, Kochtöpfe u. z.T. Federbetten, zurücklassen, als sie nach dem Osten abtransportiert wurden. Die wenigen zurückblei-

---

[110] Nds. Hauptstaatsarchiv Hannover; Nds 110 W Acc 16/99 Nr. 800069.

benden Zigeunerfamilien (z.B. Teilnehmer des 1. Weltkrieges) durften die noch gut bewohnbaren und brauchbaren Wohnwagen übernehmen, während die übrigen Wohnwagen nach dem Abtransport der übrigen Zigeuner restlos verbrannt worden sind mitsamt ihrer Einrichtung." [111]

Aktenkundig wurde auch, dass beide Eltern der Antragstellerin und einige ihrer Geschwister in Auschwitz umgekommen sind.

6.2.3 Herr C. (Jahrgang 1908) hat vor und nach dem Zweiten Weltkrieg in Braunschweig gearbeitet. Von Beruf war er Korbmacher und 1937 bei verschiedenen Landwirten zur Ernte und zu Ausbesserungsarbeiten eingestellt. 1939 bis 1940 ist er bei einer Baustofffirma in Braunschweig tätig gewesen. Für seinen Antrag auf Entschädigung musste der Antragsteller seine Berufszeiten nachweisen. Von der Baustofffirma wurde ihm 1954 bestätigt, dass man ihn als fleißigen und ehrlichen Arbeiter in Erinnerung hatte. Die Bestätigung eines Sandgrubenbetriebes aus Braunschweig-Veltenhof lautete:

Bescheinigung!

Hiermit bescheinige ich, daß der Arbeiter [Name und Geburtsdatum], in den Kriegsjahren in meinem Betrieb beschäftigt gewesen ist. Genaue Daten kann ich nicht mehr feststellen.

Desgleichen bescheinige ich, daß der Wohnwagen desselben im März 1943 durch städtische Angestellte auf dem Zigeunerlagerplatz mit verbrannt ist. [Stempel und Unterschrift]

Die Kripo Braunschweig verhaftete Herrn C. am 3. März 1943 und am 10. März 1943 wurde er in das KZ Auschwitz gebracht. Danach war er ab August 1944 bis März 1945 im KZ Buchenwald. Nach der Entlassung aus dem KZ Buchenwald musste Herr C. wegen eines komplizierten Knochenbruchs in ein Krankenhaus eingeliefert werden. Diesen Bruch hatte er sich während der Zwangsarbeit im Konzentrationslager zugezogen, so dass er dort in den Krankenhäftlingsbau aufgenommen wurde. Der Unfall war im März 1945 beim Tunnelbau

---

[111] Nds. Hauptstaatsarchiv Hannover; Nds 110 W Acc 6/99 Nr. 801087 a-b, Nr. 801088, Nr. 804098, Nr. 803566, Nr. 804097.

im Mittelbau-Dora erfolgt. Die Akte enthält auch eine Beschreibung des Unfalls: Herr C. musste eine mit Steinen beladene Lore bedienen. Bei dem Unfall rollte die Lore über einen Unterschenkel, so dass ein komplizierter Bruch entstand. Nach der Entlassung aus dem Konzentrationslager und einem Krankenhausaufenthalt hat Herr C. ein Wandergewerbe als Korbmacher angemeldet, dass er aber bereits 1949 nach einem Jahr wieder abgemeldet hatte. Danach erfolgte eine Unterstützung durch das Arbeitsamt Braunschweig. Seine verzweifelte Lage schilderte Herr C. in einem Brief vom 2. Juni 1953 an den Niedersächsischen Landesausschuss für Sonderhilfssachen:

Betr.: Mein Haftentschädigungsantrag. ...

Der Sonderausschuss Braunschweig hat eindeutig festgestellt, dass Hilfsbedürftigkeit vorliegt und alle gemachten Angaben den Tatsachen entsprechen. Herr [Name] dagegen zweifelt die Angaben an und stellt mich als asozial hin. Hierzu möchte ich bemerken, dass mein Leiden eindeutig auf die Behandlung im Konzentrationslager herrührt und aktenkundig nachgewiesen ist, dass ich niemals etwas mit den Gerichten zu tun hatte, ich also schlecht als asozial bezeichnet werden kann. Nachweisbar habe ich auch vor dem Kriege schon immer gearbeitet.

Zur Zeit muss ich von 18,50 DM Stempelgeld mein Leben fristen und bin aus gesundheitlichen Gründen nicht in der Lage, mir etwas zu verdienen. Ich brauche wohl nicht zu betonen, dass man mit ca. 20.-- DM kaum leben kann, geschweige denn Anschaffungen machen kann. Durch meine Notlage bin ich so verzweifelt, dass ich jetzt vor nichts mehr zurückschrecke, mir ist jetzt schon alles egal. Hoffentlich ist Ihre Dienststelle so entgegenkommend, und wird mir auf meine Eingabe antworten, denn ich weiß mir wirklich keinen Rat mehr. Eine Durchschrift dieses Schreibens habe ich zurückbehalten, um diese evtl. an die Bundesregierung in Bonn zu senden; wenn ich auch ein Zigeuner bin, so haben vor dem Grundgesetz aber alle Deutschen gleiches Recht.

In der Hoffnung recht bald eine Antwort von Ihnen zu erhalten verbleibe ich hochachtungsvoll [Name und Stempel] [112]

---

[112] Nds. Hauptstaatsarchiv Hannover; Nds 110 W Acc 16/99 Nr. 800812.

Auch in diesem Fall wurde für die Frage der Entschädigung geprüft, ob die Verhaftung aus „sicherheitspolizeilichen Gründen" oder aus „rassischen Gründen" erfolgt war. Schließlich wurde letzteres unterstellt, so dass ein Anspruch nach dem Gesetz über Entschädigung durch Maßnahmen der nationalsozialistischen Gewaltherrschaft geltend gemacht werden konnte. Im Antragsverfahren wurde 1956 ein ärztliches Gutachten beim Städtischen Krankenhaus Braunschweig erstellt. Dabei wurde festgehalten, dass die Ehefrau des Herrn C. (1917 in Braunschweig geboren) 1944 oder 1945 in einem Konzentrationslager gestorben ist und ebenso fünf gemeinsame Kinder, sowie der Vater des Herrn C. Die an ihn gezahlte Entschädigungssumme betrug etwa DM 2.000.

6.2.4 Frau D. (Jahrgang 1924) lebte nach dem Zweiten Weltkrieg bis 1947/48 in Braunschweig, wo sie einen Antrag auf Entschädigung stellte. Sie war 1942 bis zu ihrer Verhaftung am 3. März 1943 als Arbeiterin in einer Sackfabrik in Magdeburg-Neustadt dienstverpflichtet. Ihr Vater war von Beruf Musiker und die Mutter wurde bereits 1942 in das KZ Ravensbrück eingeliefert, wo sie verstarb. Zusammen mit Frau D. wurden zwei Geschwister nach Auschwitz deportiert, die dort verstarben. Zur Begründung ihrer Ansprüche auf Entschädigung machte Frau D. u.a. geltend:

„Im Zeitpunkt meiner Verhaftung gehörten unserer Familie ein Wohnwagen, Kleider und Betten im Werte von ca. RM 5.000,-. Diese Sachen sind verlorengegangen. .... . Durch die Haft habe ich gesundheitlich schwer gelitten. Ich habe Herzbeschwerden, Kopfschmerzen und bin sehr nervös und seelisch deprimiert."[113]

Aus den Akten geht auch hervor, dass sie aus dem „Zigeunerlager" Magdeburg stammte und damals als „arbeitsscheue Zigeunerin" eingestuft worden ist. Vom KZ Auschwitz wurde sie nach Ravensbrück und schließlich nach Buchenwald deportiert. Im KZ Buchenwald war als Grund der Inhaftierung „Schutzhaft" angegeben. Frau D. versorgte nach dem Kriege drei Kinder und lebte nach ihrem Aufenthalt in Braunschweig in Hamburg. Dort arbeitete sie als Artistin auf wechselnden Jahrmärkten.

---

[113] Nds. Hauptstaatsarchiv Hannover; Nds 110 W Acc 16/99 Nr. 801194.

6.2.5 Herr E. (Jahrgang 1926) lebte mit seiner Familie bis zur Deportation in das KZ Auschwitz im „Sammellager" Braunschweig-Veltenhof. In Auschwitz verstarben seine Eltern und seine Geschwister. Herr E. hat von 1936 bis 1939 die Volksschule Veltenhof besucht. Seine „zigeunerische" Abstammung führte dazu, dass er verspätet eingeschult wurde. Und ab 1940 wurde ihm der Schulbesuch untersagt. Nach der kurzen Schulzeit war er in einer Gärtnerei in Braunschweig tätig, wo er aus rassischen Gründen entlassen wurde. Später hat Herr E. bis zu seiner Verhaftung 1943 als Hilfsarbeiter bei einem Bauunternehmen in Braunschweig gearbeitet. Nach 1945 war er wieder bei Baufirmen tätig, und schließlich ab 1947 als Händler mit Textilien unterwegs. In seinem „Wiedergutmachungsverfahren" wurde auch ein Zeuge einbezogen, der 1955 folgende Aussage gemacht hat:

Ich kenne den Antragsteller schon von Jugend an und bin mit ihm zusammen zur Schule gegangen. Seit 1940 wohnte meine Mutter und ich im Wohnwagen von [Name] in Braunschweig, Veltenhof, wo damals etwa 60 Wohnwagen standen. Nach der Schulentlassung arbeitete ich mit [Name] zusammen auf dem Bau. Am 3.3.1943 wurden wir auf dem Veltenhof durch eine polizeiliche Maßnahme aus rassischen Gründen festgenommen. Auch [Name] ist sogenannter Zigeunermischling. Ich bin dann vom 3.3.1943 bis Mai 1945 mit [Name] in einem Lager gewesen. Wir hatten während der Lagerzeit ein sehr kameradschaftliches Verhältnis, da wir uns schon als Kinder kannten. Ich wurde von Veltenhof zusammen mit [Name] auf einem Lastwagen abgefahren. Die Verhaftung wurde durchgeführt durch Gestapobeamte in Zivil und auch uniformierter Polizei. Von Braunschweig wurden wir in das KZ.Lager Auschwitz transportiert. Wann wir dort ankamen, weiß ich nicht mehr, ich weiß aber noch, daß Schnee lag. Es wurde uns auch gesagt, wir sollten uns warm anziehen.

Im Jahre 1944 kamen wir in das KZ.Lager Buchenwald. Wie lange wir dort blieben, kann ich nicht sagen, es war wohl einige Wochen. Von Buchenwald kamen wir in das Lager „Dora" bei Nordhausen und dann in das Lager Osterhagen/ Harz. Wann die beiden letzteren Verlegungen waren, weiß ich nicht mehr. Ich wußte damals zunächst nicht einmal wie die Lager hießen. Unser einziges Interesse erstreckte sich auf das Essen und die Arbeit. Ich weiß aber noch ganz genau, daß ich immer mit dem Antragsteller zusammen war und mit ihm zusammen Anfang Mai 1945 von dem Amerikaner befreit wurde. Ich

bin dann mit dem Antragsteller zusammen zu Fuß nach Braunschweig gegangen.
Wenn ich einmal in einem anderen Arbeitskommando war, als der Antragsteller, habe ich meistens erfolgreich versucht, ihn in meine Abteilung zu bekommen, da wir uns immer gegenseitig geholfen haben und uns sehr nahe standen.[114]

Während des Verfahrens wurde festgehalten, dass die beiden Sinti in Dora-Mittelbau eingesetzt wurden und dann ein Aufenthalt im KZ-Lager Wieda folgte. Von dort aus fand Ende April 1945 ein Fußmarsch in Richtung Magdeburg statt. Die Kolonne löste sich aber auf: Die SS-Bewachungsmannschaft ergriff unterwegs nach und nach die Flucht, als sich die Alliierten näherten. Auch die beiden Häftlinge nutzten die günstige Lage, um Anfang Mai von dem Transport zu fliehen.

Während seines Aufenthaltes im KZ Buchenwald hat Herr E. eine Verletzung erlitten. Er selber schilderte das Ereignis so: Im Sommer 1944 wurde er zu Maurerarbeiten eingesetzt. Um seinen Durst zu stillen, kletterte er über eine Mauer, um etwas zu trinken zu besorgen. Von anderen Häftlingen wurde er gewarnt, als sich Aufseher näherten. In Panik geraten, stürzte er von der Mauer und verletzte sich ein Knie. Der Aufseher schlug ihn, so dass er auch am Kopf verletzt wurde. Darauf hin wurde er in ein Krankenrevier gebracht, eine Behandlung erfolgte dort aber nicht.

6.2.6. Frau F. (Jahrgang 1928) hat nach 1945 in Braunschweig gelebt. Hier stellte sie einen Antrag auf Entschädigung. 1956 wurde in einem ärztlichen Attest ermittelt, dass sie unter verschiedenen Beschwerden leidet: Herzklopfen, Angstzustände und eine krankhafte Kurzatmigkeit. Ebenso wurde festgehalten, dass sie durch Schweißausbrüche und innere Unruhe in ihrer Gesundheit beeinträchtigt war. Vor der Einlieferung in das KZ Ravensbrück hatte sie keine derartigen Beschwerden, aber im Konzentrationslager hatte sich Frau F. eine Tbc-

---

[114] Nds. Hauptstaatsarchiv Hannover; Nds 110 W Acc 16/99 Nr. 138201a mit Unterakten.

Erkrankung zugezogen. Der untersuchende Arzt ging davon aus, dass die gesundheitlichen Schäden auf die Haftzeit zurückzuführen waren:

„Die Patientin versichert glaubhaft, dass vor der Einlieferung in das KZ. keine Beschwerden in dieser Richtung bestanden haben, und es ist hinlänglich bekannt, dass psychische Schockwirkungen wie die ständige Verfolgung durch das Naziregime und die Angst vor der Vergasung krankhafte Veränderungen an der Schilddrüse zu verursachen pflegen, und zwar in allen Formen und Graden ... ."

36 Monaten verbrachte die Antragstellerin in den Konzentrationslagern Auschwitz, Bergen-Belsen und Ravensbrück. Im Entschädigungsverfahren wurde die rassische Verfolgung anerkannt, da Frau W. von den Nationalsozialisten als so genannter „Zigeunermischling" bezeichnet worden war. Die Akte der Antragstellerin enthält einen Originalbrief von ihr aus dem KZ Ravensbrück[115]:

Ravensbrück d. 19/10

Liebe Tante [Name]. Endlich nach längerer Zeit komme ich dazu, dir ein Lebenszeichen von mir zu senden. Du warst wohl sehr erstaunt, also du hörtest, dass ich nicht mehr da bin. Wie du ja wohl vom [Name] ... bin ich nicht mehr in Auschwitz sondern hier in Ravensbrück. Liebe [Name] teile mir bitte, wenn du Antwort schreibst, die Adresse von meinem Vater mit. Wisst ihr etwas von Mama? Hat [Name] sich schon in der Zwischenzeit hören lassen? Liebe [Name] ich ... große Bitte an dich sieh nach unserer Kleinen. ... war Frau [Name] ... an dich viele Grüße.

Einen extra ...

Brief aus dem KZ Ravensbrück. Die Schreiberin lebte nach dem Zweiten Weltkrieg in Braunschweig (Nds. HSTA Hannover; Nds 110 W Acc 16/99 Nr. 802014)

---

[115] Nds. Hauptstaatsarchiv Hannover; Nds 110 W Acc 16/99 Nr. 802014.

6.2.7. Frau G. (Jahrgang 1904) lebte bis zur Deportation in das KZ Auschwitz im „Sammellager" Braunschweig-Veltenhof. In Auschwitz wurde Frau G. im Sommer 1944 nach Lage der Akten getötet. Deshalb stellte ihr Sohn nach dem Krieg einen Antrag auf Entschädigung. 1956 schrieb er folgenden Brief, um seine Entschädigungsansprüche näher zu begründen:

Verfolgungs-Sachverhalt!
Seit etwa 1938 wohnten meine Mutter, meine Geschwister und ich in Braunschweig-Veltenhof. Auf Grund d. Erlasses d. Reichsf.-SS wurden wir mit weiteren Zigeuner-Familien am 3.3.1943 verhaftet und in das KZ Auschwitz eingeliefert wo meine Mutter und 3 Geschwister vergast wurden. Die gesamten Wohnwagen mit allem Hausrat sind gleich nach unserem Abtransport an Ort und Stelle verbrannt worden. Ich, als damals Jugendlicher wurde nach etwa 5-6 Wochen von meiner Mutter und den kleinen Geschwistern getrennt und zur Arbeit eingeteilt, wodurch ich der Vergasung entging. [Name]

Die Angaben des Antragstellers wurden, wie in anderen Fällen auch, überprüft. Befragt wurde hierzu u.a. der frühere Bürgermeister Hermann Lages, der angab, dass die Familie 1943 mit ihren Kindern nach Auschwitz abtransportiert worden ist. Ebenso konnte er bestätigten, dass der Wohnwagen später von der Gestapo verbrannt wurde. In seiner Eigenschaft als Bürgermeister hatte er Lebensmittelkarten an die Familien ausgegeben. Deshalb waren ihm einige Einzelheiten erinnerlich geblieben.

Man versuchte im Entschädigungsverfahren, den materiellen Verlust der Familie G. durch die Terrormaßnahmen möglichst genau zu ermitteln. Eine Aufstellung umfasste folgende Gegenstände, für die eine Entschädigung erwartet wurde: Ein 5,5 Meter langer Wohnwagen mit einem Küchenbuffet, ein Kleiderschrank, ein Tisch und vier Stühle, ein Herd, fünf Federbetten, Bettwäsche, Hausrat (gemeint ist offenbar Geschirr etc.), zwei Fahrräder, Bekleidung für sieben Personen und ein Sofa. Von diesen Sachen durfte bei der Deportation nach Auschwitz bis auf einige wenige Bekleidungsstücke nichts mitgenommen werden[116].

---

[116] Nds. Hauptstaatsarchiv Hannover; Nds 110 W Acc 16/99 Nr. 803552, Nr. 803552b.

6.2.8 Herr H. (Jahrgang 1932) lebte ab 1951 in Braunschweig, wo er einen Antrag auf Entschädigung stellte. 1940 hatte er mit seiner Familie in Berlin gelebt, wo sie festgesetzt wurde. In Berlin-Marzahn ist er zur „Zigeunerschule" gegangen, und im März 1943 wurde er zusammen mit seinen Angehörigen nach Auschwitz deportiert. 1956 erhielt Herr H. knapp 4.000 DM nach dem Bundesentschädigungsgesetz. Noch im Jahr 1966 wurde ein nervenärztliches Gutachten erstellt, in dem Herr H. ausführliche Angaben zu seiner Leidensgeschichte gemacht hat (Auszug aus dem insgesamt fünfundsechzigseitigen Gutachten):

„Dort [in Auschwitz] hätten sie zu vielen in eine Baracke müssen. So eine mit dreistöckigen Pritschen. Jede Familie hätte eine Pritsche bekommen. Wie sie so zusammen gelegen hätten, könne Ref. [der Gutachter] sich wohl vorstellen.

Er wisse es noch ganz genau und er würde es auch nie wieder vergessen und er hätte es nicht einmal seiner Frau erzählt und wem sollte er es überhaupt erzählen – die meisten würden es ihm ja nicht einmal glauben -, da hätten sie alle am nächsten Morgen einen Haufen von toten Männern gesehen, die 'nackig' gewesen seien. Es seien keine Zigeuner gewesen.

Am gleichen Tage seien sie nach Birkenau gekommen. Ins Familienlager – in große Baracken. Die ganze Familie, und sie seien ja 10 Menschen gewesen, hätte eine Doppelpritsche zugewiesen erhalten. Wie sie dort hätten schlafen können, das wisse er nicht mehr. Und die Läuse und die Flöhe hätten sie ja fast aufgefressen. Und das sei ja doch nur der Anfang gewesen. Er wühle das nicht gern auf. Wirklich nicht!

Am nächsten Tag schon seien sie zur Arbeit eingeteilt worden – die Großen und die Kinder. Der Vater, der ja 'schriftgelehrt' gewesen sei, hätte eine Art Stubendienst gemacht – so 'geholfen', so Personalien aufgenommen. Seine Mutter sei als Putzfrau in einem Büro – in einem SS-Büro – eingesetzt worden. Zwei Schwestern von ihm hätten in der Küche gearbeitet. Ein Bruder sei 'Läufer' geworden – er glaube – bei einem Obersturmbannführer.

Zwei Brüder von ihm und er hätten außerhalb des Lagers mit anderen Kindern zusammen gearbeitet. Sie hätten Grasballen abstechen müssen, die dann auch von anderen Kindern weiter transportiert worden seien. Er wisse nicht, für was die Grasballen bestimmt gewesen seien. ... [Es folgen Schilderungen des Lagerlebens, über die erbärmliche Ernährung, Krankheiten und Misshandlungen]

Mit einem Mal seien dann doch die Amerikaner da gewesen. Er könne nicht mehr beschreiben, was er für ein Gefühl der Freude damals gehabt hätte. Er könne es einfach nicht. Heute könne er noch nicht verstehen, wie er dass alles hätte durchhalten können.

Sie seien noch ungefähr drei Wochen in Buchenwald geblieben. Sie seien ärztlich behandelt worden. Er meine, daß nach vier bis sechs Wochen seine geschwollenen Unterschenkel und der geschwollene Bauch langsam weggegangen seien. Von dem guten Essen der Amerikaner hätte er wieder Durchfälle bekommen. Wenn man sie auch ermahnt hätte, nicht so viel zu essen. Aber er hätte es doch getan und das sei doch wohl zu verstehen.

Solange sie in Buchenwald gewesen seien, hätten sie nicht an die Mutter gedacht. Es sei kein Wort gefallen. Als es ihnen dann wieder gut gegangen sei – nach der Befreiung durch die Amerikaner – da sei ihnen alles erst bewußt geworden. Und das sei das Allerschlimmste gewesen.

Nach dieser Zeit seien sie – sein Vater, seine beiden Brüder und er – entlassen worden und sie hätten durch die 'doppelten' Sachen, die sie von den Amerikanern erhalten hätten, ein Pferd und einen Ackerwagen eingetauscht. Damit seien sie 'abgehauen'. Sie seien nach Quedlinburg (Harz) gefahren. Es hätte eine Zeit gedauert, bis sie dort angekommen seien. In Quedlinburg seien sie eine Zeit lang geblieben. Wie lange, wisse er nicht mehr.

Zwei Schwestern seien dann auch zu ihnen gekommen. Sie hätten von Bekannten gehört, wo sie stecken würden. Die Schwester [Name] hätte dann auf 'Zigeunerart' geheiratet. Diese Schwester, sein Schwager und er seien dann in das Flüchtlingslager Uelzen gegangen, d.h. mit der Eisenbahn gefahren. Gearbeitet hätte er nicht. Sie seien unterstützt worden. Von Uelzen seien sie drei nach München gefahren. Dort sei die älteste Schwester [Name] gewesen, wie sie erfahren hätten. Dort hätten sie in einem kleinen Wohnwagen gewohnt – seine Schwester [Name], sein Schwager und er.

Seine Schwester, sein Schwager und er hätten dann Verwandte gesucht und so seien sie auf diesem Wege nach Hamburg, nach Lüneburg, Dessau und schließlich nach Braunschweig gekommen. Das sei 1951 gewesen. Dort hätte sich 'der Rest der Familie' schließlich zusammengefunden und sie hätten zusammen gelebt.

Er selbst sei dann handeln gegangen – mit Seife – mit Knöpfen – mit Schnürsenkeln. Er hätte dann den 'Gewerbeschein' bekommen und er sei mit 'größeren Dingen gegangen' – mit Stoffen – mit Kleidern. Das hätte er getan, bis er geheiratet hätte – standesamtlich, und zwar 1956.

Nach der Heirat sei er noch ein bißchen handeln gegangen. Das Gewerbe sei ihm aus 'Gesundheitsgründen' zu 'schwer' geworden und er hätte es schließlich – wahrscheinlich 1959 – ganz aufgegeben. Er hätte sich zu elend gefühlt. Er hätte es immer mit dem Kopf gehabt. Er hätte sich immer krank gefühlt. Er hätte immer schlimme Kopfschmerzen gehabt. Er müsse immer nur Kopfschmerztabletten nehmen. Es sei immer so gewesen, als ob er 'im Tran' leben würde. Er sei immer nervös gewesen.

Der rechte Arm und das rechte Bein hätten ihn immer gehindert – wie auch heute noch. 'Immer'. Er könne nicht richtig anfassen. Er könne 'nichts' vollenden. Er könne nichts 'ausführen'. Er hätte nicht richtig schlafen können. Die Stimmung sei auch immer schlecht gewesen. Er wünsche so oft, ganz allein in einer Wüste zu sein und nichts mehr zu hören und zu sehen. Er wohne an sich in Braunschweig, aber er hätte einen zweiten Wohnsitz in Hannover. Seine Frau übe seit Jahren das Gewerbe aus. ... [Es folgen umfassende Beschreibungen zu gesundheitliche Untersuchungen]" [117]

6.2.9 Frau I. (Jahrgang 1908) hat vor und nach dem „Dritten Reich" in Braunschweig gelebt. Sie wurde wie viele andere Sinti 1943 nach Auschwitz deportiert und verbrachte ebenso Haftzeiten in den Konzentrationslagern Buchenwald, Bergen-Belsen und Ravensbrück. Wie in anderen Fällen auch finden sich aus der Zeit des Zweiten Weltkrieges die Bezeichnungen „asozial-arbeitsscheu-Zigeunerin", außerdem „Schutzhäftling" und „politische Zigeunerin".

Die Entschädigungsakte von Frau I. enthält einen aufschlussreichen Brief an ihren Rechtsanwalt, dem ein kurzen Lebenslauf beigefügt ist. Beide Schriftstücke wurden – vermutlich nach Diktat – für Frau I. geschrieben (Abschrift mit orthografischen Korrekturen):

---

[117] Nds. Hauptstaatsarchiv Hannover; Nds 110 W Acc 16/99 Nr. 802188.

Minden den 9.8.1956

Geehrter Herr Rechtsanwalt!

Sie wollen wissen, wo ich früher gearbeitet habe. Wie Hitler noch nicht da war, habe ich ein Gewerbe gehabt, und zwar von der Stadt Braunschweig, auch habe ich dort meine Steuern bezahlt. Wie das 3te Reich kam, kam ein Verbot raus, Zigeunern ein Gewerbe zu geben. Ich habe dann so gearbeitet, nicht fest, habe in Braunschweig bei einem Kohlenhändler Säcke geflickt. Wie ich aus dem Lager kam habe ich in Braunschweig wieder ein Gewerbe bekommen. Wann das war, weiß ich nicht mehr. Das letzte Gewerbe von Braunschweig habe ich im März 1955 bekommen. Da ich aber fast ein Jahr krank war, konnte ich den Beruf nicht ausführen. Diese Zeit hat meine Schwester und mein Schwager und meine Söhne für mich gesorgt. Am 16.7.56 habe ich in Minden mein Gewerbe wieder bekommen. Wenn Sie wert darauf legen, meine Gewerbe Nummer ist [Nummer].

Habe ein Gewerbe für Textilien und Kurzwaren. Denke, daß das genügt.

Hochachtungsvoll [Name]

Lebenslauf:

Am [Datum] bin ich als Tochter der Leute [Namen] geboren. Da meine Eltern reisende Leute waren, haben wir keinen festen Wohnsitz gehabt. Meine Eltern sind früh gestorben, habe sie nicht gekannt, bin bei meinem Onkel in Minden groß geworden. Da es bei uns keine Mode war, die Schule zu besuchen, bin ich nur ein paar Monate in der Domschule in Minden gewesen. 1920 habe ich standesamtlich in [Ort] Kreis Braunschweig geheiratet und zwar den Musiker [Name]. In der Ehe habe ich zwei Kinder zur Welt gebracht. Die meiste Zeit in meiner Ehe haben wir in Braunschweig gewohnt und zwar in Veltenhof-Braunschweig, im Wohnwagen.

1943 sind wir Eheleute und Kinder von Veltenhof-Braunschweig in das KZ Lager Auschwitz gebracht worden weil wir Zigeuner sind. Mein Mann ist im Jahre 1944 im Lager gestorben. 1945 wurden ich in Leipzig aus dem Lager befreit. Dann habe ich mit meinen Kindern bis 1947 in Braunschweig gewohnt. Dann bin ich mit meinen Kindern nach Minden zu meiner Schwester und Schwager gezogen, wo ich Heute noch wohne,

XXX Da ich nicht schreiben kann, muß ich drei Kreuze machen.

Es wurde schließlich ein amtsärztliches Gutachten erstellt, um die Ansprüche von Frau I. zu klären. Dieses Schriftstück vom August 1955 enthält Schilderungen über ihre Leidenszeit in Konzentrationslagern:

„Pat.[ientin] gibt an, in der Jugend nie ernstlich krank gewesen zu sein. Es sei ihr überhaupt nicht bekannt, vor der Zeit ihrer Verfolgung irgendwelche ärztliche Hilfe in Anspruch genommen zu haben. Erst in der Zeit ihrer Inhaftierung, deren Dauer sie auf 7 Monate beziffert, sei sie Unfällen und Misshandlungen ausgesetzt gewesen, von denen sie sich nie habe recht erholen können und an deren Folgen sie heute noch zu leiden habe. Sie habe schwerste körperliche Arbeit (Männerarbeit) leisten müssen, habe im Steinbruch gearbeitet, sei von einer 3 m hohen Anhöhe gefallen, habe ca. 15 Min. besinnungslos gelegen, sei misshandelt worden und habe sich aus Furcht vor Strafe nicht krank melden können, abgesehen davon, dass bekannterweise ärztliche Hilfe nicht zur Verfügung stand." [118]

Aktenkundig wurde auch, dass der Mann von Frau I. im Dezember 1944 im KZ Auschwitz gestorben ist.

6.2.10 Herr J. (Jahrgang 1910) wurde im Herbst 1943 im Landeskrankenhaus Braunschweig sterilisiert. Nach dem Krieg versuchte er wegen der Sterilisation als Opfer des Faschismus anerkannt zu werden, um eine Entschädigung zu erhalten. Bei den Untersuchungen stellte sich aber heraus, dass Herr J. nach der Aktenlage dem Eingriff zugestimmt hatte. Derartige Angaben wurden 1953 in einer Personalakte der Reichskriminalpolizei gefunden. In dieser Akte wurde Herr J. als „Zigeunermischling" mit „überwiegend zigeunerischem Einschlag" beschrieben. Geheiratet hatte er eine Nichtzigeunerin. Nachdem Herr J. eingewilligt hatte, wurde im August 1943 die Sterilisation vom Reichskriminalpolizeiamt Berlin angeordnet. Der Eingriff folgte dann am 14. Oktober 1943, und Herr J. lebte danach weiterhin in Braunschweig.

Die Entschädigung wurde zunächst verweigert, da Herr J. angeblich freiwillig der Sterilisation zugestimmt habe. In einem Brief von ihm stellten sich aber die Ereignisse ganz anders dar. Im ersten Satz seines Schreibens muss es allerdings

---

[118] Nds. Hauptstaatsarchiv Hannover; Acc 16/99 Nr. 802192.

statt „Entschädigung" offenbar Sterilisation oder Eingriff heißen (mit orthografischen Korrekturen):

[Ort] d. 1.10.1954

Der Präsident des Niedersächsischen Verwaltungsbezirk Braunschweig
Entschädigungsbehörde.

Erklärung!

Erkläre hiermit, das die Entschädigung [es muss offenbar heißen: Sterilisation] im Oktober 1943 vorgenommen wurde im Landeskrankenhaus Cellerstr. Mit Zwang durch die Gestapo und den Kriminalbeamten Herr [Name]. Durch Bedrohung, das ich unterschreiben mußte, oder meine Familie und ich ins K.Z. käme. Um das zu verhindern, das meine Familie und ich ins K.Z. kam. Denn ich hatte 7 Kinder, habe ich mit Zwang unterschrieben. Denn die Beweise darüber müssen ja noch im Krankenhaus und bei Herrn Dr. [Name] Braunschweig, früher Theaterwall, vorliegen, wo ich gleich nach der Operation bei Herrn Dr. [Name] mit in Behandlung war.

Denn meine Eltern und Geschwister sind damals März 1943 alle mit Zwang ins K.Z. gekommen, wo sie bis heute noch nicht von zurück gekommen sind. Denn ich bin von meinen ganzen Angehörigen als letzter übrig geblieben. Wenn ich nicht unterschrieben hätte wären wir auch alle nicht wieder zurück gekommen. Um das zu verhindern habe ich mich mit Zwang dazu entscheiden müssen.

Hochachtungsvoll [Name und Adresse] [119]

Der Eingriff führte bei Herrn J. zu chronischen Beschwerden, er hatte danach bei schweren Tätigkeiten Schmerzen in den Leistenbeugen. Offenbar war die Arbeitsfähigkeit durch den Eingriff beeinträchtigt. Im Sommer 1944 wurde er vom Amtsgericht Braunschweig wegen „Arbeitsbummelei" zu sechs Monaten Gefängnis verurteilt. Nach dem Kriege wurde im Jahr 1955 amtsärztlich festgestellt, dass Herr J. um 30% durch einen „verfolgungsbedingten Personenschaden" erwerbsgemindert war. Dabei hatte man vor allem einen psychischen Fol-

---

[119] Nds. Hauptstaatsarchiv Hannover; Nds 110 W Acc 16/99 Nr. 802020.

geschaden festgestellt, denn die körperliche Leistungsfähigkeit war zu diesem Zeitpunkt kaum beeinträchtigt.

Nun wurde anerkannt, dass die Sterilisation in einer Zwangslage erfolgt war, somit die Zustimmung des Opfers durch Angst bestimmt gewesen ist. Herr J. hatte die berechtigte Befürchtung mit seinen Kindern in das KZ Auschwitz eingeliefert zu werden. Trotzdem wurden nach einigen Gutachten 1957 die Entschädigungsansprüche von Herrn J. durch eine Entscheidung der Entschädigungsbehörde Braunschweig rechtskräftig abgelehnt. Die Ablehnung wurde 1958 damit begründet, dass die gesundheitliche bzw. psychische Beeinträchtigung bei Herrn J. durch die Sterilisation nicht erheblich genug sei. Bei dieser Behauptung zog man mehrere Gutachten heran.

6.2.11 Herr K. (Jahrgang 1900) hat bis zur Deportation nach Auschwitz im „Sammellager" Braunschweig-Veltenhof gewohnt. In Auschwitz ist er im Dezember 1944 umgekommen. Wie andere Sinti auch hatte er während seines Aufenthaltes das „Sammellager" Veltenhof vorübergehend verlassen, um an anderer Stelle eine Arbeit aufzunehmen. Dafür war eine besondere Genehmigung nötig. Verwendet wurden Formblätter der Kripo Braunschweig, in die die Person und der Anlass der Genehmigung eingetragen wurden:

Staatliche Kriminalpolizei   Braunschweig, am 16. Mai 1942

- Kriminalpolizeistelle Braunschweig –

Tgb.-Nr. 5.K

Der(Die) Zigeuner [Name] (Zig. Name: [Name]) geboren am [Datum] in [Ort] wohnhaft in Br.-Veltenhof, Wohnwagen 28 Straße Nr. 3 steht unter polizeilicher Zigeuner Überwachung.

Er (Sie) erhält für die Zeit vom 27.9. 41 bis zur Beendigung der Hackfruchternte die Genehmigung, sich mit seiner Familie – mit – Aufenthalt in Hohne bei Bauer [Name] zu begeben.

Er(Sie) hat sich bei der Ortspolizeibehörde in Hohne an- und abzumelden. Die Polizeibehörde in Hohne wird ersucht, die Bescheinigungen hierüber auf der

Rückseite dieses Blattes zu vermerken. Dieser Erlaubnisschein ist bei der Rückmeldung wieder abzugeben. [Dienstsiegel] [Unterschrift] [120]

6.2.12 Herr L. wurde 1943 von Braunschweig-Veltenhof nach Auschwitz deportiert und war später auch im KZ Buchenwald inhaftiert. Um seine Entschädigungsansprüche durchzusetzen, beschäftigte sich sein Anwalt mit der Frage, inwieweit die berufliche Entwicklung durch die nationalsozialistische Herrschaft zerstört worden ist. In einem Brief des Rechtsanwaltes vom 25. Juni 1964 findet sich dazu folgende Darstellung:

„[Name] ist 1932 in die Zigeunerklasse Braunschweig-Veltenhof eingeschult worden, und hat dort einige Jahre diese Schule besucht. Etwa vom Jahre 1936 an besuchte er die Pestalozzi-Volksschule in Braunschweig. 1940 oder 1941 wurde er aus der Volksschule entlassen. [Name] beabsichtigte, nach seiner Schulentlassung sich als Musiker ausbilden zu lassen, um später einmal durch mitwirken in einer Zigeunerkapelle seinen Lebensunterhalt zu verdienen. Für eine solche Ausbildung fühlte er sich besonders berufen, da er schon in seinen Jugendjahren ein besonderes Talent beim Violinenspiel gezeigt haben soll.

Durch die ab 1941 gegen Personen zigeunerischer Abstammung stärker einsetzenden Verfolgungsmaßnahmen hatte [Name] keine Gelegenheit, sich als Musiker ausbilden zu lassen. Er wurde vielmehr gezwungen, zunächst bei der schlesischen Dampferkompanie, einer zur Berliner Lloyd gehörenden Gesellschaft, im Braunschweiger Hafen und später bei der Kohlenhandlung [Name] in Braunschweig zu arbeiten." [121]

6.2.13 Frau M. (Jahrgang 1906) war in der Zeit vor dem Zweiten Weltkrieg als landwirtschaftliche Arbeiterin tätig, vermutlich in der Nähe von Celle. Auch sie gehörte zu den Personen, die später „festgesetzt" wurden, sich also nicht mehr wie gewohnt frei bewegen konnten. Im Entschädigungsverfahren wurde deshalb angenommen, dass „von 1938 ab alle Zigeuner in Braunschweig-Veltenhof fest stationiert waren und damals das Herumfahren mit Pferd und Wagen unterbunden" war. Vor der Deportation in das KZ Auschwitz hat Frau M. mit ihren vier

---

[120] Nds. Hauptstaatsarchiv Hannover; Nds 110 W Acc 16/99 Nr. 803833.
[121] Nds. Hauptstaatsarchiv Hannover; Nds 110 W Acc 16/99 Nr. 803835.

Kindern in Braunschweig gelebt. Nach Lage der Akten ist Frau M. 1943 oder 1944 in Auschwitz umgekommen. Der Sohn gab als Todesursache seiner Mutter an, dass sie vergast worden ist. Offiziell registriert wurde später als Todesdatum der 31. Dezember 1945 [122]. Der Sohn selber war Häftling im KZ Buchenwald und im Lager Dora. Um den Aufenthalt von Frau M. in Auschwitz zu belegen, wurde 1958 eine Zeugenaussage einbezogen. In diesem Dokument heißt es u.a:

„Am 16.4.1943 wurde ich in das Lager Auschwitz eingeliefert. Dort traf ich auch meine Schwägerin [Name] an. Wir haben uns dann gegenseitig ständig besucht. Das letzte Mal haben wir uns im Winter 1943/44 in Auschwitz gesprochen. Den genauen Tag kann ich nicht mehr angeben. Seit dieser Zeit habe ich von meiner Schwägerin [Name] nichts wieder gehört. Von anderen Lagerinsassen erfuhr ich, dass laufend Vergasungen stattfanden. Es wurde auch über Namen gesprochen, denen dieses Schicksal zuteil wurde. Dass auch meine Schwägerin sich unter den Vergasten befunden hat, habe ich direkt nicht gehört, d.h., ihr Name wurde in diesem Zusammenhange mir gegenüber nicht erwähnt.

Ende 1944 wurde der letzte Transport aus dem Lager Auschwitz nach dem Lager Ravensbrück überführt, worunter auch ich mich befand. Ich weiss ganz bestimmt, dass meine Schwägerin [Name] nicht mit nach Ravensbrück gekommen ist, jedenfalls nicht bei diesem Transport." [123]

6.2.14 Frau N. (Jahrgang 1914) stammte aus Braunschweig und war bereits seit 1938 Häftling im KZ Ravensbrück. Danach war sie bis zum Ende des Krieges in einem Zwangsarbeiterlager in Berlin-Tempelhof inhaftiert. Bei einer Gesundheitsprüfung beim Gesundheitsamt Braunschweig zu ihrem Antrag auf Entschädigung wurden ihre eigenen Angaben 1967 so notiert:

„Nach ihren eigenen Angaben war Frau [Name] 7 Jahre in einem Konzentrationslager. Bei der Einlieferung 1938 war sie 23 Jahre alt. Sie wurde damals von ihrem Mann und den beiden Kindern getrennt. Der Ehemann ist in einem anderen KZ später verstorben. Von den Kindern hat sie nichts mehr gehört. Die

---

[122] Nach dem „Verschollenengesetz" wurden Todesdaten auf den 31.12.1945 festgesetzt, wenn sich ein genaues Sterbedatum nicht ermitteln ließ und auch sonst nicht anzugeben war, welches nach den Ermittlungen das wahrscheinlichste Datum gewesen sein dürfte.

[123] Nds. Hauptstaatsarchiv Hannover; Nds 110 W Acc 16/99 Nr. 803942.

Pat.[ientin] selbst war während ihrer Haftzeit in der Nähstube beschäftigt. Ernstere Krankheiten hat sie damals nicht durchgemacht: 'Wenn ich krank gewesen wäre hätten sie mich umgebracht.' Nach der Auflösung des Lagers 1945 war sie völlig allein und mittellos. Sie wurde von Verwandten aufgenommen, die sie für ihre Mithilfe bei der Hausarbeit ernährten. Später zog sie mit ihrem jetzigen Ehemann zusammen, mit dem sie 5 Kinder zwischen 21 und 12 Jahren hat. Ernstere Krankheiten will sie nicht durchgemacht haben. Außer gelegentlichen leichten Schwindelzuständen hat sie keine besonderen Beschwerden vorzubringen. Zusammen mit ihrem Ehemann und den Kindern verkauft sie auf dem Lande Kurzwaren mit mehr oder weniger gutem Erfolg. Sie läßt sich dabei von ihrem Sohn fahren." [124]

In einem späteren ärztlichen Gutachten wurde aber doch festgestellt, dass Frau N. durch ihren Aufenthalt im Konzentrationslager erhebliche gesundheitliche Schäden erlitten hat. Trotz der Bemühungen ihrer Rechtsanwälte erhielt Frau N. keine Entschädigung. Deshalb wendete sie sich 1973 an den für Sie zuständigen Regierungspräsidenten in Hannover. Dabei wies sie darauf hin, dass sie zwei Kinder, drei Geschwister und ihren Vater im Zweiten Weltkrieg in verschiedenen Lagern verloren hatte. Ohne Rente und als letzte Überlebende ihrer Familie war sie verzweifelt und hoffte auf Hilfe beim Regierungspräsidenten. Von dort folgte aber 1975 ein Ablehnungsbescheid. Entscheidend für die Ablehnung ihres Antrages auf eine Entschädigung wegen eines Schadens an Körper und Gesundheit war, dass bei Frau N. keine ausreichende Beeinträchtigung ihrer Gesundheit festgestellt wurde. Die schwerwiegenden sozialen Umstände blieben allerdings außer Betracht.

6.2.15 Frau O. (Jahrgang 1921) hat seit ihrem vierzehnten Lebensjahr den Haushalt ihres Onkels geführt. Bereits seit dem neunten Lebensjahr hat sie bei ihm auf einem Lagerplatz in Frankfurt am Main gewohnt. Dort wurde sie versorgt und erhielt ihre Beköstigung, Kleidung und Taschengeld. In den Jahren 1941 bis 1942 arbeitete sie in einer Eisenfabrik. Nach dem Zweiten Weltkrieg ist sie nach Braunschweig gezogen. Hier beantragte sie eine Entschädigung wegen eines Schadens an Körper und Gesundheit durch den Aufenthalt in Konzentrationslagern. Die dauerhaften Beschwerden bei Frau O. waren Schwindelge-

---

[124] Nds. Hauptstaatsarchiv Hannover; Nds 110 W Acc 16/99 Nr. 804292.

fühle, starke Kopfschmerzen, chronische Stirnhöhlenvereiterungen und weitere Beschwerden.

Im KZ Auschwitz musste sie 1944 barfuss und nur mit einem Kleid bekleidet auskommen. Ihre Arbeit bestand darin, schwere Steine zu tragen. In Braunschweig wurde 1959 ein Gutachten in einem Krankenhaus erstellt. Darin heißt es u.a.:

„Sie besuchte keine Schule, da sie früher mit Verwandten im Wagen herumzog. Kann nicht schreiben und nicht lesen. Bis 1943 sei sie angeblich nicht ernstlich krank gewesen, keine Operationen, keine Unfälle. Sie hatte keine Berufsausbildung. ... Anfang des Krieges wurde sie dienstverpflichtet und arbeitete in der Rüstung. Sie sei während der Nazizeit wegen Hausierens vorbestraft gewesen. 1943 im April sei sie von der Gestapo verhaftet und aus 'rassenpolitischen Gründen' (Zigeunerin) in das KZ Auschwitz gebracht worden. 1944 wurde sie in das KZ Ravensbrück verlegt, dort 1945 von den Russen befreit. Im August 1946 kam sie nach Braunschweig und wurde hier ansässig, wurde als Händlerin zugelassen, arbeitet aber wegen ihrer Beschwerden nicht.

Während ihrer Inhaftierung von 1943-1945 habe sie infolge der schlechten Unterbringungsverhältnisse einen 'Blutsturz' erlitten, Ausschlag an den Beinen und am Unterkörper gehabt und Stirnhöhlenvereiterung durchgemacht. Sie sei daher 10 Monate im Revier behandelt. In Auschwitz sei sie neben anderen Unbilden auch wiederholt Misshandlungen ausgesetzt gewesen. Sie habe oft Schläge erhalten und sei auch einmal mit dem Knüppel auf den Kopf geschlagen worden."

Anfang 1959 wurden die gesundheitlichen Schäden von Frau O. anerkannt und sie erhielt eine Kapitalentschädigung von DM 720. Im September 1959 wurde ihr eine zweite Kapitalentschädigung von DM 500 gezahlt. Allerdings beruhte auch diese Zahlung auf einem „Vergleich". Um das Geld zu bekommen, musste die Antragstellerin folgende Vereinbarung unterschreiben:

„Die Antragstellerin verzichtet gegenüber dem Land Niedersachsen auf etwaige weitergehende Entschädigungsansprüche wegen ihrer Verfolgung, gleich welcher Art, für Vergangenheit und Zukunft." [125]

Diese Art von Vereinbarung lässt sich auch in anderen Entschädigungsverfahren nachweisen. Wenn ein Antragsteller mit schweren Gesundheitsschäden betrof-

---

[125] Nds. Hauptstaatsarchiv Hannover; Nds 110 W Acc 16/99 Nr. 804428.

fen war, so war zu prüfen, ob die Verzichtsklausel sittenwidrig sei. In diesem Sinne argumentierte der Zentralrat der Sinti und Roma in den achtziger Jahren. Es ging um einem Fall, in welchem dem Niedersächsischen Landesverwaltungsamt/ Wiedergutmachung schwere Gesundheitsschäden eines Antragstellers bekannt gewesen sind[126]. Trotzdem wurde die Verzichtserklärung angestrebt, offenbar um weitere Ansprüche zu unterbinden. Durch die besondere Schwere der Schädigung wäre aber eine einmalige Zahlung und der „Vergleich" nicht angemessen, so die berechtigte Kritik des Zentralrats.

6.2.16 Herr P. (Jahrgang 1902) wurde in Süderhastedt geboren und ist nach einem Bescheid des Regierungspräsidenten Hildesheim vom 3. Januar 1962 am 24. März 1944 in Auschwitz verstorben. Auch hier wurde angegeben, dass das Opfer „zigeunerischer Abstammung" ist. Im Bescheid wird u.a. ausgeführt:

„Nach Angaben der Antragstellerin ... , hat der Erblasser 8 Jahre die Volksschule besucht und anschließend den Beruf eines Musikers und Artisten erlernt. Einige Jahre vor dem Krieg hat sich der Erblasser mit der Antragstellerin ... seßhaft gemacht und ist als Fabrikarbeiter tätig gewesen. Am 1.2.1941 wurde der Erblasser zur 1. Flak Ausbildungs-Abteilung 62 Oldenburg eingezogen, heiratete am 14.2.1941 die Antragstellerin und wurde nach Angaben seiner Ehefrau im Jahre 1942 aus der Wehrmacht wegen seiner zigeunerischen Abstammung wieder entlassen. Am 8.3.1943 ist der Erblasser mit seinen Familienangehörigen wegen seiner zigeunerischen Abstammung verhaftet und in das KZ Auschwitz verbracht worden. Am 24.3.1944 ist er im KZ-Lager Auschwitz-Birkenau verstorben."[127]

Dies ist einer der Fälle, die zeigen, dass Sinti und Roma trotz einer sozialen Integration im „Dritten Reich" nicht vor der sozialen Verfolgung und Deportation in das KZ Auschwitz verschont geblieben sind.

---

[126] Nds. Hauptstaatsarchiv Hannover; Nds 110 W Acc 16/99 Nr. 804355.
[127] Nds. Hauptstaatsarchiv Hannover; Nds 110 W Acc 8/90 Nr. 257/11.

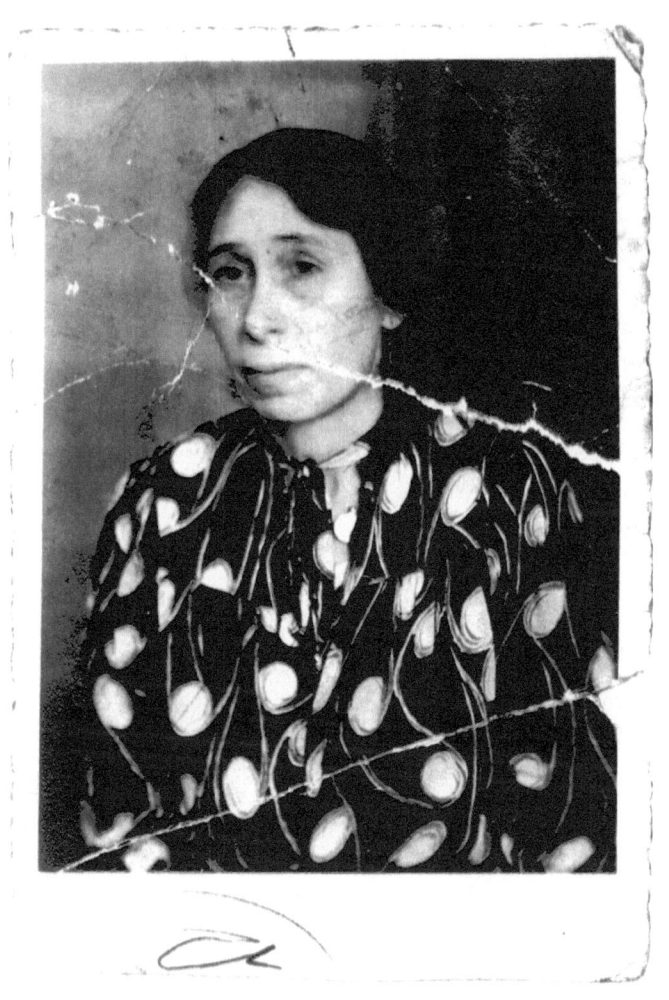

Abbildung 12. Foto einer Sintezza aus der Akte zu einem Entschädigungsverfahren. Das Opfer ist nach Angaben der Angehörigen im KZ Auschwitz verstorben (Quelle: Nds. HSTA Hannover; Nds 110 W Acc 16/99 Nr. 804838)

6.2.17 Herr Q. gehörte zu Antragstellern, die als „Zigeunermischling" angesehen wurden. 1938 bis 1941 war er als Hilfsschlosser und von 1941 bis Anfang März 1943 als Bahnarbeiter in Oldenburg tätig. Anfang März 1943 wurde er im Rahmen der so genannten „Zigeuneraktion" durch die Gestapo verhaftet und mit anderen Sinti in das KZ Auschwitz verbracht. Weitere Aufenthalte in Konzentrationslagern folgten in Ravensbrück und Sachsenhausen. Im Rahmen einer ärztlichen Untersuchung gab der Geschädigte Sinto 1973 an, dass er während seiner KZ-Haft häufig geschlagen worden ist, meistens auf den Kopf. Von diesen Misshandlungen hat Herr Q. einige Narben zurückbehalten. Das Gutachten enthält auch eine Schilderung seines Lebenslaufes. Dieser zeigt die wechselhafte Lebensgeschichte unter widrigen Umständen:

„Herr [Name] wurde in [Ort] als Sohn eines Schaustellers geboren. Der Vater leitete eine Wanderbühne, bei der sämtliche Familienmitglieder tätig waren. Die Familie zog jeweils von Ort zu Ort, Im Winter wohnte die Familie in Minden/Westf. Herr [Name] besuchte 8 Jahre die Volksschule, jeweils an dem, Ort, wo gerade gespielt wurde. Er sei in der Schule einigermaßen mitgekommen. Her [Name] schildert seine Kindheit als sehr harmonisch. Schon früh habe er gelernt, Instrumente zu spielen, zunächst Zither und Gitarre, habe häufig bei den Darstellungen mitgewirkt.

Als er 14 Jahre alt war, starb der Vater, die Wanderbühne wurde von dem ältesten 30 jährigen Bruder übernommen, mußte jedoch nach 1 Jahr, als auch die Mutter starb, aufgegeben werden. Herr [Name] kam vorübergehend zu einer verheirateten älteren Schwester, deren Ehemann als Korbflechter tätig war. Er half dem Schwager bei der Arbeit, wollte jedoch einen Beruf erlernen. Bei Bekannten seiner Eltern bot sich nach 1 Jahr die Möglichkeit, in deren Autoreparaturwerkstatt eine Lehre als Autoschlosser zu beginnen. Nach etwa 1/2 Jahr starb jedoch der Meister, der Betrieb wurde aufgelöst, Herr [Name] kam zu einer anderen befreundeten Familie der Eltern, die ebenfalls als Schausteller tätig waren. In der Folgezeit lebte er dort, erlernte bei einem Berufsmusiker das Spielen weiterer Instrumente und war vorwiegend als Musiker tätig. Oft spielte er mit den anderen zusammen in Lokalen abends zum Tanz.

1936 kam er zum Arbeitsdienst, war in der Folgezeit bei der Reichsbahn, zunächst als Hilfsschlosser, dann als Lok-Heizer tätig. Er heiratete 1938 die Tochter jener befreundeten Familie. In der Ehe wurden 3 Töchter, 1939 und 1942

Zwillinge geboren. Alle drei Kinder kamen im Lager Auschwitz um. Er selbst wurde von der Ehefrau in Auschwitz getrennt bei der Verlegung nach Ravensbrück. Von Ende 1944 bis Anfang 1945 sei er in Ravensbrück gewesen, dann in das Lager Sachsenhausen verlegt worden, von wo er mit anderen zusammen im März 1945 an die russische Front gekommen sei. Im Mai 1945 geriet er in russische Kriegsgefangenschaft, wurde im September 1948 entlassen. Er fand zunächst Schwester und Bruder in [Ort] wieder, erfuhr aber von ihnen, daß die Ehefrau inzwischen sich anderen Männern zugewandt hatte. Er machte keinen Versuch mehr, sie wiederzugewinnen, die Ehe wurde 1957 geschieden. In der Folgezeit lebte er entweder bei dem Bruder oder im Haushalt der Schwester, versuchte zwischendurch immer wieder, Handel zu betreiben, was ihm nicht so recht gelang. 1964 heiratete er zum zweiten Mal ... ."[128]

6.2.18 Herr R. aus Oldenburg wurde von den Nationalsozialisten als „arbeitsscheuer Zigeuner" eingestuft. Nach 1945 machte er geltend, dass er mit seinen Angehörigen im Zweiten Weltkrieg in Konzentrationslager eingewiesen worden war. Ein Brief aus dem November 1956 zeigt die Schwierigkeiten der Sinti, ihre berechtigten Interessen geltend zu machen und lässt die schwere Lage der Antragsteller erahnen:

„Werter Herr Rechtsanwalt.

Im Auftrage der [Name] möchte ich Ihnen doch dringend bitten, das die andern ihr Geld auch bekommen wenigstens 1 oder 2 Personen. Da mein Vater sehr krank liegt, denn sie wissen doch das mein Geld alles drauf gegangen ist für den verstorbenen Bruder. Da wir sonst gezwungen sind alle nach Oldbg [Oldenburg] zu kommen. Denn uns bleibt keine andere Lösung, dann müssen wir der Stadt zur Last fallen. Sind Sie doch so gut Herr Rechtsanwalt und sagen oben auf der K-Z. Betreuungsstelle bescheid, denn unsere Not ist nicht mehr zu ertragen. Sonst bitten wir um ein Vorschuß. Auch schicke ich ihnen im nächsten Brief von [Name] die eidesstattliche Erklärung, sowie meine Atteste. Ich rufe sie Sonnabend vormittags an. Sollten wir keinen Vorschuß oder das [Name] oder

---

[128] Nds. Hauptstaatsarchiv Hannover; Nds 110 W Acc. 5/95 Nr. 277. Rechtschreibung teilweise korrigiert.

Vater kein Geld bekommt sind wir gezwungen und nach Oldbg zu kommen und der Stadt zur Last fallen. Gruß [Name]."[129]

Der Antrag auf Entschädigung wurde dann von der Entschädigungsbehörde trotz berechtigter Ansprüche abgelehnt, da mehrfach die Dauer des Aufenthaltes in Konzentrationslagern als zu lang angegeben wurde. Es wurde deshalb von der Behörde – allerdings ohne Beweise – unterstellt, dass dies nicht aus Versehen, sondern mit der Absicht geschah, die Entschädigungssumme höher ausfallen zu lassen.

Abbildung 13. Kopf des Mitteilungsblattes „Die Leuchtende Wolke", das Pastor Georg Althaus in den fünfziger Jahren in Braunschweig herausgegeben hat. Regelmäßig wurde über die Arbeit mit Sinti berichtet (Quelle: LKA Wolfenbüttel; Pfarramt für den Dienst an Israel und den Zigeunern Nr. 26)

---

[129] Nds. Hauptstaatsarchiv Hannover; Nds 110 W Acc. 5/95 Nr. 276.

7. Die Lage der Braunschweiger Sinti nach dem Zweiten Weltkrieg

Eine soziale Orientierung im Nachkriegsdeutschland war für nicht wenige Sinti und Roma mit Schwierigkeiten verbunden. Die alten Familienbande waren oft zerstört und viele Angehörige Opfer der nationalsozialistischen Verfolgung geworden. Und die Behörden waren oft nicht in der Lage, den Problemen dieser Bevölkerungsgruppe angemessen zu begegnen und ihrem Schicksal im Nationalsozialismus gemäß zumindest eine Entschädigungsleistung zu erbringen (Djuric; Becken; Bengsch 1996, 209ff). Nach der Zeit der totalitären Herrschaft waren die wenigen Überlebenden oft entwurzelt und wurden im Nachkriegsdeutschland nach und nach zu einer sesshaften aber erneut isolierten Minderheit (Jochimsen 1963, 2, 16).

Viele Sinti und Roma wurden in Deutschland in den fünfziger Jahren in früheren Baracken, Militär- oder Lagergebäuden untergebracht. Dadurch waren Möglichkeiten einer sozialen Integration erschwert, zumal wenn auch die finanziellen Mittel dafür fehlten. Allerdings bemühten sich Wohlfahrtseinrichtungen und Einrichtungen der kirchlichen Fürsorge um eine Verbesserung der Lebenssituation (Rakelmann 1983, 355f). Derartige Bemühungen konnten aber nicht darüber hinwegtäuschen, dass Sinti und Roma viele ihrer traditionellen Berufs- und Tätigkeitsbereiche verloren hatten. Vor allem der gesellschaftliche Bedarf an ihren handwerklichen Fähigkeiten und Dienstleistungen entwickelte sich zurück. Durch eine fehlende Bildung und Vorurteile in der Umgebung eingeengt, waren Sinti und Roma nicht selten auf das Kindergeld, Sozialhilfen und die oft spärlichen Zahlungen aus „Wiedergutmachungsverfahren" angewiesen, wenn die Anträge erfolgreich verliefen.

Die „Zigeunerpolitik" der Kommunen war nur begrenzt dieser Lage angemessen oder sogar ungeeignet. In den ersten Nachkriegsjahren wurde in der bisherigen Tradition verfahren: Eingesetzt wurde eine Kombination von Vertreibung und der Forderung nach der Sesshaftigkeit der Sinti und Roma, wie sie seit Beginn des 20. Jahrhunderts ausgeprägt war. Etwa Ende der fünfziger Jahre erkannte man, dass die Vertreibungspolitik versagt hatte und die Lage auf vielen Stellplätzen unzumutbar ist. Es folgten unterstützende Maßnahmen, die darauf abzielten, dass sich die Sinti und Roma sozial zu bewähren hatten. Auch dieser Weg war Ende der sechziger Jahre oft gescheitert, da die räumliche und soziale Isolation Konflikte verstärkte. Schließlich begann man in den siebziger und achtziger Jahren in vielen Städten mit dem Konzept einer Eingliederung, begleitet von Wohnungsbauprojekten (Widmann 2001).

Die Lebensverhältnisse der Sinti sind durch Dokumente aus Entschädigungsverfahren nachvollziehbar. In einem Fall findet sich u.a. der Brief eines Rechtsanwaltes eines Antragstellers, der seine elenden Lebensverhältnisse nach 1945 zeigt. Mit Datum vom 5. März 1956 bat der Rechtsanwalt die Entschädigungsbehörde Braunschweig, das Verfahren zu beschleunigen. Begründet wurde dies damit, dass sein Mandant völlig mittellos sei und in den „elendsten Verhältnissen" leben würde. Er hatte außerdem noch – offenbar ohne rechtskräftiges Urteil – wegen einer Unterhaltsangelegenheit zwei Monate im Gefängnis verbracht. Er fand keine Arbeit und hatte kein Zimmer oder sonstige eigene Unterkunft. Um seine Lage zu verbessern, wollte er von einem Vorschuss für sich und seine Verlobte einen Wohnwagen kaufen. Auch dieser Antragsteller stammte aus Braunschweig-Veltenhof und war im Zweiten Weltkrieg erst nach Auschwitz und später in das KZ Buchenwald gebracht worden[130].

Regelmäßig erwiesen sich Behörden als hilflos und reagierten kurzsichtig auf die sozialen Probleme auf den Wohnwagenstellplätzen, die sich durch zahlreiche Kinder und hinzuziehende Familien erweiterten. Auch Konflikte untereinander wirkten sich stärker aus, da nur selten Ältere aus den Vernichtungslagern zurückgekommen waren. Sie bedeuteten aber als Oberhäupter eine wesentliche Macht zum sozialen Gleichgewicht.

Typische Reaktionen der Behörden zeigen sich in folgendem Beispiel: Es handelte sich um den Versuch der Stadt Hildesheim, 1954 einen Stellplatz zu räumen. Etwa 35 Familien waren von der Aktion betroffen. Nachdem einige Razzien nicht den gewünschten Erfolg gebracht hatten, wurde die Räumung verfügt. Als Begründung wurde die öffentliche Sicherheit und Ordnung genannt. Aber die Betroffenen protestierten und wiesen darauf hin, dass eine Räumung keine Probleme lösen, sondern vielmehr neue schaffen würde: Die Kinder müssten ihre Schulen verlassen und einige Wohnwagen waren nicht mehr fahrfähig, so dass die Bewegungsfreiheit eingeschränkt sei. Die Beschwerde hatte Erfolg: Im

---

[130] Nds. Hauptstaatsarchiv Hannover; Nds 110 W Acc 16/99 Nr. 803833.

Oktober 1954 verzichtete die Stadt Hildesheim darauf, den Platz zwangsweise zu räumen (Jochimsen 1963, 32ff).

Abbildung 14. Aufnahme von Engelbert Wittich mit einer Widmung für Professor Krauß. Die Sinti-Worte bedeuten nach Georg Althaus: „Gottbefohlen" und „Lebewohl". Pastor Althaus verwendete das abgebildete Foto in den fünfziger Jahren bei seiner Arbeit für die Sinti in Braunschweig (Quelle: LKA Wolfenbüttel; Pfarramt für den Dienst an Israel und den Zigeunern Nr. 17. Foto: Raimond Reiter)

Dieses Beispiel zeigt, wie die Lage der Sinti durch ihre Eigeninitiative positiv beeinflussbar war. Es konnte aber auch Hilfe von außen erfolgreich sein. Zu diesem Bereich ist die Arbeit von Pastor Georg Althaus zu zählen: Von ihm wurde in den fünfziger Jahren in Braunschweig das „Evangelisch-luth. Pfarramt für den Dienst an Israel und den Zigeunern" geführt. Außerdem gründete er einen Verein für lutherische „Zigeunermission". Die Einladung zur Gründungsversammlung im Mai 1956 in Hannover enthielt ein Rundschreiben mit einem interessanten Foto eines Sinto (Abbildung 14). Althaus hatte es vom Autor Engelbert Wittich bekommen. In seiner Einladung geht Althaus auch auf die links und rechts neben dem Foto in „Zigeunersprache" verfassten Grüße ein: Eigentlich müsste es „Atsch debleha" und „Dschi mischtes" heißen (Gottbefohlen und Lebewohl).

Im Landeskirchlichen Archiv Wolfenbüttel findet sich eine Reihe von Berichten, die die Arbeit von Pastor Althaus überliefert. Er setzte sich beharrlich und mit großem Einsatz für die Sinti und Roma in ganz Deutschland ein. Soweit es ihm möglich war, besuchte er Gruppen von ihnen, um Konflikte zu schlichten und ihnen bei allen Angelegenheiten mit den Behörden zu helfen. Dies betraf auch Fälle, in denen sich Sinti und Roma um Wohnungen bemüht hatten. Um ein derartiges Projekt in Bad Hersfeld zu fördern, nutzte er 1958 seine Kontakte zur Technischen Universität Braunschweig. Hier wurden Architekturstudenten gebeten, Entwürfe für eine „Zigeunersiedlung" zu erarbeiten. Der engagierte Einsatz von Pastor Althaus wurde offenbar überwiegend gern gesehen, wie sich in einem Bericht vom 16. Dezember 1958 zeigt:

„Das mir entgegengebrachte Vertrauen tat sich kund in dem vorgesetzten Kuchen und Bohnenkaffee und den angebotenen Zigaretten. Schliesslich wurde mir ein ganzer gebratener Igel vorgesetzt. Diese besondere und seltene Ehrung habe ich dann am anderen Tage mit einer Flasche Wein beantwortet. Und alle Kinder bekamen Nüsse. Was war das für eine Aufregung bei den lieben Kindern." [131]

Derartige Beschreibungen lassen erkennen, dass Pastor Althaus seine Arbeit aus innerer Überzeugung getan hat. Zu erkennen ist eine Sichtweise, die er von seinem Vater übernommen haben mag, der als Missionar in Afrika tätig gewesen ist: Es ist die Rolle des helfenden und bekehrenden Missionars. Er selber hatte

---

[131] Landeskirchliches Archiv Wolfenbüttel; Pfarramt für den Dienst an Israel und den Zigeunern Nr. 26.

dazu folgende Redewendung gefunden, in der er seinen Einsatz „aufs Ganze gesehen" darstellt: Er sei am ehesten mit einem „Heidenmissionar" zu vergleichen.

In den fünfziger Jahren legte Pastor Althaus ein besonderes Augenmerk auf die Kinderarbeit für Sinti und Roma. Dabei ging es nicht zuletzt um die Frage, ob sie dauerhaft beeinflusst werden können, und welche Erwartungen man haben darf. Althaus hatte sich geschichtlich mit diesem Thema beschäftigt und führte in seinen Texten historische Beispiele an, die zeigen, dass frühere Versuche, Sinti und Roma anzupassen und sesshaft zu machen weitgehend gescheitert sind.

Der Grund war für Althaus klar: Bei den Eingliederungsmaßnahmen wurde gewaltsam und unpädagogisch vorgegangen. Auch wenn man die Kinder in eine Führsorgeerziehung gegeben hat und sie zu einer Ausbildung führen konnte, war der Erfolg gering. Viele der zunächst angepassten Sinti und Roma übten ihren Beruf später nicht aus und gingen im Laufe der Zeit zu ihren Angehörigen zurück. Pastor Althaus war davon überzeugt, dass man die Sinti und Roma nehmen müsse, wie sie sind. Und wenn sie nicht beeinflusst werden können, dann sei dies Gottes Wille, der zu respektieren ist. Er hat die Völker geschaffen, die frei für sich entscheiden können. Wer dies nicht versteht und Gewalt anwendet, der versündigt sich. Wenn dennoch eine Änderung möglich ist, dann durch die Kraft des Christentums:

„Verzichten wir darauf, dass wir die Zigeuner ummodeln! Sonst verlieren wir sie. Die Zigeuner sollen vielmehr Zigeuner bleiben und zu echten Zigeunern sich entfalten, aber Zigeuner werden mit diesem Jesus von Nazareth." [132]

Eine idealisierte Sicht bei Pastor Althaus, die durch praktische Erfahrungen immer wieder in Frage gestellt wurde. Zwar sprach er vom „hohen Rang der Zigeuner" und von ihrer besonderen Bestimmung. Im Alltag war es für ihn aber sehr schwierig, christliche Überzeugungen unter den Sinti zu verbreiten. Nur durch seine tiefe religiöse Überzeugung war es ihm möglich, trotz widriger Umstände an der „Missionsarbeit" festzuhalten. In einem Beispiel aus seinen Berichten heißt es zu diesem Komplex:

---

[132] Landeskirchliches Archiv Wolfenbüttel; Pfarramt für den Dienst an Israel und den Zigeunern Nr. 26.

„Da bin ich in einem Zigeunerwagen und erzähle Geschichten von Jesus. Zum Schluss erkläre ich: 'Heute möchte ich nicht weggehen, ohne noch mit euch gebetet zu haben.' Da sagt mir eine junge Zigeunerfrau: 'Wir wissen ja nicht, was wir beten sollen!' Diese erschütternde Erklärung brennt mir wie eine tiefe Schuld im Gewissen. Freunde, was haben wir versäumt!"[133]

In den überlieferten Dokumenten findet sich ein interessanter längerer Bericht von Georg Althaus vom 14. März 1959, in dem er seine Arbeit mit „Zigeunern" ausführlich beschreibt und kommentiert[134]:

Georg Althaus: Aus der lutherischen Missionsarbeit an den verfolgten Zigeunern in Deutschland. Geschrieben für den Oekumenischen Rat der Kirchen.

Meine Arbeit an den Zigeunern ist einer Anregung gefolgt, die mir das Missionsblatt der Evang.-luth. Mission zu Leipzig 1920/1 gegeben hat, als ich in Leipzig studierte und im Missionshause wohnte. Ich war nämlich Sohn eines Leipziger Missionars im ehemaligen Deutsch-Ost-Afrika.

Erst in meiner zweiten Gemeinde, die mir 1933 vor den Toren der Stadt Braunschweig übertragen wurde, bekam ich die Möglichkeit zur Arbeit an Zigeunern. In der Stadt Braunschweig hatte eine Reihe von Zigeunern ihr Standquartier. Sie zogen mit ihren Wohnwagen oftmals über Land und suchten mich in meinem Pfarrhause auf. Flugs rief ich sie dann in meinen Konfirmandensaal, unterhielt mich mit ihnen und musizierte mit ihnen. Ich begann auch sofort mit dem Erlernen ihrer Sprache, verschaffte mir dazu wissenschaftliche Unterlagen. Die Herzen der Zigeuner flogen mir zu. Besonders ein Erlebnis verband mich mit den Zigeunern. Sie kamen eines Tages bei Schneewetter und baten mich, ihre Pferde in unserem alten Pferdestalle unterstellen zu dürfen. Viele Jahrzehnte mag der Pferdestall keine Pferde mehr gesehen haben. Nun stampften die Hufe der Zigeunerpferdchen fröhlich in dem alten Stalle. Noch heute reden die überlebenden Zigeuner dankbar davon. Doch nicht mehr lange konnte ich die Besuche der Zigeuner empfangen. Das nationalsozialistische Regiment verhaftete mich zweimal wegen meines

---

[133] Landeskirchliches Archiv Wolfenbüttel; Akten des Pfarramts für den Dienst an Israel und den Zigeunern, Nr. 17.

[134] Landeskirchliches Archiv Wolfenbüttel; Akten des Pfarramts für den Dienst an Israel und den Zigeunern, Nr. 18.

Eintretens für die Juden. Und an den Ausgängen unseres Dorfes wurden Schilder aufgestellt, die die Unterstützung der Zigeuner unter Strafe stellten und meine Arbeit lahm legten. Bald blieben die Zigeuner ganz aus. Sie wurden in ihrer Bewegungsfreiheit beschränkt. Das nationalsozialistische Unwetter wollte sich erst recht austoben. Erst im Winter 1952/3 entdeckte ich die Zigeuner wieder, so weit sie am Leben geblieben waren. Sie hatten sich inzwischen in Hildesheim gesammelt. Da kaufte ich mir ein Motorrad und fuhr seit März 1953 möglichst jeden Montag nach Hildesheim.

Es war eine schöne Zeit. Die Leute nahmen mich jubelnd und gastfreundlich auf. Nun vervollkommnete ich meine Kenntnisse in der Zigeunersprache. Wir sangen geistliche Lieder, besonders Kanones, aber auch edle deutsche Volkslieder. Hieran beteiligten sich besonders junge Männer und die Jugend. Wenn ich ins Zigeunerlager gefahren kam, liefen mir die Zigeuner von allen Seiten entgegen und begrüssten mich freundlich. Dann tat ich meinen grossen Rucksack und meine Ledertaschen auf und verteilte Kleidungsstücke, Wäsche und Schuhe. Für die Kinder hatte ich immer besondere Leckerbissen. Mit grossem Eifer wurden nun die mitgebrachten Kleidungsstücke angepasst und triumphierend in die Wohnwagen getragen.

Sehr bald fing ich an, Abschnitte der Heiligen Schrift in die Zigeunersprache zu übersetzen und mit den Leuten durchzusprechen. Aber nun setzte auch ein Prozess der Scheidung ein. Bei der Kleiderverteilung war ich jeweils sehr umdrängt. Setzten wir dann mit dem Singen ein und trug ich biblische Geschichten vor, so verlor sich die Menge. Das blieb dem Anführer der Zigeuner, dem alten Zaker (sprich Sacker), nicht verborgen. „Wenn du Kleider verteilst, sind alle da. Wenn du aber singen willst, so bleiben sie alle fort. Ich würde an deiner Stelle gar nicht wiederkommen." Als er wieder einmal so zu mir sprach, fragte ich: „Soll ich nicht wiederkommen?" Er antwortete mit vollendetem Takte: „Das muss ich ganz dir überlassen." Ein anderes Mal meinte er, an meiner Stelle würde er gar nicht die Freunde bitten, ihm Kleider für die Zigeuner zu geben. „Sie reden dann ja doch nur von Zigeunerplage!" Welch schwermütiges Wort aus dem Munde des alten Zigeuners. Und wie taktvoll wollte er mir Schwierigkeiten und Enttäuschungen ersparen! Er war um mich sehr besorgt. So konnte er mahnen: „Fahr nach Hause! Es wird schon dunkel!" Die Zigeuner scheuen nämlich die Dunkelheit und lieben das Licht. Einmal sagte der Alte: „Fahr nach Hause, ehe die Strasse durch Frost glatt wird!" Solche Regungen der Fürsorglichkeit taten mir wohl. Ich glaubte ein Stück Dankbarkeit zu erkennen, schrieb ich doch manche Eingabe an die Behörden, um den Zigeunern in ihren Nöten zu helfen und ihre Ansprüche zu unterstützen.

Sehr gerne sahen es die Zigeuner, wenn ich einmal eine meiner Töchter oder zu einer Weihnachtsfeier einige junge Mädchen mitbrachte. Sie sagten zu mir: „Bringst du nicht einmal wieder eine Tochter mit?" So kam ich eines Tages mit meiner ältesten Tochter [Name] hergefahren. Sie befand sich damals in der Ausbildung als Hebamme und hatte einige Tage Ferien. Wir beide wurden freundlich aufgenommen. Die Leute fragten nach [Name der Tochter] Berufe. Und harmlos gaben wir Bescheid. Wir ahnten nicht, dass dieser unser Besuch einen tiefen Einschnitt in die Arbeit an meinen Zigeunern bedeuten sollte.

Entsprechend den alten magischen Vorstellungen der Zigeuner, die sie mit vielen orientalischen Völkern teilen, gilt die Hebamme als „tabu", ja geradezu als „unrein". Und plötzlich machten solche Zigeuner, die mich noch nicht lange kannten, geltend, dass nicht nur meine Tochter, sondern auch ich „unrein" sei und gar nicht mehr mit Zigeunern verkehren dürfe. Ich habe damals noch nicht ganz ermessen, wie schwerwiegend dieses Urteil war. Ich war plötzlich in den Bann getan und zwar nach Meinung der Zigeuner für Lebenszeit und hoffnungslos. Es verbarg sich hinter diesem Banne die Sorge auswärtiger Führer der Zigeuner, dass ich, wie sie sagten, ein „Rassenforscher" sei, wie sie solche aus der Nazizeit in furchtbarer Erinnerung hatten. Und von solch einem „Rassenforscher" erwarteten sie dunkle Machenschaften und endlich aufs neue Verbringung in ein Konzentrationslager. Es erwies sich, dass gegen solche Ängste dieser primitiven Menschen mit intellektueller Aufklärung gar nichts auszurichten war. Ein hervorragender Zigeunerforscher riet mir daher, möglichst überhaupt nichts zu diesen Befürchtungen der Zigeuner zu sagen.

Die Zigeuner in Hildesheim zogen sich fortan immer mehr von mir zurück. Der Zutritt zu den Wagen wurde mir verwehrt. Die Zigeuner nahmen nun nichts mehr aus meinen Händen entgegen. Sie lehnten jede Gastfreundschaft mir gegenüber ab. Das Singen fiel fort. Die biblischen Geschichten konnten nicht mehr erzählt werden. Bei unfreundlichem Wetter konnte ich mich gar nicht mehr lange bei den Zigeunern aufhalten. Manches Mal fuhr ich schon nach 20 Minuten auf meinem Motorrade traurig wieder fort, wenngleich mein Anfahrtweg 40 oder 50 Kilometer betragen hatte. Ich war völlig durchfroren. Trotzdem hatte ich den Eindruck, dass meine Besuche nicht unbeachtet blieben, sondern Eindruck hinterliessen. Die Zigeuner schämten sich, zu sehen, dass meine Liebe mit Unfreundlichkeit beantwortet wurde. Aber die Zigeuner sahen selber keinen Ausweg, ihr Verhalten zu ändern. Sie fürchteten sich vor den

Alten ihres Stammes, die über den alten Sitten und Gebräuchen wachen. Meidung der Hebamme und der Geburt wie des Rossschlächters und des Rossfleisches sind die wichtigsten Stücke der alten Sitte. Jeder, der hiergegen(über) verstösst, kann sofort für „unrein" erklärt und damit aus der Gemeinschaft der Zigeuner ausgestossen werden. Die Zigeuner sind ganz ausserordentlich rücksichtslos in der Anwendung dieser Gesetze.

Das ist das furchtbarste Los, das einen Zigeuner treffen kann, wenn er nicht mehr gleichberechtigt mit seinen Stammesgenossen verkehren darf. Von hier aus wird deutlich, welch schwerwiegendes Urteil mich getroffen hatte, als ich für unrein erklärt worden war. Fast fünf Jahre bemühe ich mich schon, den Bann, dem ich anheimgefallen bin, loszuwerden. Leider war ich nun nicht nur „unrein" in den Augen der Hildesheimer Zigeuner, sondern auch in den Augen aller derer, die an anderen Orten davon erfuhren. So tauchte in Hildesheim eine führende Zigeunerfamilie auf, die meine Bemühungen um die Hildesheimer Zigeuner beobachtete. Der Mann suchte mich alsbald unter Anrufung des grossen Gottes, der Recht und Unrecht ans Tageslicht zu bringen wisse, einzuschüchtern, damit ich ja von den Zigeunern ablassen sollte. Er ist von stattlichem Wuchse und wirkte dadurch grösser, dass er zum Gebete die Hände hoch über dem Haupte zusammenschlug. In dieser Haltung rief er auch die Gottesmutter an. Aber ich liess mich nicht einschüchtern. Einer seiner Söhne aber, der mich schon mit einer grossen Dogge am Halsbande, mit Dolch, Hammer, Wasser und mit Polizeianrufung bedroht hatte, packte mich eines Tages vor den Augen des Vaters am Arme, trat mich ins Gesäss und jagte mich vom Platze. Nur durch besonnene Ruhe gelang es mir, ein ernstes Unglück zu vermeiden. Ich sah schon in Knabenhänden den grossen Stein, mit dem ich getroffen werden sollte.

In dieser Lage des Verfemtseins in den Augen der Zigeuner erreichte mich im Herbste 1956 die Nachricht der braunschweigischen Kirchenregierung, sie habe die Gründung eines Pfarramtes für den Dienst an Israel und den Zigeunern – der Name lautete zunächst etwas anders – beschlossen und böte es mir an. Ich sah darin den Ruf Gottes und griff zu. Am 24. Februar 1957 wurde ich in mein neues Pfarramt eingeführt.

Schon zwei Tage später erschien jener führende Zigeuner, der inzwischen seinen Wohnsitz in Braunschweig genommen hatte, um mich aufs Neue einzuschüchtern, damit ich ja von den Zigeunern in Braunschweig und Hildesheim liesse. Sofort bot ich ihm Zigaretten, Kuchen und Wein an. Aber er rührte nichts davon an. Ich wisse wohl, warum, meinte er. Trotzdem aber gelang es mir, den Mann ein wenig zu beruhigen. Er verliess mich mit Respekt. Aber er hatte mir unmissverständlich klar gemacht, dass ich auch weiterhin schwere Mühe haben werde, das Vertrauen des Zigeunervolkes ernsthaft und auf Dauer zu erringen.

Mein Plan war der, das Vertrauen der Braunschweiger Zigeuner auf dem Weg über das Vertrauen der Zigeuner von Hildesheim oder anderen Städten zu gewinnen.

Durch die Gründung des neuen Pfarramtes war mein Name und meine Arbeit in der Öffentlichkeit bekannt geworden. Man erzählte sich, was in aller Stille hier und da für Zigeuner getan war. Die Zeitungen berichteten davon. Und die Zigeuner horchten auf. So schrieben mir die Zigeuner verschiedener Städte der Deutschen Bundesrepublik, sie luden mich ein, mich ihrer Nöte anzunehmen. Auf diese Weise bin ich auf weiten Reisen in manche deutsche Stadt geführt worden und habe freiwillig die Zigeuner anderer Städte aufgesucht und hier und da durch mein Eintreten das Vertrauen der Zigeuner erworben.

Sie sehen in mir zunächst den Anwalt ihres Volkes gegenüber den Behörden und gegenüber der deutschen Öffentlichkeit, und tragen mir alle ihre kleinen und grossen Nöte vor. Sie kämpfen oft sehr schwer um ihre selbstverständlichsten Rechte und bedürfen der Fürsprache. Es geht um Entschädigungen wegen ihrer Verbringung in die Konzentrationslager des Dritten Reiches, um die Anerkennung der deutschen Staatsangehörigkeit, um Gewinnung eines gesunden Platzes zum Aufstellen ihres Wohnwagens, um die Beschaffung fester Wohnungen oder um Hilfe vor den Gerichtsbehörden und so weiter.

Das alles sind freilich keine „geistlichen" Wünsche. Aber in allen diesen Anliegen haben wir es mit den „Wunden" zu tun, die eine jahrhundertealte Verfolgung in den verschiedensten Ländern Europas den Zigeunern geschlagen hat und zuletzt die furchtbare Verfolgungs- und Ausrottungspolitik des nationalsozialistischen Gewaltregimentes in Deutschland. Der lutherische Zigeunerpastor, zumal in Deutschland, kann an allen diesen Dingen nicht uninteressiert vorübergehen wie der Priester und der Levit in der Geschichte vom barmherzigen Samariter an dessen Wunden. Erst auf dem Hintergrunde des Eintretens für die Lebensrechte der Zigeuner kann der Zigeunermissionar hoffen, an die Zigeunerherzen heranzukommen.

Ich bin davon durchdrungen, dass im allgemeinen ganz ausserordentlich wenig damit erreicht ist, wenn einzelne Zigeuner für die religiöse Botschaft gewonnen zu sein scheinen. Die einzelnen Zigeuner sind nämlich so sehr mit ihrem Volkstum und ihrem Stamme verbunden, dass sie ausserhalb davon ein Nichts sind, und sie sind rechte Zigeuner nur in Verbindung mit den anderen. Darum ist die Gewinnung einzelner Zigeuner für das Evangelium oft vielleicht doch nur ein Scheinerfolg. Sie sind als einzelne heimlich mit der Wunde behaftet. Das Evangelium, das sie als Vereinzelte erreicht, trägt für ihr Bewusstsein das Gepräge des Fremden, des Nicht-Zigeunerischen. Darum fehlt dem vereinzelt für das Evangelium gewonnenen doch die letzte überzeugende Kraft der Gewinnung der anderen. ...

[Es folgen Überlegungen zu einer erfolgreichen lutherischen Zigeunermission]

Braunschweig, den 14. März 1959   *Georg Althaus*

In dem Bericht wird eine Art Verbannung beschreiben, die Pastor Althaus über sich ergehen lassen musste, weil er als „unrein" galt. Er hatte nicht bedacht, dass der Beruf seiner Tochter, die er bei einem seiner Besuche auf den Stellplatz mitgenommen hat, unter ein zu respektierendes Tabu der Sinti fiel. Dies bot denjenigen Bewohnern, die Pastor Althaus nicht gerne sahen, eine Möglichkeit, ihn zumindest teilweise zurückzuweisen (Jochimsen 1963, 62). Andererseits zeigt ein Brief vom 12. September 1956, in dem er diese Vorgänge anspricht, dass ihm auch anders begegnet wurde. So kümmerte er sich zum Beispiel einmal um eine ältere Sintizza, die im Krankenhaus lag. Die Angehörigen waren über die Hilfe des „Káko", wie sie ihn nannten, erstaunt. In einem anderen Fall war man an seiner Unterstützung interessiert, als der Wagenstellplatz in Hildesheim von Typhus und Paratyphus bedroht war. Althaus wurde gebeten, die Behörden zu einer Hilfe zu bewegen, um die sanitären Verhältnisse zu verbessern. Aber oft scheiterte er bei solchen Aktivitäten, da die Ämter nicht dafür zu gewinnen waren, abzuhelfen[135].

Der längere Bericht von Pastor Althaus lässt sich um weitere interessante Ereignisse ergänzen. Im Dezember 1959 war es gelungen, auf dem Wohnwagenstellplatz in Hildesheim einen „Kirchenwagen" der Inneren Mission aufzustellen. Dort wurden regelmäßig Kindergottesdienste und Kinderstunden abgehalten. Betreut wurde das Projekt durch einen Diakon. Die Kinder erschienen regelmäßig, um auch lesen und schreiben zu lernen. Auch einige Erwachsene interes-

---

[135] Landeskirchliches Archiv Wolfenbüttel; Pfarramt für den Dienst an Israel und den Zigeunern Nr. 26.

sierten sich für das Angebot im „Kirchenwagen", wohl um zu schauen, was dort genau vor sich geht und um sich weiterzubilden (Auszug aus einem Bericht der Soziologin Lukrezia Jochimsen):

„Die Kinder wurden von den Eltern an den Kirchenwagen gebracht, erhielten Hefte und Bleistifte, und die einzigen Schwierigkeiten entstanden nur dadurch, dass selbst Vier- und Fünfjährige in den viel zu engen Wagen gebracht wurden und nach kürzester Zeit wieder zurückgeschickt werden mussten. ... Immer kamen mehrere Frauen, die nicht 'auf Handel' gingen, in den Kirchenwagen, angeblich um mir zu helfen, und in Wirklichkeit aber um zu sehen, was da eigentlich vor sich gehe. Dabei kam dann heraus, dass sie selbst gerne lesen und schreiben lernen wollten, weil sie gerade ihren Namen schreiben konnten, aber nicht mehr." (Jochimsen 1963, 24)

Aus Zeitungsbereichten geht hervor, dass sich Pastor Althaus auch in Braunschweig für einen angemessenen Stellplatz eingesetzt hat. 1959 trafen fünf „polnische Zigeunerfamilien" in Braunschweig ein und bekamen zunächst einen Platz an der Salzdahlumer Straße zugewiesen (später im Madamenweg). In den Jahren darauf war es nicht zuletzt ein Verdienst des „Zigeunerpastors" Althaus, dass in Braunschweig um einen geeigneten Standort für die Unterbringung der Sinti gerungen wurde[136]. Zu der auch öffentlich geführten Diskussion gehört ein weiteres interessantes Dokument: Die überlieferten Unterlagen von Pastor Althaus enthalten Schriftstücke zur Lage der Sinti und Roma nach dem Zweiten Weltkrieg in Deutschland. Darunter die „Forderungen eines Zigeunerbundes", für deren Umsetzung sich Althaus nicht nur in Braunschweig einsetzte:

Entwurf.
Forderungen eines Zigeunerbundes vom 24. April 1958.
1.) Eine grosszügige Wiedergutmachung für die Schäden, die die Zigeuner in der Zeit des Nationalsozialismus davongetragen haben.

Diese Wiedergutmachung darf nicht nur einzelne nachweisbare Fälle betreffen, sondern muss das ganze Zigeunervolk in Deutschland umfassen, das

---

[136] Braunschweiger Presse: 26./27.9.1959. 3./4.6.1961. Braunschweiger Zeitung: 11.2.1959. 14.5.1959. 16.9.1959. 10.12.1959. 6.4.1960. 21.4.1961 (In: Sammlung Zeitungsartikel im Stadtarchiv Braunschweig; H XV A: G I/3).

durch die Massnahmen des Dritten Reiches auf das Tiefste getroffen, verwundet, entehrt und weithin ausgerottet ist. Jetzt ist der Zeitpunkt gekommen, wo das deutsche Volk ernsthafte Schritte tun muss, um dem verfolgten, kleinen Zigeunervolke in seiner Mitte in angemessener Weise zu einem lebenswerten Dasein und zu einer gesunden Entwicklung zu verhelfen. Nur so können die schweren Wunden, die die Reste des Zigeunervolkes gewissermassen an sich tragen, einigermassen vernarben.

Urteile der Wiedergutmachungsstellen, die in offenbarem Widerspruche zu den tatsächlichen Verfolgungsschäden den Zigeunern bisher keine entsprechende Wiedergutmachung gewährt haben, sind aufzuheben und die betreffenden Verfahren neu aufzurollen.

Verfolgungsschäden, die sonst aus irgend einem Grunde noch keine Wiedergutmachung gefunden haben, sind innerhalb einer gewissen Frist zur Wiedergutmachung anzumelden.

2.) Schutz der in dem Grundgesetze verankerten Rechte der völkischen Minderheit der Zigeuner in Deutschland und Abwehr aller Diffamierung der Zigeuner in Wort, Druck oder Schrift.

3.) Schutz der Freiheit der Zigeuner im Rahmen der Gesetze, einschliesslich der Freiheit, selber entscheiden zu dürfen, ob sie umherziehen oder sesshaft werden wollen.

4.) Unterlassung und Aufhebung aller bisherigen oder neuen gegen die Zigeuner gerichteten, kränkenden und belästigenden polizeilichen Sondermassnahmen, sofern sie sich nur gegen die Zigeuner als Zigeuner richten.

5.) Anerkennung der deutschen Staatsangehörigkeit nicht nur auf Grund der Staatsangehörigkeit der Vorfahren, sondern jetzt auch auf Grund der furchtbaren Verfolgung durch die Nationalsozialisten.

6.) Soziale und wirtschaftliche Förderung der Zigeuner, um sie nicht weiter verelenden zu lassen, sondern ihnen zu helfen, eine geachtete Stellung in unserer Volkswirtschaft zu erreichen und nützliche Glieder der menschlichen Gesellschaft zu sein.

7.) Schaffung und Bereitstellung gesunder und menschenwürdiger Wohnungen unter wohlwollender Berücksichtigung der Veranlagung der Zigeuner.

8.) Schutz der kinderreichen Familien der Zigeuner.

9.) Wohlwollende Betreuung der Zigeunerkinder und der Zigeunerjugend zur fröhlichen Entfaltung ihrer Anlagen und Kräfte, gegebenenfalls in eigenen Kindergärten und Kinderhorten, doch ohne Anwendung von Gewalt.

10.) Errichtung von Spezialschulen für Zigeuner zur Erhaltung und Pflege der Sprache, der Sitten und Gebräuche und der Eigenart der Zigeuner, doch ohne Anwendung von Gewalt und unter gleichzeitiger ernster Förderung des Deutschunterrichtes.

11.) Errichtung eines Universitäts-Forschungsinstitutes für Zigeunersprache und Zigeunerkunde und Berufung eines wahren Zigeunerkenners und warmherzigen Zigeunerfreundes als Leiter dieses Institutes.

12.) Ernsthafte Massnahmen zur Förderung der religiösen Betreuung der Zigeuner, insbesondere der Unterweisung der Jugend, im Sinne eines echten und lauteren Christentums und in freier Auseinandersetzung, ohne Zwang.[137]

Das Dokument zeigt eine Reihe von Themen und Problemfeldern zur sozialen Lage der Sinti. Ebenso zu den Bemühungen um ihre Integration, sowie die unzureichende „Wiedergutmachung" für die Opfer der totalitären Herrschaft des Nationalsozialismus. Sinti und Roma hatten keine starke Lobby, und sie wurden oft nicht oder unzureichend entschädigt. Dies offenbaren die kleinen Summen, die gezahlt wurden, und das nicht selten erst nach entwürdigenden Verfahren. Hierbei sahen sich Antragsteller auch noch nach 1945 nicht selten mit dem Verdacht der „Asozialität" konfrontiert.

In den Entschädigungsverfahren musste erst mühselig belegt werden, dass die Nationalsozialisten ein Vernichtungswerk auch an Sinti und Roma unternommen hatten. Damit waren sie ähnlich schlecht gestellt wie andere Opfergruppen: die Zwangssterilisierten, die Opfer der Vernichtungsaktionen gegen psychisch Kranke und viele Zwangsarbeiter, vor allem aus dem östlichen Ausland. Zu nennen sind hier selbstverständlich auch die Opfer des Holocaustes unter jüdischen Mitbürgern. Allerdings war es der Jüdischen Gemeinde Braunschweig schon 1958 möglich, ein Denkmal für ihre Opfer der nationalsozialistischen Gewaltherrschaft in Braunschweig zu errichten[138].

---

[137] Landeskirchliches Archiv Wolfenbüttel; Pfarramt für den Dienst an Israel und den Zigeunern, Nr. 26.

[138] Die Reihenfolge der Opfergruppen stellt keine Bewertung dar. Landeskirchliches Archiv Wolfenbüttel; Pfarramt Duttenstadt, Nr. 26.

Das Dokument lässt auch widersprüchliche Seiten erkennen: Die Bemühungen der „Zigeuner", als vollwertige Bürger anerkannt zu werden, die Bestrebungen, durch geeignete soziale Maßnahmen und Einrichtungen integriert zu sein, und gleichzeitig die berechtigte Forderung, die eigene kulturelle Tradition und Identität zu bewahren.

Auch nach der Dienstzeit von Pastor Althaus wurde die Arbeit mit und für Sinti durch Pfarrämter weitergeführt. Dies unter dem Stichwort „Zigeunerhilfe", die Anfang der siebziger Jahre vor allem vom Diakonischen Werk organisiert wurde. Im Protokoll einer bundesweiten Besprechung im Oktober 1972 finden sich Berichte aus verschiedenen Regionen, darunter auch über die Lage in Hildesheim und Braunschweig. Da ein Teil der Sinti in Hildesheim aus Braunschweig stammte und Pastor Althaus auch Hildesheim von Braunschweig aus betreut hat, soll hier die „Bestandsaufnahme" zu beiden Städten wiedergegeben werden. Sie zeigt die Lage aus Sicht der Kirche. Die beschriebenen Verhältnisse dürften sich in vielen deutschen Städten ähnlich dargestellt haben:

Bericht von Pastor [Name], Zigeunerhilfe e.V., Hildesheim:

Die Arbeit wurde nach dem Krieg auf dem Zigeunerplatz „Pferdeanger" mit evangelischem Ansatz begonnen, Kinderstunden und Kindergottesdienste wurden abgehalten, ebenso Gottesdienste für Erwachsene. Hinzu kam bald ein pädagogischer Ansatz und die Einrichtung einer Elementarschule sowie eines Kindergartens für Kinder ab 3 J[ahre]. Eine 2-klassige Volksschule wurde als schulisches Überleitungsprogramm zur Hauptschule behördlich genehmigt. Zusammen mit der kath. Kirche wurde der „Verein für Zigeunerhilfe e.V." gebildet, der zunächst gedacht war als Trägerverein für Wohnungsfragen und Bauprojekte, zumal geplant wurde, auf dem Areal des Zigeunerplatzes feste Holzhäuser zu errichten. Das Holzhausprogramm wurde aus baurechtlichen Gründen nie verwirklicht, hingegen wurden Einfachstwohnungen für Obdachlose bzw. für asoziale Familien aus Hildesheim gebaut. Später wurden diese deutschen Familien in Wohnungen in der Stadt umgesetzt und die Einfachstwohnungen den Zigeunern zugewiesen, was eine Fülle von sozialen und hygienischen Problemen mit sich gebracht hat.

Die kath. Gruppe hat ihr Engagement verstärkt und im Verein ihre Priorität gesetzt. Damit hat sich auch eine Konfessionsverschiebung innerhalb der Zig.-Gruppe ergeben, auch hat der Caritasverband den Kindergarten übernommen, der von Frl. [Name] geleitet wird. Hinzu kam ein Betreuungsheim der Caritas mit einem kleinen Saal und Werkräumen zum Nähen und Basteln (Kreativitätsförderung).

Situation heute: Die Stadt versucht, Zig.[euner] mit wenigen Kindern in Stadtwohnungen unterzubringen. In Hildesheim wohnen noch ca. 450 Zig., wobei sich der Konfessionsschlüssel in dem Maß verändert hat, in dem die kath. Kirche ihre Arbeit innerhalb des Vereins verstärkte. Es kann davon ausgegangen werden, dass sich die Zig. in ihrer Konfessionsangabe jeweils am Träger eines Hilfsprojektes orientieren.

Die kath. Kirche hat Pfarrer [Name] für die Zig.-Arbeit freigestellt und Bischof Rainer Maria Janssen seitens der Deutschen Bischofskonferenz und durch den Heiligen Stuhl für Zig.-Fragen beauftragt. Er nennt sich gelegentlich „Zigeunerbischof".

[Name] berichtet über Braunschweig

Nach dem Krieg hat in Braunschweig zunächst Pfr. Althaus eine Arbeit aufgebaut, die nach seinem Ausscheiden jedoch an den Sozialsekretär des Evang. Arbeiterwerkes übergegangen ist. Seit 8 Jahren wird sie von Herrn [Name] – neben seinen übrigen Aufgaben in der Kreisstelle der Inneren Mission – wahrgenommen.

Inzwischen sind alle Zig.-Plätze aufgelöst. Den Zig. wurden Einfachstwohnungen zur Verfügung gestellt, wobei das Einweisen von einzelnen Familien oder ganzen Sippen in einzelne Blocks in der Stadt zu Problemen geführt hat. In Braunschweig wohnen noch ca. 15-20 Großfamilien. Der soziale Dienst geschieht überwiegend durch die IM [Innere Mission] in Verbindung mit der „Arbeitsgemeinschaft der freien Wohlfahrtsverbände" am Ort. Der Dienst beschränkt sich auf soziale Hilfe, wobei neuerdings Pfarrer Althaus wieder Zig. zur Kreisstelle der IM schickt. Der Caritas-Verband betreibt eine Spielstube in einer Einfachstsiedlung. Diese Einrichtung ist nicht speziell für Zig. geschaffen, jedoch auch für Zig.-Kinder offen. In einer zweiten Einfachstsiedlung erfolgt die Betreuung durch die IM in Verbindung mit einem städtischen Kindergarten.

Auch hier werden Zig.-Kinder nicht speziell, sondern mit den anderen Kindern aufgenommen.[139]

Ein weiteres Dokument enthält eine interessante Schilderung des Tagesablaufes auf dem Wohnwagenstellplatz in Hildesheim im Sommer 1960. Lukrezia Jochimsen beschreibt das Geschehen aus ihrer Sicht. Da der Alltag auf Stellplätzen auch in anderen Gegenden ähnlich ausgesehen haben dürfte, soll der Bericht wiedergegeben werden, obwohl einige Bewertungen fraglich sind:

Das Leben im Wohnwagenlager wird ganz eindeutig von der veränderten nomadisierenden Lebensweise der Zigeuner bestimmt. Nach ihr richtet sich der Tagesablauf. Kam man morgens um 7 Uhr in das Wohnwagenlager (wobei hier berücksichtigt werden muß, dass es sich beim Zeitpunkt der Untersuchung um Hochsommerwochen gehandelt hat), so war man auf der Straße unterwegs schon drei oder vier Zigeunerinnen begegnet, die zur Haltestelle eines Arbeiterbusses gingen, der sie in die benachbarten Gemeinden oder in zwei große, in unmittelbarer Nähe liegenden Städte brachte. Das Lager selbst bot um diese Zeit einen völlig menschenleeren Eindruck: alle Wohnwagen verschlossen, niemand auf dem Platz. Kurz vor 8 Uhr kamen dann die drei oder fünf Kinder, die regelmäßig zur Schule gingen, aus den Wohnwagen. Die Zahl richtete sich danach, ob die Mädchen von Wohnwagen 19 und 28, die oft tagelang unterwegs sind und dann mit ihren Wanderschulheften am Unterricht in anderen Schulen teilnahmen, im Wohnwagenlager anwesend waren oder nicht.

Zur Zeit der Untersuchung stand keiner der Erwachsenen oder Jugendlichen in einem festen Arbeitsverhältnis. Vor 9 Uhr oder halb 10 Uhr verließ sonst niemand die Wohnwagen. Dann aber wurde das ganze Lager mit einem Male wach. Die Kinder wurden, kaum angezogen oder gewaschen, ins Barackenlager zum Einkaufen geschickt. Die Wohnwagen verwandelten sich aus Schlafquartieren in Wohnungen. Die einzelnen Familien frühstückten, was im allgemeinen so vor sich ging, dass ein großer Topf Kaffee auf dem Ofen oder Tisch stand und die Mutter Brot oder Kaffee bzw. Milch an die kleinen Kinder aus-

---

[139] Landeskirchliches Archiv Wolfenbüttel; Nr. 858 Acc 61/86, Nr. 78. Weitere Schilderungen zur sozialen Lage der Sinti im Nachkriegsdeutschland finden sich z.B. in: Jochimsen 1963.

gab. Die übrigen nahmen sich, was da war. Ein Teil der Familie aß im Wagen, der andere auf den Stufen oder auf dem Platz davor. Dann, gegen 11 Uhr, machten sich die meisten Frauen auf den Weg. Kurz nach ihnen verließ ein Ehepaar nach dem anderen, mit oder ohne erwachsene Kinder oder Verwandte per Auto das Lager. Gegen Mittag waren nur noch die Kinder, die alten oder kranken Leute, die jungen Mütter mit vielen kleinen Kindern oder die recht beachtliche Zahl junger Mädchen, die sich weigern, auf den Handel zu gehen, im Lager.

Der „Chef" von Großfamilie IV bezog seinen Posten in der Nähe des Lagereingangs und beobachtete, was drinnen und draußen vor sich ging. Ich habe niemals gesehen, dass jemand allein das Lager verließ. Die Kinder liefen immer in Gruppen, die erwachsenen Mädchen gingen mindestens zu zweien aus dem Lager. Der Mittag und frühe Nachmittag in dem dreiviertel leer scheinenden Lager ließ ein bestimmtes „totes" Zeitgefühl aufkommen. Man tat nichts und es geschah nichts. Die Kinder blieben alle unter der Aufsicht eines mindestens halbwüchsigen älteren Geschwisterteils zurück, außerdem wachten auch die verschiedenen alten Frauen im Lager über die des Spielens nie müde werdenden Kinder. Mittagessen gab es nicht. Wenn eines der Kinder Hunger hatte, erbettelte es entweder Geld, um sich im Barackenlager Kuchen zu kaufen, oder holte sich aus dem Küchenschrank im Wohnwagen, was da war (bei den Besprechungen mit den Lehrern in den verschiedenen Schulen wurde mir immer wieder erklärt, dass man große Schwierigkeiten hätte, die Kinder daran zu gewöhnen, dass sie nicht einfach dann zu essen anfangen, wenn sie Hunger haben).

Dann, so gegen 16 Uhr, veränderte sich das Bild des Wohnwagenlagers plötzlich. Die ersten Mütter kamen von ihrem „Handel" zurück. Einige Kinder wussten dem Gefühl nach genau die Ankunftszeiten der Busse und verließen jeden Tag um dieselbe Zeit plötzlich das Lager, um zu den Haltestellen zu gehen.

Die Rückkehr der Erwerbstätigen vollzog sich meistens in der gleichen Reihenfolge wie der Auszug am Vormittag. Zuerst kamen die Busfahrerinnen, dann die zu Fuß in der Stadt oder den nahe gelegenen Gemeinden hausierenden Frauen und zuletzt die motorisierten Händler. Alle gemeinsam waren sie mit Lebensmitteln beladen. Entweder wurden sie in großen Taschen oder Bündeln mitgeschleppt oder aus dem Auto in den Wohnwagen umgeladen. Und in den nächsten beiden Stunden war man im Lager mit der Zubereitung des Abendessens beschäftigt. In jedem Wohnwagen standen die Kessel und Töpfe auf dem Herd, es wurde auch ein wenig aufgeräumt und sauber gemacht, wenn das die älteren Kinder nicht schon mittags über gemacht hatten, und Wäsche gewaschen. Die Männer und erwachsenen Söhne innerhalb der Großfamilien kamen in einer leeren Garage oder in den Autos zum Kartenspielen oder Rauchen zusammen, und die Kinder waren überall im Wege. Nach und nach wurde dann in den Wohnwagen das Essen fertig, und – ähnlich wie am Morgen – eingenommen. Große Schüsseln mit Kartoffeln auf dem Tisch und dicke Brotstücke, dazu irgendwelches Fleisch oder Geflügel. Jeder nahm sich, was er bekam. Die älteren Kinder mussten sich um die kleineren kümmern. Dazu Radiomusik aus allen Wagen. Sobald das Fernsehprogramm begann, konzentrierte sich das Leben in den fünf Wagen, die einen Apparat hatten. Die anderen saßen auf den Treppen vor dem Wohnwagen oder fuhren mit dem Auto nochmals in die Stadt, ins Kino oder zum Tanzen. Sobald es langsam dunkel wurde, verlagerte sich das Leben völlig wieder vom Platz in die Wohnwagen. Und gegen 20 Uhr abends bot das Lager einen ähnlich leeren Anblick wie morgens um die gleiche Zeit. In den Wohnwagen aber kommen die Familien noch lange nicht zur Ruhe. Da nur die allerwenigsten Wagen noch über eine Zweiteilung des Wohn- und Schlafraums verfügten, bleiben auch die Kinder so lange wie die Erwachsenen auf. Bei den Familien mit Fernsehapparaten richtete sich die Schlafzeit nach dem Ende des Programms, aber auch in den anderen Wohnwagen wurden recht spät die Matratzen ausgelegt oder die Betten aufgestellt. Wenn dann allerdings der Wohnwagen wieder als Schlafabteil hergerichtet war, dann ging auch die ganze Familie zu Bett. (Jochimsen 1963, 43-45)

Die Darstellung gehört zu einer Untersuchung in Hildesheim durch Lukrezia Jochimsen, die sie im Rahmen ihrer Dissertation Anfang der 60-er Jahre durchgeführt hat. Erkennbar ist eine gewandelte Sicht: Sinti und Roma wurden in dieser Zeit als soziale Gruppe in einer Gesamtbevölkerung gesehen. Trotzdem sei aber ihr Ansehen noch immer von Vorurteilen geprägt, obwohl sie sich der Nachkriegsgesellschaft angepasst hätten. Für die Sinti und Roma erwies sich besonders ihre fehlende Bildung und ein verbreitetes Analphabetentum als hinderlich.

Andere Probleme wurden in der Empfehlung des Europarates vom 30. September 1969 „Zur Lage der Zigeuner in Europa" dargestellt. Hier wurde beklagt, dass sich ihre Situation verschlechtert habe, und dass eine Eingliederung in die europäische Gesellschaft dringend nötig sei. Es wurden verschiedene Maßnahmen empfohlen. Vor allem sollte der Diskriminierung der Sinti und Roma („Landfahrer") entgegen gewirkt werden. Ebenso sollten sie an der Planung von Hilfsmaßnahmen beteiligt werden, und ihr kulturelles Erbe und ihre Rechte seien zu schützen (Rakelmann 1983, 356ff).

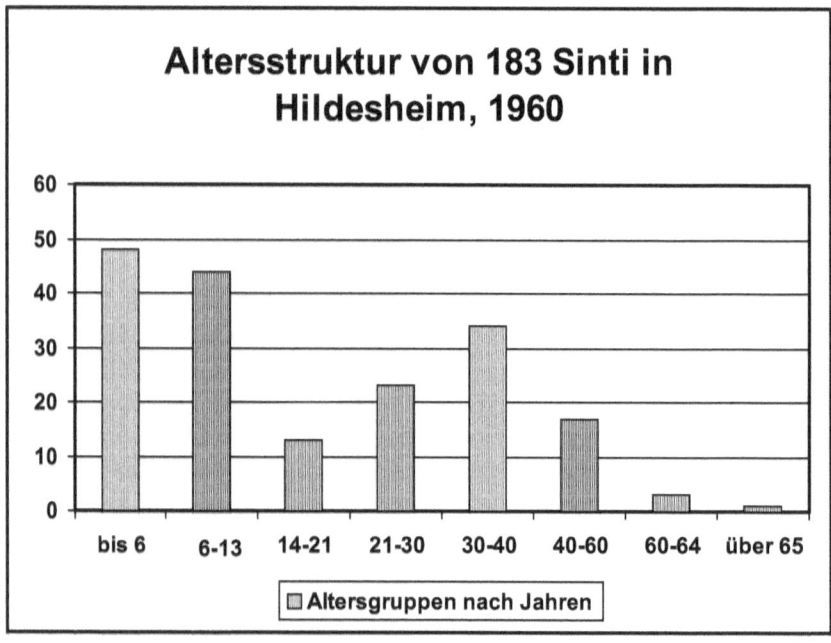

Abbildung 15. Das Diagramm zeigt den geringen Anteil an älteren Personen (Zahlen nach: Jochimsen 1963, 37)

Die staatliche Unterstützung und besondere Hilfsprogramme waren für die Sinti und Roma auch erforderlich, da sich durch das Vernichtungswerk der Nationalsozialisten ihre inneren sozialen Verhältnisse stark verändert hatten. Viele der für den inneren Zusammenhalt wichtigen „Älteren" waren in den Vernichtungslagern ermordet worden. Auch die große Zahl der Kinder warf weitere Probleme in der auf Leistung und Konsum orientierten Nachkriegsgesellschaft auf.

Ein eigenes Kapitel, das hier nur kurz angesprochen werden kann, ist die Frage der Vorurteile und des Verhältnisses der Bevölkerung gegenüber den Sinti. Lukrezia Jochimsen fasste ihre Untersuchungen zu diesem Thema in Hildesheim zusammen, indem sie das Bild der befragten Bevölkerungsgruppen von den „Zigeunern" so charakterisierte: „Zigeuner sind andersrassige Nomaden, aus fremden Ländern bei uns eingewandert, mit stark negativen Außenseitermerkmalen." (Jochimsen 1963, 87)

Jochimsen hatte 186 Personen aus Hildesheim befragt. Von diesen wurden die Merkmale „andere Rasse", „Nomaden" und „aus Asien eingewandert", „Asoziale", „Arbeitsscheue" u.ä. am häufigsten genannt, um die „Zigeuner" zu charakterisieren. Weit verbreitet war die Auffassung, dass „Zigeuner" ein Schimpfwort sei. Allerdings fand Jochimsen auch andere Sichtweisen in ihrer Umfrage (wobei zu prüfen wäre, inwieweit diese repräsentativ ist): Einige Hildesheimer waren nicht der Auffassung, dass die Bezeichnung „Zigeuner" herabsetzend sei und sahen in dieser Bevölkerungsgruppe verfolgte und verjagte Menschen. Diese Sicht wird durch folgende Erfahrung ergänzt: Dort, wo in Entschädigungsverfahren bei früheren Arbeitsstätten nach den Eindrücken und Meinungen zu Sinti und Roma gefragt wurde, lassen sich immer wieder positive Stellungnahmen finden. Das betrifft auch die Zeit vor 1945 [140].

Mit einer Zusammenfassung zu Zeitungsberichten über Sinti in Braunschweig bei Georgia Rakelmann soll dieses Kapitel beendet werden:

„Braunschweig. Am 9.5.1980 berichtet die *Braunschweiger Zeitung*, daß das Landeskirchenamt der ev.-luth. Landeskirche in Braunschweig den Braunschweiger Studentenpfarrer E. offiziell im Nebenamt mit der Wahrnehmung der Seelsorge für die im Bereich der Landeskirche lebenden Zigeuner beauftragt hat. Es wird berichtet, daß an der ev. Studentengemeinde in Braunschweig bereits seit längerer Zeit ein Arbeitskreis „Holocaust" arbeitet, zu dem neben Studenten und Schülern auch Berufstätige gehören. Ziel der Arbeitsgruppe ist, für die Zigeuner bessere Wohnverhältnisse zu schaffen. Die Mitglieder hoffen, eine gemeinsame Siedlung für Sinti und Nicht-Sinti planen zu können. Am 24.12.1980

---

[140] Jochimsen 1963, 91. Nds. Hauptstaatsarchiv Hannover; Nds 110 W Acc 16/99 Nr. 800812.

berichtet die *Hannoversche Allgemeine Zeitung* von einer Mitternachtschristvesper, zu der die ev. Studentengemeinde in Braunschweig auf dem Wohnwagenplatz der Sinti am 24. einlädt." (Rakelmann 1983, 409)

Abbildung 16. Langbau des Landgerichtes Hannover mit Mittelteil (Baujahr 1953/54), Innenhof. Rechts der Schwurgerichtssaal, in dem nach dem Zweiten Weltkrieg Urteile zu NS-Verbrechen gefällt wurden, die auch Sinti und Roma betrafen. Aufnahme Ende der fünfziger-/ Anfang der sechziger Jahre (Quelle: Landgericht Hannover, Verwaltung)

8. Die strafrechtliche Verfolgung von NS-Verbrechen an Sinti und Roma

Ab 1945 mussten sich deutschen Gerichte vor allem mit zwei großen Bereichen der Verbrechen des Nationalsozialismus an Sinti und Roma beschäftigen: Einerseits mit der Beteiligung von Deutschen an NS-Verbrechen gegen Sinti und Roma und andererseits mit der Frage der Entschädigung und „Wiedergutmachung". Es zeigte sich regelmäßig, wie schwer sich die Behörden und die Nachkriegsgesellschaft getan haben, auch im Falle der Sinti und Roma eine angemessene „Vergangenheitsbewältigung" zu verwirklichen. Ein Beispiel ist das Urteil des Bundesgerichtshofes vom 7. Januar 1956 zum Entschädigungsrecht. In diesem Urteil wurde die 1940 angeordnete Deportation von 2.500 Sinti und Roma nach Polen überwiegend als „sicherheitspolitische Maßnahme" eingestuft und nicht als Verfolgungsaktion der Nationalsozialisten wegen der „Rasse" der Sinti und Roma.

In diesem Urteil blieb weitgehend unberücksichtigt, dass staatliche Maßnahmen im „Dritten Reich" den Zielen der Nationalsozialisten auch schon vor Beginn des Zweiten Weltkrieges zunehmend direkt untergeordnet wurden und von Terror und Massenmord begleitet waren (Reiter 1998a, 139-160). Dies betraf auch die so genannte „Zigeunerfrage". Die „sicherheitspolitischen" Ziele, wie auch die Kriegsziele, ergaben sich weitgehend aus den „rassen"politischen Vorstellungen der Nationalsozialisten, wie eine Reihe von Erlassen zeigt[141]. Die rechtliche Lage zu diesem Thema wird in manchen Entschädigungsakten hervorgehoben. So heißt es in einer Akte in einem Vermerk vom 1. Juli 1960: „Nach der geltenden Rechtsprechung hat eine Verfolgung der Zigeuner aus rassischen Gründen am 1.3.1943 begonnen." Und in einem Bescheid des Präsidenten des Niedersächsischen Verwaltungsbezirks Oldenburg, Entschädigungsbehörde, vom 3. August 1960 wird zum gleichen Verfahren u.a. ausgeführt:

„Nach der herrschenden Meinung, insbesondere der ständigen Rechtsprechung des Bundesgerichtshofes, sind Zigeuner und Zigeunermischlinge aus Gründen

---

[141] Landeskirchliches Archiv Wolfenbüttel; Pfarramt des Dienstes an Israel und den Zigeunern, Nr. 5.

der Rasse allgemein erst nach den sogenannten Auschwitz-Erlassen vom 16.12. 1942 und 29.1.1943 verfolgt, wonach Einweisungen in das KZ-Auschwitz vom 1.3.1943 an erfolgten."[142]

Einige Gesetze boten ab 1945 die Möglichkeit, Entschädigungsforderungen zu stellen. Die dazugehörigen Verfahrensakten und Gerichtsurteile sind für die Forschung von zentraler Bedeutung[143]. Die Akten umfassen regelmäßig Dokumente zum Schicksal der Antragsteller und auch eine Reihe von Darstellungen, die die Vorbereitung und Durchführung von NS-Verbrechen zeigen.

Auch in einigen Gerichtsurteilen finden sich derartige Schriftstücke, sowie Erlasse und Anordnungen aus dem Zweiten Weltkrieg, die in den Augen der Angeklagten die Grundlage ihrer Taten gebildet haben oder von Gerichten zur Urteilsbegründung herangezogen wurden (Justiz und NS-Verbrechen, 4: 159ff). Die in der Forschung nach wie vor vernachlässigte Gerichtsurteilssammlung „Justiz und NS-Verbrechen" umfasst nahezu 30 Urteile, in denen auch NS-Verbrechen an Sinti und Roma verhandelt wurden, allerdings oft nur am Rande. Es gibt aber zwei Urteile aus dem Jahre 1949, die diese Vergehen zum zentralen Gegenstand hatten. Sie wurden später von der Redaktion der Urteilssammlung der Deliktsgruppe „andere Massenvernichtungsverbrechen" zugeordnet.

Die folgende Tabelle zeigt eine Kurzübersicht aller Urteile in „Justiz und NS-Verbrechen", die Sinti und Roma betroffen haben[144]. Die aufgeführten Urteil Nr. 760 und Nr. 873 wurden vom Landgericht Hannover gefällt.

---

[142] Nds. Hauptstaatsarchiv Hannover; Nds. 110 W Acc 5/95 Nr. 290.

[143] Für die Entschädigungsverfahren einschlägig sind das Bundesentschädigungsgesetz von 1953/56, das „Bundesentschädigungs-Schlußgesetz" von 1965, das Niedersächsische Sonderhilfegesetz von September 1948 und das Niedersächsische Haftentschädigungsgesetz von Juli 1949. Bei der Durchführung dieser Gesetze sind allein in Niedersachsen insgesamt mehr als 110.000 Einzelfallakten entstanden, die vor einigen Jahren vom ehemaligen Niedersächsischen Landesverwaltungsamt als der zuletzt zuständigen Behörde an die niedersächsischen Staatsarchive abgegeben worden sind (Quelle: Nds. Hauptstaatsarchiv Hannover. Das Projekt „Tieferschließung von Wiedergutmachungsakten". Internet-Adresse: http://www.staatsarchive.niedersachsen.de/Projekte/wgm.htm. Zugriff: 14.6.2001).

[144] Zur Aktualität der Urteilssammlung „Justiz und NS-Verbrechen" für die Forschung: Reiter 1998a.

28 Gerichtsurteile vor deutschen Gerichten zu NS-Verbrechen an Sinti und Roma im Zweiten Weltkrieg. Urteile von 1949 bis 1991 (Nr. 1 bis Nr. 14 liegen veröffentlicht in der Gerichtsurteilssammlung „Justiz und NS-Verbrechen" vor) [145]

Lf. Nr.	Urteil Nr.	Jahr/ Band, Seiten	Deliktsgruppe in „Justiz und NS-Verbrechen"	Verfahrensgegenstand	Angeklagte/ Verurteilte
1	124	1949, 1950/ 4:159ff	Andere Massenvernichtungsverbrechen.	Deportation von 134 Sinti/ Roma nach Auschwitz	6 / 3
2	127	1949/ 4:311ff	Andere Massenvernichtungsverbrechen.	Deportation von 134 Sinti/ Roma nach Auschwitz	1 / 1
3	310	1952/ 9:269ff	Schreibtischverbrechen.	Deportation von „Asozialen" in KZ	5 / -
4	415	1955/ 13:105ff	Massenvernichtungsverbrechen in Lagern.	Vergasung von Juden, Sinti/ Roma etc. in Auschwitz	1 / -
5	475	1959/ 15:697ff	Andere NS-Verbrechen.	Erschießung von polnischen Juden, Sinti/ Roma etc. in Polen	6 / -
6	488	1960/ 16:277ff	NS-Verbrechen in Haftstätten.	Tötung von Häftlingen (Juden, Sinti/ Roma).	1 / 1
7	493	1960/ 16:433ff	NS-Verbrechen in Haftstätten, Kriegsverbrechen.	Ermordung von Häftlingen (Kriegsgefangenen, Sinti/ Roma)	2 / -
8	517	1961/ 17:613ff	Verbrechen der Endphase.	Erschießung eines Sinti/ Roma	2 / 2

---

[145] Bei mehreren Urteilen wurde in der Spalte Jahr/ Band die Jahreszahl des dargestellten Urteils und außerdem gegebenenfalls das zeitlich letzte (Revisions-)Urteil genannt. Die Urteile Nr. 760 und Nr. 873 wurden vom Landgericht Hannover gefällt. Angaben wie „4:159ff" beziehen sich auf den jeweiligen Band der Reihe „Justiz und NS-Verbrechen" (Band der Reihe: Seitenzahl des Urteils).

9	519	1961/ 17:661ff	Massenvernichtungsverbrechen durch Einsatzgruppen.	Erschießung von Juden und Sinti/ Roma im Osten.	5 / 3
10	566	1964/ 19:761ff	Andere Massenvernichtungsverbrechen.	Erschießung von Juden und Sinti/ Roma im Osten.	1 / 1
11	588	1965, 1966/ 20:719ff	Kriegsverbrechen, Massenvernichtungsverbrechen durch Einsatzgruppen.	Erschießung von mindestens 24 Juden, Sinti/ Roma etc.	1 / 1
12	594	1965, 1966/ 21:227ff	Massenvernichtungsverbrechen in Lagern.	Tötung von ca. 5.000 Sinti/ Roma und 150.000 Juden im KZ Chelmno.	11 / 8
13	595	1965, 1969/ 21:381ff	Massenvernichtungsverbrechen in Lagern, Kriegsverbrechen.	Vergasung oder andere Tötungen von Häftlingen aller Art des KZ Auschwitz	20 / 17
14	596	1965, 1970/ 22:19ff	Massenvernichtungsverbrechen in Lagern.	Vergasung von Juden und Sinti/Roma im KZ Treblinka.	9 / 7
15	620	1966	Massenvernichtungsverbrechen durch Einsatzgruppen.	Erschießung von Juden und Sinti/ Roma in der Sowjetunion.	3 / 3
16	625	1966, 1967	NS-Gewaltverbrechen in Haftstätten, Verbrechen der Endphase, Kriegsverbrechen.	Grausame Tötungen von Häftlingen in verschiedenen Ländern.	4 / -
17	630	1966	Massenvernichtungsverbrechen durch Einsatzgruppen, Kriegsverbrechen.	Massenerschießungen von Juden und Sinti/Roma in der Sowjetunion.	4 / 3
18	637	1966, 1970	Massenvernichtungsverbrechen in Lagern, NS-Gewaltverbrechen in Haftstätten.	Vergasung und Erschießung von Häftlingen, darunter Sinti/Roma im KZ Auschwitz	2 / 2
19	712	1969	Andere Massenvernichtungsverbrechen.	Massenerschießungen von Juden und 86 Sinti/ Roma im Osten.	1 / 1
20	721	1969	NS-Gewaltverbrechen in Haftstätten, Kriegsverbrechen.	Erschießung von Häftlingen, darunter Sinti/ Roma, im KZ Sachsenhausen.	3 / 2

21	731	1970	NS-Gewaltverbrechen in Haftstätten, Verbrechen der Endphase.	Erhängen, Erschießen von Häftlingen, darunter Sinti/Roma im KZ Dora und KZ Woffleben.	2 / 2
22	746	1970	Massenvernichtungsverbrechen in Lagern.	Massentötung von Juden und Sinti/ Roma in Polen.	1 / vor Urteil verstorben
23	760	1971, 1974	Massenvernichtungsverbrechen durch Einsatzgruppen.	Tötung von Juden, Sinti/Roma u.a. in Lettland.	6 / 6
24	829	1976	Massenvernichtungsverbrechen in Lagern.	Liquidierung des „Zigeunerlagers" des KZ Auschwitz u.a. Verbrechen.	1 / -
25	835	1976	NS-Gewaltverbrechen in Haftstätten.	Erschießung von zwei Häftlingen, des KZ Rechlin.	1 / 1
26	873	1981	NS-Gewaltverbrechen in Haftstätten, Verbrechen der Endphase.	Ertränken und Erschießen von Häftlingen, darunter Sinti/ Roma.	2 / 1
27	909	1991	NS-Gewaltverbrechen in Haftstätten.	Erschießen oder andere Tötung von Häftlingen des KZ Auschwitz, darunter Sinti/ Roma.	1 / vor Rechtskraft verstorben
28	910	1991	Massenvernichtungsverbrechen durch Einsatzgruppen	Verhaftung und Tötung von 30 Sinti/ Roma in der Sowjetunion.	1 / -
Gesamtzahl der Angeklagten / Verurteilten					**102 / 64**

9. Redaktionelle Hinweise

a) Ein besonderes Thema kann in der Verwendung der Bezeichnungen „Sinti" bzw. „Sinti und Roma" gesehen werden. Hierzu ist aus Sicht des Autors zu bemerken: „Sinti und Roma" wird, wie in der neueren Literatur verbreitet, als übergreifende Bezeichnung verwendet, wenn es um alle Gruppen geht. Es gibt auch die Praxis, nur von Sinti zu sprechen, womit sozusagen die deutschen „Zigeuner" gemeint sind[146]. Bei Peter Sander findet sich hierzu folgender Hinweis: „Roma" ist eine international zusammenfassende Bezeichnung auch für die Gruppe, die in den letzten 100 bis 150 Jahren nach Deutschland immigriert ist. Als „Sinti" bezeichnen sich Angehörige der seit über 500 Jahren in Deutschland lebenden Gruppe (Sander 1998, 19). Eine andere Bewertung lautet:

„Dabei ist zu berücksichtigen, daß sich der Begriff Sinti nicht nur für Sinte-Zigeuner, sondern irrtümlicherweise auch als Synonym für alle Zigeunergruppen hier und da eingebürgert hat." (Rakelmann 1983, 363)

Eine Klärung der Frage, welche Sprachregelung die absolut „richtige" ist, kann und soll hier nicht geleistet werden. Es konnte im Rahmen des hier vorgestellten Projektes empirisch nicht geklärt werden, ob die dargestellten Einzelpersonen und Personengruppen Sinti oder Roma oder Sinti und Roma waren. Allerdings fand der Autor mehrfach Hinweise darauf, dass es im Bereich Niedersachsen wohl eher keine Roma gegeben haben soll, jedenfalls ist dies für den Bereich Hildesheim-Braunschweig anzunehmen[147].

---

[146] Sinti und Roma 1980, Vorblatt. Landeskirchliches Archiv Wolfenbüttel; Pfarramt für den Dienst an Israel und den Zigeunern Nr. 17.

[147] So ein Gewährsmann beim Niedersächsischen Verband Deutscher Sinti e.V. Gleiches wurde dem Autor aus dem Stadtarchiv Hildesheim mitgeteilt, wo sich ein Gewährsmann auf entsprechende Erklärungen ortsansässiger Sinti berufen hat. Auch in den Akten von Pastor Georg Althaus findet sich ein Hinweis, nach dem sich die „Zigeuner" in Deutschland bis auf wenige Ausnahmen als Sinti verstanden haben (LKA Wolfenbüttel; Pfarramt für den Dienst an Israel und den Zigeunern Nr. 17). Nicht zuletzt möchte ich auf die Sprachregelung bei Hein und Krokowski verweisen, die den Aussagen der genannten Gewährsleute entspricht und an der sich der Autor deshalb orientiert hat (Hein; Krokowski 1995).

Darüber hinaus ist zu erwähnen: Hier wird die Bezeichnung „Zigeuner" gebraucht, wenn es um die Wiedergabe historischer Dokumente geht oder eine dokumentennahe Interpretation angestrebt wird.

b) Die Wiedergabe der Interviews in Abschnitt 6.1 beruht auf den Abschriften von Interviews, die bei der Niedersächsischen Landeszentrale für politische Bildung in Hannover eingesehen wurden. Diese Abschriften umfassen alle Details des Interviewgeschehens, d.h. Unterbrechungen, Halbsätze, bruchstückartige Äußerungen der Interviewten, Wiederholungen etc. Derartige Passagen wurden hier ausgelassen oder sinngemäß aus Satzelementen zusammengefügt, wobei eine strenge semantische Orientierung am Original sichergestellt ist.

c) Für die textliche Darstellung wurde die Schrifttype Arial gewählt, wenn vollständige Dokumente bzw. Dokumentteile wie ganze Briefe, längere Interviewteile etc. wiedergegeben werden.

d) Die Darstellung umfasst regelmäßig die Wiedergabe vieler Dokumente. Dies erscheint in Hinblick auf die Quellenlage zum Thema nicht nur sinnvoll, sondern notwendig. In diesem Sinne versteht sich diese Veröffentlichung auch wesentlich als kommentierte Dokumentation, die Interessierten bisher nicht veröffentlichte Dokumente und schwer zugängliche Materialien bietet.

10. Literatur und andere Quellen

10.2 Archive usw., Abkürzungsverzeichnis

Bundesarchiv Berlin (BA Berlin)
Landeskirchliches Archiv Wolfenbüttel (LKA Wolfenbüttel)
Nds. Hauptstaatsarchiv Hannover (Nds. HSTA Hannover)
Nds. Landeszentrale für politische Bildung (Nds. Landeszentrale. Vgl. 9.b)
Nds. Staatsarchiv Wolfenbüttel (STA Wolfenbüttel)
Stadtarchiv Braunschweig (StA Braunschweig)
Stadtarchiv Hannover (StA Hannover)
Stadtarchiv Hildesheim (StA Hildesheim)

BEG :	Bundesentschädigungsgesetz
DAF :	Deutsche Arbeitsfront
DFG :	Deutsche Forschungsgemeinschaft
IM :	Innere Mission
KZ :	Konzentrationslager
Nds :	Niedersachsen
NSDAP :	Nationalsozialistische Deutsche Arbeiterpartei
RAB:	Reichsautobahn-Lager
RAD :	Reichsarbeitsdienst
SA :	Sturmabteilung der NSDAP
SS :	Schutz-Staffel der NSDAP

10.3 Literatur und andere Quellen

Arendt, Hannah. Elemente und Ursprünge totaler Herrschaft. München 1986 (Originalausgabe 1951).

Awosusi, Anita (Hg.). Stichwort: Zigeuner. Zur Stigmatisierung von Sinti und Roma in Lexika und Enzyklopädien. Heidelberg 1989.

Bastian, Till. Sinti und Roma im Dritten Reich. Geschichte einer Verfolgung. München 2001.

Berger, Karin u.a. Ich geb dir einen Mantel, dass du ihn noch in Freiheit tragen kannst. Widerstehen im KZ. Österreichische Frauen erzählen. Wien 1987.

Braunschweigische Landeszeitung. Jahrgänge 1916-1917.

Braunschweiger Presse. Jahrgänge 1959-1961.

Braunschweiger Zeitung. Jahrgänge 1959-2000.

Brockhaus' Konversations-Lexikon. In sechzehn Bänden. Vierzehnte Auflage. Sechzehnter Band. Leipzig; Berlin; Wien 1895.

Chur-Braunschweig-Lüneburgische Landes-Verordnungen und Gesetze. Göttingen 1740. Lüneburg 1745.

Dillmann, Alfred. Zigeuner-Buch. Herausgegeben zum amtlichen Gebrauche im Auftrage des K.B. Staatsministeriums des Innern vom Sicherheitsbureau der K. Polizeidirektion München. München 1905.

Djuric, Rajko; **Becken**, Jörg; **Bengsch**, A. Bertolt. Ohne Heim – Ohne Grab. Die Geschichte der Roma und Sinti. Berlin 1996.

Dlugoborski, Waclaw (Hg.). Sinti und Roma im KL Auschwitz-Birkenau 1943-44. Vor dem Hintergrund ihrer Verfolgung unter der Naziherrschaft. Oswiecim 1998.

Falkenroth, Ulrich. Als die Schule erwachsen wurde. In: Körner aus der Sanduhr. 250 Jahre Pfälzer Kolonie Veltenhof 1750-2000. Hg.: Interessengemeinschaft Veltenhof e.V. Braunschweig 2000, 89-112.

Gedenkbuch (I und II). Die Sinti und Roma im Konzentrationslager Auschwitz-Birkenau. Zwei Bände. Hg.: Staatliches Museum Auschwitz-Birkenau. München; London; New York; Paris 1993.

Günther, Wolfgang. „Ach, Schwester, ich kann nicht mehr tanzen ...". Sinti und Roma im KZ Bergen-Belsen. Hg.: Niedersächsischer Verband deutscher Sinti e.V. Hannover 1990.

Hackl, Erich. Abschied von Sidonie. Erzählung. Zürich 1989.

Hannoversche Allgemeine Zeitung. Jahrgang 2000.

Hase-Mihalik, Eva von; **Kreuzkamp**, Doris. Du kriegst auch einen schönen Wohnwagen. Zwangslager für Sinti und Roma während des Nationalsozialismus in Frankfurt am Main. Frankfurt am Main 1990.

Hehemann, Rainer. Die „Bekämpfung des Zigeunerunwesens" im Wilhelminischen Deutschland und in der Weimarer Republik, 1871-1933. Frankfurt am Main 1987.

Hein, Cornelia; **Krokowski**, Heike. „Es war unmenschenmöglich". Sinti aus Niedersachsen erzählen. Verfolgung und Vernichtung im Nationalsozialismus und Diskriminierung bis heute. Hg.: Nds. Verband Deutscher Sinti e.V. Hannover 1995.

Hesse, Hans; **Schreiber**, Jens. Vom Schlachthof nach Auschwitz. Die NS-Verfolgung der Sinti und Roma aus Bremen, Bremerhaven und Nordwestdeutschland. Marburg 1999.

Hohmann, J.S. (Hg.). Brawo Sinto! Lebensspuren deutscher Zigeuner. Frankfurt am Main 1984.

Hohmann, Joachim S. Geschichte der Zigeunerverfolgung in Deutschland. Frankfurt am Main; New York 1981.

Jochimsen, Lukretia. „Zigeuner heute". Untersuchung einer Außenseitergruppe in einer deutschen Mittelstadt. Stuttgart 1963.

Justiz und NS-Verbrechen[148]. Sammlung deutscher Strafurteile wegen nationalsozialistischer Tötungsverbrechen 1945-1966. Hg.: Adelheid L. Rüter-Ehlermann u.a. Redaktion: Fritz Bauer u.a. Band 1-22. Amsterdam 1968-1981.

---

[148] Die Zitierweise der Bände der Urteilssammlung „Justiz und NS-Verbrechen" ist hier: ([Band] : [Seite]).

Kenrick, Donald; **Puxon**, Grattan; **Zülich**, Tilman. Die Zigeuner. Verkannt, verachtet, verfolgt. Hg.: Nds. Landeszentrale für politische Bildung. Hannover 1980.

Kenrick, Donald; **Puxon**, Grattan. Sinti und Roma. Die Vernichtung eines Volkes im NS-Staat. Göttingen 1981.

König, Ulrich. Sinti und Roma unter dem Nationalsozialismus. Verfolgung und Widerstand. Bochum 1989.

Krausnick, Michail (Hg.). „Da wollten wir frei sein!" Eine Sinti-Familie erzählt. Weinheim; Basel 1983.

Krausnick, Michail. Wo sind sie hingekommen? Der unterschlagene Völkermord an den Sinti und Roma. Gerlingen 1995.

Krokowski, Heike. Die Last der Vergangenheit. Auswirkungen nationalsozialistischer Verfolgung auf deutsche Sinti. Frankfurt am Main 2001.

Krokowski, Heike. Die „Rassenhygienische und Bevölkerungsbiologische Forschungsstelle" im Reichsgesundheitsamt. In: Beiträge zur Geschichte der nationalsozialistischen Verfolgung in Norddeutschland. Hg.: KZ-Gedenkstätte Neuengamme. Heft 1. Bremen 1994a: 73-84.

Krokowski, Heike; **Voigt**, Bianca. Das Schicksal von Wanda P. – Zur Verfolgung der Sinti und Roma. In: Claus Füllberg-Stollberg u.a. (Hg.). Frauen in Konzentrationslagern. Bergen-Belsen. Ravensbrück. Bremen 1994b, 259-268.

Lewy, Guenter. „Rückkehr nicht erwünscht". Die Verfolgung der Zigeuner im Dritten Reich. Berlin 2001.

Lichtenstein, Heiner; **Romberg**, Otto. Täter-Opfer-Folgen. Der Holocaust in Geschichte und Gegenwart. Hg.: Bundeszentrale für politische Bildung. Bonn 1995.

Margalit, Gilad. Die Nachkriegsdeutschen und „ihre Zigeuner". Die Behandlung der Sinti und Roma im Schatten von Auschwitz. Aus dem Hebr. Von Matthias Schmidt; David Ajchenrand. Berlin 2001.

Meyer's Conversations-Lexicon. Das große Conversations-Lexicon für die gebildeten Stände. Hg.: J. Meyer. Fünfzehnter Band. Hildburghausen; Amsterdam; Paris; Philadelphia 1852.

Meyers Enzyklopädisches Lexikon in 25 Bänden. Neunte Auflage. Hg.: Bibliographisches Institut. Mannheim; Wien; Zürich 1979.

Münzel, Mark; **Streck**, Bernhard (Hg.). Kumpania und Kontrolle. Moderne Behinderungen zigeunerischen Lebens. Gießen 1981.

Nds. Landeszentrale für politische Bildung. Zentralnachweis zur Geschichte von Widerstand und Verfolgung 1933-1945 auf dem Gebiet des Landes Niedersachsen. Abschriften der Interviews des Projektes „Aufarbeitung der Verfolgungsgeschichte von Sinti und Roma in Konzentrationslagern, Lagern und Ghettos, die sich auf dem Territorium des Landes Niedersachsen befanden". Ein Projekt des Niedersächsischen Verbandes Deutscher Sinti e.V. in Verbindung mit der Universität Hannover (1991-1995). Die Texte der Interviews sind zur besseren Lesbarkeit orthografisch überarbeitet, ohne dass inhaltlich oder in der Ausdrucksweise Änderungen vorgenommen wurden. Auch gibt es teilweise Wiederholungen oder Passagen ohne nähere Aussagekraft, so dass sinnvolle Kürzungen zu finden sind, die mit „ ... " gekennzeichnet wurden. Einfügungen zum Verständnis in: [ ]. Die Anfangsbuchstaben der Namen sind aus datenschutzrechtlichen Gründen geändert.

Pawelczynska, Anna. Werte gegen Gewalt. Betrachtuingen einer Soziologin über Auschwitz. Aus dem Poln. Von Jochen August. Oswiecim 2001.

Rakelmann, Georgia. Zigeunerpolitik als Medienereignis. Sozialpolitik mit Zigeunern in der Bundesrepublik. In: Reimer Gronemeyer (Hg.). Eigensinn und Hilfe. Zigeuner in der Sozialpolitik heutiger Leistungsgesellschaften. Gießen 1983, 349-465.

Rauschning, Hermann. Die Revolution des Nihilismus. Kulisse und Wirklichkeit im Dritten Reich. Zürich; New York 1938.

Reiter, Raimond 1993. Tötungsstätten für ausländische Kinder im Zweiten Weltkrieg. Zum Spannungsverhältnis von kriegswirtschaftlichem Arbeitseinsatz und nationalsozialistischer Rassenpolitik in Niedersachsen. Hannover 1993 (gefördert mit Hilfe von Forschungsmitteln des Landes Niedersachsen. Als Dissertation: Hannover 1991).

Reiter, Raimond. Euthanasie-Morde und Psychiatrie im Dritten Reich in Niedersachsen. In: Rechtstheorie, Nr. 26, Heft 4. Berlin 1995: 572-585. (herausgeben 1996)

Reiter, Raimond 1996. Nationalsozialismus und Moral. Die „Pflichtenlehre" eines Verbrecherstaates. Frankfurt am Main; Berlin; Bern; New York; Paris; Wien 1996.

Reiter, Raimond 1997a. Das Sondergericht Hannover 1933-1945: „Heimtücke" und „Volksschädlinge" in Göttingen. In: Göttinger Jahrbuch 1997. Band 45. Hg.: Geschichtsverein für Göttingen und Umgebung e.V. Göttingen 1997: 157-167.

Reiter, Raimond 1997b. Die „Heimtücke" in der Sondergerichtsbarkeit des Dritten Reiches am Beispiel des Sondergerichts Hannover. In: Recht und Politik. Vierteljahreshefte für Rechts- und Verwaltungspolitik. 33. Jahrgang. Nr. 1. Berlin 1997: 50-57.

Reiter, Raimond 1997c. Psychiatrie im Dritten Reich in Niedersachsen. Hannover 1997 (gefördert mit Hilfe von Forschungsmitteln des Landes Niedersachsen).

Reiter, Raimond 1998a. 30 Jahre „Justiz und NS-Verbrechen". Die Aktualität einer Urteilssammlung. Frankfurt Main; Berlin; Bern; New York; Paris; Wien, 1998.

Reiter, Raimond 1998b. Frauen im Dritten Reich in Niedersachsen. Eine Dokumentation. Pfaffenweiler 1998 (gefördert mit Hilfe von Mitteln des Niedersächsischen Frauenministeriums).

Reiter, Raimond 1999a. NS-Verbrechen vor dem Landgericht Göttingen. In: Göttinger Jahrbuch 1999. Band 47. Hg.: Geschichtsverein für Göttingen und Umgebung e.V. Göttingen 1999: 137-149.

Reiter, Raimond 1999b. Schicksal und Verfolgung der Juden im „Dritten Reich" in der Provinz Hannover: Zu den Beständen des Niedersächsischen Hauptstaatsarchives Hannover. In: Aschkenas. Hg.: Friedrich Battenberg u.a. 9. Jahrgang, Heft 2. Wien; Köln; Weimar 1999: 517-523 (erschienen 2000).

Reiter, Raimond 2000. Empirie und Methode in der Erforschung des „Dritten Reiches". Fallstudien zur Inhaltsanalyse, Typusbildung, Statistik, zu Interviews und Selbstzeugnissen. Frankfurt am Main; Berlin; Bern; Bruxelles; New York 2000.

Reiter, Raimond 2001a. Empirische und methodische Fragen bei der Verwendung von Interviews zur Erforschung von NS-Verbrechen. In: Informationen. Studienkreis Deutscher Widerstand (Hg.). Nr. 53. 25. Jahrgang. Frankfurt am Main 2001: 21-24.

Reiter, Raimond 2001b. Wie viele Kinder wurden im Zweiten Weltkrieg Opfer der NS-Psychiatrie? In: Sozialpsychiatrische Informationen. Nr. 3/2001. 31. Jahrgang. Wiesbaden 2001: 18-23.

Reiter, Raimond 2002. Zwangssterilisationen von Patienten der Landes- Heil- und Pflegeanstalt Hildesheim im „Dritten Reich". In: 175 Jahre Niedersächsisches Landeskrankenhaus Hildesheim (1827-2002). Hg.: Niedersächsisches Landeskrankenhaus Hildesheim. Hildesheim 2002, 47-54.

Renner, Erich. „Und wir waren auch Naturmenschen" ... Frankfurt am Main u.a.O. 1997.

Riechert, Hansjörg. Im Schatten von Auschwitz. Die nationalsozialistische Sterilisationspolitik gegenüber Sinti und Roma. Münster u.a.O. 1995.

Rose, Romani (Hg.). Der nationalsozialistische Völkermord an den Sinti und Roma. Heidelberg 1995.

Rose, Romani; **Weiss**, Walter. Sinti und Roma im „Dritten Reich". Das Programm der Vernichtung durch Arbeit. Hg.: Zentralrat Deutscher Sinti und Roma. Göttingen 1991.

Sander, Peter. Frankfurt. Auschwitz. Die nationalsozialistische Verfolgung der Sinti und Roma in Frankfurt am Main. Hg.: Adam Strauß. Frankfurt am Main 1998.

Schenk, Michael. Rassismus gegen Sinti und Roma. Zur Kontinuität der Zigeunerverfolgung innerhalb der deutschen Gesellschaft von der Weimarer Republik bis in die Gegenwart. Frankfurt am Main u.a.O. 1994.

Schwarz, Gudrun. Die nationalsozialistischen Lager. Frankfurt am Main 1996 (überarb. Auflage).

Sinti und Roma. Opfer der Verfolgung und des Völkermords. Hg.: Magistrat der Stadt Fulda. Fulda 1995.

Sinti und Roma im ehemaligen KZ Bergen-Belsen am 27. Oktober 1979. Hg.: Gesellschaft für bedrohte Völker und der Verband deutscher Sinti. Göttingen 1980.

Sinti und Roma unter dem Nazi-Regime. Von der „Rassenforschung" zu den Lagern. Hg.: Zentrum für Sinti- und Romaforschung. Berlin 1996.

Soest, George von. Zigeuner zwischen Verfolgung und Integration. Geschichte, Lebensbedingungen und Eingliederungsversuche. Weinheim; Basel 1980 (zweite Auflage).

TAZ (die tageszeitung). Jahrgänge 1990 bis 1998.

Tebbutt, Susan (Hg.). Sinti und Roma in der deutschsprachigen Gesellschaft und Literatur. Frankfurt am Main; Berlin; Bern; Bruxelles; New York; Oxford; Wien 2001.

Weinmann, Martin (Hg.). Das Lagersystem des Nationalsozialismus. Frankfurt am Main 1990.

Widmann, Peter. An den Rändern der Städte. Sinti und Jenische in der deutschen Kommunalpolitik. Berlin 2001.

Wippermann, Wolfgang. „Wie die Zigeuner" – Antisemitismus und Antiziganismus im Vergleich". Berlin 1997.

Zimmermann, Michael. Rassenutopie und Genozid. Die nationalsozialistische „Lösung der Zigeunerfrage". Hamburg 1996.

Zimmermann, Michael. Verfolgt, vertrieben, vernichtet. Die nationalsozialistische Vernichtungspolitik gegen Sinti und Roma. Essen 1989.

11. Register

Namens- und **Ortsregister**

Albrecht 80
Altenburg 127, 135
Althaus 41, 48, 59, 60, 164, 168, 169, 170, 175, 176, 179, 180
Arendt 69
Auschwitz 13, 14, 15, 16, 32, 37, 65, 70, 71, 72, 73, 74, 75, 109, 111, 112, 119, 122, 123, 125, 126, 127, 128, 131, 132, 133, 136, 140, 141, 142, 144, 145, 147, 148, 149, 151, 152, 153, 155, 156, 157, 159, 160, 162, 163, 166, 189, 190, 191
Bad Hersfeld 168
Bamberger 77
Bergen-Belsen 13, 71
Berleburg 119
Berlin 30, 32, 33, 38, 48, 51, 53, 105, 111, 149, 153, 157
Biedenkopf 17
Birkenau 133
Bonn 17, 143
Braunschweig 20, 21, 22, 23, 33, 36, 37, 41, 48, 49, 50, 68, 72, 75, 79, 81, 83, 85, 87, 88, 89, 90, 91, 92, 93, 94, 95, 97, 98, 99, 100, 103, 104, 105, 106, 107, 108, 109, 111, 115, 116, 117, 118, 119, 122, 123, 125, 130, 131, 132, 135, 136, 138, 140, 141, 142, 143, 144, 145, 146, 147, 148, 149, 150, 151, 152, 153, 154, 155, 156, 157, 158, 159, 164, 166, 168, 170, 173, 175, 176, 178, 179, 180, 185, 195
Bremen 36, 65
Breslau 65, 66
Bruder 76, 77

Buchenwald 14, 39, 71, 142, 144, 145, 146, 150, 151, 156, 157, 166
Büssing-Werke 122, 123
Celle 25, 66, 156
Chalo 126
Chelmno 190
Clausthal-Zellerfeld 30
Dachau 14, 32, 140
Dewis 75
Dieselberg 77
Diesenberg 76
Dikolic 76
Döhren 26
Dora 143, 145, 146, 157
Drütte 122, 123
Düsseldorf 36, 38
Emmingen 42
Falkenroth 108
Fiker 77
Fink 53
Frankfurt 36, 38, 73, 121, 122, 158
Gifhorn 96
Goebbels 113
Göring 71
Gretel 135
Hainholz 28
Hamburg 36, 37, 96, 130, 131, 135
Hannover 21, 23, 24, 25, 26, 27, 28, 29, 30, 36, 37, 43, 53, 63, 66, 82, 96, 98, 111, 114, 115, 116, 136, 138, 140, 142, 147, 151, 153, 154, 158, 168, 185, 188, 194, 195
Harsum 132
Helmstedt 87, 96, 100, 101
Hermann-Göring-Werke 122
Herrenhausen 26
Herzog 16

Hesse 90
Hildesheim 9, 22, 41, 44, 131, 132, 144, 160, 166, 171, 172, 173, 174, 175, 179, 180, 181, 183, 185
Himmler 13, 15, 32, 33, 35, 70, 113
Hitler 39, 113, 152
Hohne 93, 155
Holzminden 81, 83, 86, 95
Horz 75
Imker 75
Janssen 180
Jesus 169, 170
Jochimsen 41, 176, 181, 183, 185
Jork 43
Justin 36
Kassel 125
Kiel 38
Klagges 90, 93, 103, 104
Knackstedt 43
Knöpfel 75, 77
Köln 36, 38, 125
König 19
Krause 76
Kressig 75
Kreutz 69, 75, 77
Kümmel 76
Lackenbach 134
Lages 115, 116, 141, 148
Langenhagen 25
Laubinger 75, 77
Lauenburger 75
Leipzig 152, 170
Lichtenberger 76
Liebig 53
Linden 26
Lloyd 156
Lodz 15
Lollar 81
Ludewig 20
Ludwig 21
Lüneburg 21, 22, 63, 150
Magdeburg 38, 144, 146

Mauthausen 14
MIAG 91
Minden 93, 96, 152, 162
München 45, 73, 150
Munster 41
Nazareth 169
Neuengamme 122, 123, 140
Nordhausen 145
Nürnberg 14
Oldenburg 22, 160, 162, 163
Osnabrück 38, 39
Osterhagen 145
Peine 96
Petermann 76, 77
Pohl 77
Pott 53
Quedlinburg 150
Querum 91, 95
Rabe 76
Rakelmann 185
Ravensbrück 14, 71, 122, 123, 127, 136, 140, 141, 144, 146, 147, 151, 157, 162, 163
Reichel 75, 77
Riechert 38, 63, 65
Ritter 35, 36, 48, 49, 51, 58, 59, 77
Rose 14, 76
Rühme 81, 91, 92, 94, 104, 116, 141
Sachsenhausen 162, 163, 190
Salzgitter 122
Salzgitter-Drütte 71
Salzwedel 140
Sander 193
Schlieben 127
Schmidt 76, 77
Schmitz 77
Schubert 76
Schütz 10
Schwarz 70
Siegen 70, 72, 119
Soltau 41, 43

Stadthagen 43
Steinbach 121, 122
Stenka 76
Stern 15
Stettin 136
Stuttgart 36
Süderhastedt 160
Thierack 113
Thune 81
Treblinka 190
Trollmann 77
Uelzen 150
Veltenhof 37, 73, 89, 90, 92, 93, 97, 103, 104, 105, 106, 107, 108, 109, 111, 115, 116, 117, 118, 119, 123, 124, 130, 136, 137, 140, 141, 142, 145, 148, 152, 155, 156, 166

VW-Werk 92
Waggum 92, 109, 111
Wagner 77
Wanzo 53, 55, 56, 57
Weinmann 69
Weiss 75, 76, 77
Weiss-Reichel 76
Wenden 81, 109
Wieda 146
Wiegand 77
Wien 111, 135
Wittich 168
Woffleben 191
Wolfenbüttel 39, 65, 66, 67, 83, 86, 96, 97, 104, 106, 109, 115, 118, 119, 168, 195
Zaker 171

www.ingramcontent.com/pod-product-compliance
Lightning Source LLC
Chambersburg PA
CBHW020120010526
44115CB00008B/907